Manteniendo el sueño vivo

Sus memorias

Raymond Thompson

CUMULUS PUBLISHING LIMITED

Copyright

Published in 2024 by Cumulus Publishing Limited

Translated from English to Spanish by Pere Bordera

Text Copyright © 2024 Raymond Thompson Family Trust

The Tribe Copyright © 2024 Cloud 9 Screen Entertainment Group

All Rights Reserved

The moral rights of the author have been asserted

The catalogue record for this book is available from
the National Library of New Zealand

First published December 2024 (this Spanish edition). Original
English version first published in 2011.

No part of this publication may be reproduced, stored in a
retrieval system, or transmitted in any form or by any means,
electronic, mechanical, photocopying, recording or otherwise,
without the prior permission of the copyright owner

Photographs copyright and courtesy of the Cloud 9 Screen
Entertainment Group and Raymond Thompson Family Trust.
Artwork Copyright © 2024 Cloud 9 Screen Entertainment Group
All rights reserved

ISBN: 978-1-9911936-9-8 (paperback)
ISBN: 978-1-0670544-0-3 (Epub)
ISBN: 978-1-0670544-1-0 (Kindle)
ISBN: 978-1-0670544-2-7 (Apple Books)

Visit The Tribe's website at www.tribeworld.com

Contact addresses for Cumulus Publishing Limited
and companies within the Cloud 9 Screen Entertainment group
can be found at www.entercloud9.com

Para todos aquellos que sois especiales.
Vosotros sabéis quiénes sois.

Para todo el reparto y equipo
de los programas producidos por Cloud 9.

Para Bob el perro, por ser un buen amigo.

Para todos los fans de La Tribu en todo el mundo.

Pero, especialmente, para Amanda Jack,
pues fue ella quien sugirió este libro.

Gracias a todos por estar ahí.

Y

por

MANTENER EL SUEÑO VIVO

ESCENAS DESCARTADAS DEL GUION DE LA PELÍCULA

FUNDIDO A:

Imaginad el sonido de un corazón que late y palpita. Y respira. Se vuelve cada vez más trabajoso. El latido encaja con el ritmo de los cortes, que se aceleran en el montaje siguiente, culminando por un segundo en imágenes fragmentadas, como si la Madre Tierra se estuviese rompiendo. Y, la sociedad, muriendo...

EXT. CEMENTERIO. DÍA.

Un ataúd desciende hacia su tumba. Una MADRE intenta contener la emoción y reconfortar a sus NIÑOS, alterados.

EXT. AUTOPISTA. DÍA.

PÁJAROS cayendo del cielo. PÁJAROS MUERTOS. Son cientos. Se desploman sobre la autopista. Y sobre los vehículos. La situación deja estupefactos a los CONDUCTORES. ¡¿Qué está pasando?!

No solamente es que sean pájaros muertos, sino que sus plumas manchadas de sangre descienden en una espiral, tapando la vista de los parabrisas. Algunos de ellos se rompen por el impacto, provocando que salgan disparados pedazos de cristal.

UNA CONDUCTORA Y SUS HIJOS se hacen atrás, gritando histéricamente.

Mientras, el OJO desorbitado de un pájaro, muerto, aterrorizado, parece mirar por el parabrisas, directamente a la conductora. Y a nosotros. Atormentado. Con temor.

CAMIONES Y COCHES pierden el control, chocándose, acelerando, virando bruscamente para evitar el enorme montón de pájaros.

INT. CÁMARA SELLADA. DÍA.

CIENTÍFICOS de aspecto casi siniestro y futurista, como si fuesen de otro mundo, llevan máscaras protectoras con capucha y trajes de descontaminación mientras examinan tubos de ensayo.

Manteniendo el sueño vivo

INT. PASILLOS SEDE DEL GOBIERNO. DÍA.

Los pasos de un ASISTENTE del gobierno hacen eco a medida que acelera el paso, con un archivo en la mano, y camina rápidamente con una sensación no solo de urgencia, sino de pánico absoluto.

EXT. PLAYA. DÍA.

JÓVENES AMANTES caminan de la mano. Descalzos sobre el agua, mientras la marea lame la orilla. Es romántico. El sol brilla sobre el horizonte. Hay NIÑOS remando, FAMILIAS nadando, ADOLESCENTES surfeando.

Sin embargo, ahora algunos comienzan a GRITAR. ¡De pánico! ¡Madre mía! Qué asco. Están apareciendo PECES muertos, flotando hacia y sobre la superficie del agua. Entre los NADADORES. Rodeando a todo el mundo.

Los JÓVENES AMANTES se quedan mirando, asqueados. Dan un grito y les entran arcadas. Caminan por un mar de muerte. Miles y miles de cadáveres de PECES llegan a la costa.

INT. DESPACHO OVAL. DÍA.

El ASISTENTE del gobierno irrumpe y entrega el archivo al PRESIDENTE.

> ASISTENTE
> ¡Sr. Presidente! Hemos
> recibido un informe
> actualizado. ¡Ahora, la
> mutación está clasificada
> como X18! ¡El confinamiento
> no parece ser una opción!

El PRESIDENTE lee. Su expresión lo dice todo.

EL ESPACIO.

Un SATÉLITE da vueltas alrededor de la MADRE TIERRA mientras se escucha el parloteo de las noticias.

Un sinfín de VOCES en varios idiomas. Y, aunque no tenemos ni idea de qué están diciendo exactamente, está claro que está sucediendo algo siniestro de una magnitud significativa a escala global.

> VOCES
> El consejo de seguridad
> se reúne de nuevo en una
> sesión de emergencia a
> puerta cerrada. (solapado)
> Mientras tanto, se están
> realizando pruebas en
> varios segmentos de la
> población para identificar a
> aquellos que podrían correr
> un mayor riesgo.

EXT. HOSPITAL. DÍA.

Una COLA gigantesca empuja y da tirones. Vislumbramos rostros atemorizados, no solo por verse aplastados y apretujados: son PERSONAS desesperadas que necesitan ayuda.

INT. HOSPITAL. DÍA.

El pandemonio de una AGLOMERACIÓN en pánico hace que SEGURIDAD y RECEPCIONISTAS sean incapaces de manejar a tan alto número de PERSONAS. Escuchamos diversas VOCES fragmentadas que ruegan y suplican.

     VOCES
   (SUPERPONIÉNDOSE)
 ¡Por favor, NECESITO ver
 a un médico! ¡Llevo más
 de tres horas esperando!
 ¡¿Dónde podemos ir a
 vacunarnos?! Si todos los
 médicos y enfermeros están
 tan ocupados, ¿qué pasa con
 la vacuna? ¡¿Podéis darme
 la vacuna?! ¡Ya me vacunaré
 yo solo! ¡Tengo fiebre!
 ¡Necesito ver a un médico
 AHORA MISMO!

INT. CASA. DÍA.

Un PRESENTADOR en la televisión estadounidense.

>PRESENTADOR
>Las autoridades están apelando a la calma durante el proceso de evacuación. Se dará prioridad a todos los menores de 18 años que cuenten con el certificado de no estar contaminados.

Los miembros de UNA FAMILIA se aferran unos a otros, rotos por estar diciendo su último adiós. Los NIÑOS lloran, los PADRES los animan.

>MAMÁ
>Ya es tarde para mí. Y para papá. Pero vosotros tenéis oportunidad de salvaros. ¡Y DEBÉIS aprovecharla!

UN MONTAJE – DENTRO DEL MONTAJE (¿CON PANTALLA PARTIDA?)

Aeropuertos, estaciones de tren, caos, GENTE saliendo en desbandada, peleándose por subirse a los trenes o en las puertas de embarque de las aerolíneas.

Un HOMBRE se salta la cola para conseguir llegar unos metros más adelante… y es disparado, y asesinado, por un PASAJERO frustrado. Con esto, el poco orden que quedaba se desvanece. Los GUARDIAS DE SEGURIDAD son incapaces de controlar la estampida aterrada.

AHORA, VEMOS FRAGMENTOS (COMO SI LA PANTALLA ESTUVIESE PARTIÉNDOSE – CON UN SINFÍN DE IMÁGENES ROTAS)

Un éxodo masivo. Abandonando pueblos y ciudades. Hileras de REFUGIADOS a pie, atascos en la autopista, ROSTROS atemorizados, NIÑOS asustados, chillando, gritando. Están atascados.

Llegados a este punto, los cortes son muy rápidos, y se oye el sonido de un corazón palpitando fuera de control, con la respiración casi hiperventilando, jadeando, luchando desesperadamente por encontrar aire, como si estuviese luchando no solo por conseguir una diminuta bocanada de aire… sino por la propia vida.

EXT. BARRIO RESIDENCIAL. DÍA.

Siniestros VEHÍCULOS de seguridad con las lunas tintadas para ocultar a sus ocupantes patrullan las calles desiertas. Una voz tétrica resuena por un altavoz.

                    VOZ
               (distorsionada)
            Código uno. El aislamiento
            ya ha empezado.

Finalmente, el latido se detiene. La
respiración, también. Remplazados por un
LAMENTO continuado. Constantes vitales a
cero.

FUNDIDO A NEGRO

INTRODUCCIÓN

DIARIO: FEBRERO DE 2011

Siempre había sido un problema. Desde la primera vez que comenzó a escribir. Daba igual lo mucho que investigase o le diese vueltas, la cantidad de días, semanas o meses dedicados a planificar, estructurar y desarrollar personajes y trama general… decidir dónde y cuándo comenzar una historia siempre suponía un desafío que se antojaba infranqueable.

Y, con este guion, pasaba lo mismo.

Hacer carrera de rellenar páginas en blanco era toda una relación de amor y odio. Al principio, mayormente odio. Encontrar la forma de comenzar cualquier historia era como intentar averiguar por dónde empezar un puzle gigantesco, un laberinto tan complejo que ocupaba su mente día sí, día también. Y lo mantenía despierto la mayoría de noches.

Era algo casi masoquista. Una tortura. Pero no podía evitarlo. Era algo hacia lo que Ray siempre se había sentido atraído. Como una vocación que hubiese deseado no tener.

Estaba sentado en su escritorio, en la terraza acristalada de su segunda residencia en Australia. Estaba situada en Gold Coast, cerca del parque temático de la Warner en Queensland. El parque contaba también con unos estudios espectaculares con varios platós, un moderno recinto de posproducción y gran cantidad de personal disponible. Muchas producciones de Hollywood se habían grabado allí.

Y sería ideal para una producción como *La Tribu*. Buen clima, importante para grabaciones en exterior. Con cielos mayormente soleados, de un azul luminoso. Muy similar al clima de California. No le extrañaba que a aquel estudio de Warner Bros. lo hubiesen apodado el "Hollywood de la Costa Dorada". Lo mejor de todo es que lo tenía a solo diez minutos en coche. Lo cual ofrecía algunos valiosos minutos que poder aprovechar para dormir. Algo importante cuando tienes que madrugar tanto durante las grabaciones, que pueden comenzar a prepararse desde las cinco de la mañana.

La serie de televisión *La Tribu*, así como la mayoría del resto de producciones de Ray, se habían grabado en Nueva Zelanda. Un país con unos paisajes espectaculares, localizaciones diversas, instalaciones y equipos con mucho talento. Aunque Queensland, Australia era una opción (como lo eran otros países), sería difícil escoger cualquier otro lugar mejor donde grabar la versión en película.

Especialmente porque Ray sentía afinidad por "la tierra de la extensa nube blanca", y se consideraba a sí mismo un neozelandés adoptivo, un Kiwi. En Nueva Zelanda tenía su principal hogar, y pasaba tanto tiempo como podía allí, en su viñedo. El mundo natural de la viticultura proporcionaba un agradable contraste a la industria del cine y la televisión.

Del mismo modo que la Madre Naturaleza presentaba todo tipo de obstáculos antes de recolectar, embotellar y disfrutar de la uva en una copa, existían seguramente aún más trabas a la hora de hacer posible una serie de televisión o una película y que diese sus frutos. El primer paso es desarrollar y escribir un guion. Que funcione. Esa era el plano a partir del cual edificar cualquier producción de éxito.

Ray había descubierto hacía mucho, cuando comenzó en la industria, que el viejo dicho de "Si no está en la página, no aparece en pantalla" era muy apropiado. Aunque había quienes lo consideraban poco más que un proverbio superficial que se le habría ocurrido a algún guionista. Era algo típico de los guionistas, ¿no?

Releyó las primeras tres páginas del guion, retirando pequeñas perlas de sudor de la frente y preguntándose si quizás sería sangre. A veces, sentía que lo era. Sentía que estaba derramando sangre sobre cada página. Que cada palabra le arrancaba no solo el corazón, sino su propia alma.

La terraza acristalada tenía mosquiteras para evitar la entrada de insectos. Una ligera brisa corrió por la malla de la mosquitera, revolviendo los papeles sobre el escritorio. Pero la humedad iba en aumento, como solía pasar cada febrero en aquella región subtropical. Y parecía como si hubiese alguien de pie allí cerca sujetando un secador de pelo que emanase aire cálido y empalagoso. Para empeorar las cosas, decían en el parte meteorológico que la temperatura iba a subir todavía más.

El sonido constante de los grillos le hacía difícil concentrarse. Parecían desesperados. Como si se quejasen por el calor extremo. Hasta el martín pescador, un pájaro australiano posado sobre un árbol cercano, parecía clamar cierto alivio a gritos con su singular y repetitivo canto. Sin embargo, cuanto más se repetía, más parecía transformarse en una risa burlona y maníaca. Ray se preguntaba si tal vez el pájaro habría leído las primeras páginas del guion.

No era sorprendente llegar a pensarlo, siendo la paranoia del escritor tan grave como es. Una vez, Ray se llevó a un equipo de guionistas a un partido de rugby. Cuando los jugadores se agruparon en la melé, pensó que los guionistas estarían convencidos de que debían estar hablando de sus guiones. Y criticándolos en exceso. Cuando las palabras no fluyen, es como si todo el mundo lo supiera y te apuntase con un dedo acusador, para señalarte como un absoluto fracaso.

Pese al calor sofocante, el simple hecho de pensar en ello hizo que un escalofrío le recorriese la espalda. Así que se tomó un descanso para darse un chapuzó en la piscina, decidiendo que se pondría a escribir de nuevo más tarde.

El sol golpeaba de manera tan intensa que era como estar dentro de un termostato. En vez de sentirse refrescado, Ray sintió que estaba nadando en una bañera de agua caliente. Que parecía, además, evaporarse con el calor tan rápido como las palabras que pudiese encontrar para llenar una página en blanco. Ciertamente, el nivel de la piscina estaba mucho más bajo que al comienzo de la mañana.

Después de nadar, parte de la rutina consistía en hacer ejercicio ligero. Nada demasiado agotador. Hacía demasiado calor como para eso. Y Ray estaba lejos de ser un tipo atlético. Pero se prometió a sí mismo intentar mantenerse en forma ese año, consciente de que estar sentado al escritorio durante horas y horas hacía mella en el cuerpo casi tanto como escoger qué palabras escribir sobre una página sembraban el caos en la mente.

Al comenzar con sus estiramientos, se percató de algo por el rabillo del ojo: un canguro se estaba acercando del otro lado de la verja que separaba el jardín y el cuidado terreno que rodeaba la casa del campo de golf que se extendía hasta el lejano horizonte, mucho más allá.

Las vistas eran espectaculares. Una maravilla de la naturaleza. Hectáreas y hectáreas de verdor, con un enorme lago excavado en medio de la calle del campo de golf, enmarcado mayormente por palmeras (aunque había otros tipos como el árbol del caucho, que atraía al ocasional koala).

Los elementos acuáticos del campo no solo eran pintorescos, sino que desafiaban incluso a los mejores golfistas, y habían evolucionado hasta convertirse en hábitat habitual de cisnes, pelícanos y aves autóctonas. Otras, como la cacatúa Galah y el lori arcoíris, graznaban entre el follaje de un conjunto de plantas tropicales, atraídas por la exótica fragancia del mundo natural.

La vida silvestre nunca dejaba de impresionarlo. Particularmente que, en vez de estar aislados en el Outback (la remota región semiárida en el interior de Australia), también se pudiese ver canguros tan frecuentemente en las zonas residenciales. Más aún verlos en aquel popular resort de golf y vela de Sanctuary Cove donde se situaba su residencia vacacional. Venía tan a menudo como podía, un lugar de retiro en el que escapar de las presiones que acompañaban al hecho de formar parte de la industria de la televisión y el cine.

Cuando el canguro llegó por fin, se quedó mirando fijamente sobre la verja, observándolo entrenar, absolutamente fascinado, totalmente absorto.

Entonces, de repente, cuando Ray se estiró hacia la izquierda… ¡el canguro hizo lo mismo!

Ray echó un perplejo vistazo al animal, que le devolvió una entusiasmada mirada. "Qué raro", pensó. Muy raro. Entonces, se estiró hacia la derecha.

El canguro repitió el movimiento.

¿Qué está pasando? Se preguntó si estaría alucinando. O si las primeras páginas descartadas del guion lo habían vuelto totalmente loco.

Se agachó ligeramente, dibujó un círculo con un brazo, luego con el otro. Una vez más, el canguro imitó cada movimiento, como si fuese el surrealista reflejo de un espejo.

—¡Marina! ¡Ven aquí! —exclamó Ray a su asistenta del hogar filipina, que se encontraba limpiando el polvo en la casa—. ¡Rápido!

Ella se apresuró a salir por las puertas de la terraza.

—¿Qué pasa, don Ray? —quiso saber Marina, segura de que encontraría a su empleador desmayado en el suelo por la deshidratación.

—No lo sé —respondió él, que seguía mirando al canguro, incrédulo—. Mira esto.

Se estiró hacia la izquierda. Sin embargo, en vez de copiarle, esta vez el animal se puso a pastar en una tira de hierba alta que sobresalía desde la parte inferior de la verja, adonde no llegaba el jardinero con el cortacésped. Pronto necesitaría despejar esa zona con una desbrozadora.

—¡No! ¡No me hagas esto! —suspiró Ray de pura frustración.

—¿Hacer... eh, qué, don Ray?

—No te lo decía a ti, Marina. Se lo decía al canguro.

—¿Eh?

—Al canguro, Marina.

—Puede no contesta porque no habla mismo idioma —Marina sonrió, orgullosa de su propio ingenio. Pero, al ver que Ray contemplaba fijamente al animal, se dio cuenta de que hablaba totalmente en serio.

—¡Vamos! Es tu turno. Enséñale a Marina lo que sabes hacer —pidió Ray a la desesperada, dibujando círculos con un brazo, intentando animar al canguro a que diese el espectáculo.

El canguro le dio otro mordisco a la hierba, les ofreció a Marina y Ray una mirada impasible y despreciativa, como si pensase que todos los humanos están locos, y se fue dando brincos, de vuelta al campo de golf, en busca de algún lugar más tranquilo donde pastar.

—Te lo juro, Marina. Ese canguro estaba imitando mi entrenamiento. Hacía JUSTO los mismos movimientos.

—Canguros también deben mantener forma, don Ray. Como usted. Puede haber estado mucho rato bajo sol y necesita echarse.

—¿No te lo crees?

—Ha trabajado muy duro todo día —dijo Marina, con compasión —. Demasiado, quizás.

—Total, para tres páginas. Y ni siquiera sé si funcionan.

—¿Y si dejas descanso a imaginación y yo preparo largo y fresco vaso de agua?

—Ponle ginebra —suspiró Ray—. Hoy me vendría bien.

—Yo diría igual si sentase aquí fuera en escritorio con este calor —dijo Marina, que ya comenzaba a sudar por el calor sofocante—. Podrías morir de golpe calor. Quizás mejor trabajar en estudio con aire acondicionado.

—Entonces, me moriría de neumonía. Ahí siempre hace muchísimo frío.

—De algo hay que morirse —reflexionó la empleada doméstica—. Da igual si neumonía o golpe calor. Mientras no sea por imaginación muy viva, ¿eh?

Marina, como gran filósofa, le ofreció una sabia sonrisa y se retiró por las puertas de la terraza, de vuelta al interior de la casa (y a la agradable ráfaga de frío aire ártico del aire acondicionado).

Ray se sentó al escritorio, moviendo la espalda lentamente adelante y atrás sobre su silla giratoria de respaldo alto, y pensó en lo que había dicho Marina. ¿Cómo preferiría morir?, ¿de frío o de calor? ¿O apagándose lentamente por falta de agua? ¿Y morirse de hambre? Peor aún: que lo atacase un canguro malhumorado tras verse empujado a saltar sobre la verja para asestarle un golpe fatal porque no le gustaba su entrenamiento.

Sería una forma muy dramática de irse de este mundo. Pero así, al menos, no tendría que ponerse a escribir. Solo pensar en ello le hizo dibujar una enorme sonrisa. ¿Qué le pasaba? ¿Era miedo al éxito, en vez de al fracaso?

Fuese por el motivo que fuese, en el fondo sabía que siempre le pasaba lo mismo cuando comenzaba una historia. Cualquier historia. Un parte importante del proceso era, precisamente, la evasión. Y, ahora mismo, estaba haciendo un fantástico trabajo.

Ocupando su mente con canguros asesinos, cuando debería estar desarrollando el principio del guion.

Desearía tener un trabajo de los que llaman "normal". O haber tomado otro camino profesional. Entonces, podría haber disfrutado de cualquier película o serie de televisión como cualquier otro miembro del público. Pero no. En vez de limitarse a ser un consumidor, había decidido convertirse en escritor y productor. Hacer una de las dos cosas ya suponía un desafío. Intentar hacer ambas a la vez era sinónimo de embarcarse en una crisis nerviosa autoinfligida.

Eso sí, una vez empezaba, esa sensación inicial de tortura evolucionaba también hasta volverse una experiencia gratificante y satisfactoria. Era como escalar una montaña y llegar a la cima, contra todo pronóstico. Le aportaba una gran sensación de triunfo.

La paradoja era que, pese a lo difícil que era comenzar a contar cualquier historia, para cuando llegaba al final, le parecía casi igual de difícil parar. Separarse del mundo ficticio que hubiese creado en esa ocasión. Y, sobre todo, de los personajes. Los cuales habían crecido, partiendo de bocetos biográficos, hasta convertirse en personas reales. En amigos. Y siempre los echaba de menos. Echaba de menos pasar con ellos todo el día; mañana, tarde y noche.

Sonó el teléfono.

—¿Cómo va esa escritura? —era la asistente de Ray, que llamaba desde la oficina de Nueva Zelanda.

—Genial —respondió él con entusiasmo. Pero sonaba más convencido de lo que mostraba su aspecto.

—¿Por qué página vas?

—Bueno, no voy por ninguna página en sí —suspiró, intentando seguir siendo optimista—. He estado esbozando algunas ideas.

—¿Acerca de por dónde empezar? —inquirió su asistente. Llevaba trabajando con Ray el tiempo suficiente como para conocer el doloroso proceso y el tormento que siempre parecía atravesar.

—Algo así.

—Bueno, espero no estar molestándote.

"Molesta todo lo que quieras", se rio Ray para sí mismo, encantado de que lo estuviesen distrayendo de su tarea.

—Es que, ¿me preguntaba si habías seguido reflexionando sobre lo de hacer el libro? —continuó su asistente, sabiendo que Ray tenía memoria de pez.

Aunque tenía una memoria fotográfica en la mayoría de cuestiones visuales y podía identificar material de archivo y códigos de tiempo en un santiamén, le costaba recordar dónde había dejado las llaves del coche tan solo una hora antes.

—¿Qué libro? —indagó cuidadosamente Ray.

—El de *La Tribu*, de detrás de las cámaras.

Recordaba ligeramente contestar a un correo electrónico de una fan de *La Tribu* acerca de la posibilidad de escribir una crónica sobre la historia nunca antes contada de cómo consiguió hacer la serie.

—Algún día podría intentar escribirlo —respondió—. No estoy seguro de si habría suficiente demanda en el mercado para ese libro.

—Según el equipo de Facebook, sí la hay —afirmó su asistente con seguridad—. Muchos de los fans han estado escribiendo que no solo les interesan las novelas, sino que les encantaría leer cosas sobre la grabación de la serie en sí. Y también me siguen llegando peticiones de otros fans sobre las demás series.

—¿En serio? —preguntó, emocionado porque el conjunto de programas de Cloud 9 conmoviese tanto a la gente.

La empresa había exportado las series producidas por Ray a más de 130 países a través de su distribuidora subsidiaria, Cumulus. Pese a ser consciente de que apenas pasaba una hora del día sin que alguien, en algún lugar del mundo, estuviese viendo uno de esos capítulos, seguía siendo un poco abrumador y difícil de asimilar.

—Algunos fans están estudiando comunicación audiovisual, o escritura de guion, y pensaron que un libro podría darles algunos consejos. La verdad es que es increíble. Y muchos otros parecen estar igual de interesados en echar un vistazo al interior de la industria. Así como a tu propia vida y tu carrera.

Algunas editoriales le habían propuesto escribir una autobiografía, pero él lo había rechazado. Al menos, de momento. Apreciaba demasiado su vida privada. Y había decidido no exponer jamás a su mujer y sus hijos a las experiencias que él había tenido al estar bajo el ojo público (y todo lo que ello conlleva). Prefería mantener los detalles de su vida privada separados de los de la profesional.

Además, lo ataban tantas cláusulas de confidencialidad en todos los contratos que había firmado a lo largo de su carrera, que no sería capaz de revelar todos los detalles, o estaría incumpliéndolos hasta que las cláusulas expirasen.

Pero, como siempre, el principal problema era que, con todo lo que tenía entre manos, le costaría encontrar tiempo para escribir un libro ahora mismo. Su asistente, más que nadie, era consciente de ello, dado que era ella quien mantenía y organizaba la caótica agenda de Ray, y sabía que habría poca o ninguna oportunidad de que se pusiese con una autobiografía completa en un largo tiempo.

Sin embargo, ella creía que, si podía combinar algunos de esos elementos en un diario de memorias, podría satisfacer al menos parte de lo que le habían pedido, en vez de no hacer nada en absoluto. Aunque fuese para explicarle a la gente el proceso creativo, como un diario de la mente del escritor.

—No creo que a nadie le interesase eso. Sería un cuento de terror. Pero nunca se sabe —sopesó Ray mientras lo seguían estudiando—. Además, si lo escribiese, me gustaría hacerlo en tercera persona.

Explicó que, cuando se sentase por fin a escribir una autobiografía, utilizaría la primera persona, como era costumbre. Pero, para cualquier otro tipo de escritura, incluso para un diario de memorias no-ficcionado, preferiría escribirlo en tercera persona. Ya que no sería solo un participante, sino que seguiría siendo principalmente un observador, como lo había sido de toda historia que había contado hasta la fecha.

—Entonces, ¿lo tomo como un sí?

—Un "puede". A ver cómo pinta mi agenda en unos meses y, si podemos programarlo, ya vemos a partir de ahí.

Ray colgó el teléfono y pensó en todos los fans de las series de Cloud 9. Los fans de *La Tribu*, especialmente, nunca dejaban de sorprenderlo con su lealtad y devoción.

La página de Facebook tenía solo unas semanas y ya había atraído a varios miles que la habían descubierto por el boca a boca, y que ahora interactuaban unos con otros desde todas partes del mundo, unidos como auténticos hermanos y hermanas tribales.

Y la página web de Tribeworld volvería a estar activa pronto tras haberla puesto en pausa, como hizo con la sexta temporada, cuando Ray decidió dejar descansar a *La Tribu*. Pero el que necesitaba ese descanso era él, sobre todo.

Con la llegada de una gran variedad de plataformas en el terreno digital, a Ray le había parecido en ese momento que los fans preferirían utilizar sitios como Wikia, que ellos mismos podían revisar y administrar, más que limitarse a los confines de Tribeworld. Pero, siendo un tradicionalista (además de un sentimental), había dejado todo el contenido en la web para la posteridad, para que los fans pudiesen consultarla siempre que quisiesen.

El mundo de *La Tribu* era ciertamente único, especial. Para muchos, era más que una serie de televisión. Era casi una forma de vida. La temática subyacente de construir un nuevo y mejor mundo había tomado vida propia. Igual que la ambición de muchos por mantener el sueño vivo, fuese cual fuese.

Una historia de los entresijos podría funcionar, reflexionó. Y, cuanto más pensaba en ello, más se convencía de que, si los fans realmente tenían ganas, él también. Entonces cayó en la cuenta. Solo había un problema. Uno angustioso. ¿Por dónde empezar?

Marina apareció por las puertas de la terraza y situó un largo vaso de agua con cubitos flotando en la superficie sobre el escritorio.

—Ahí tiene, igual hace sentirse mejor —ella observó cómo le daba un sorbo al agua y reparó en que, aparte de absorto, parecía desalentado.

—¿Qué pasa, don Ray? Parece tener peso del mundo sobre hombros.

—Llevo todo el día peleándome con el guion. Y ahora parece que tendré que hacer lo mismo con un libro.

—¿Saco los calcetines azules? —preguntó Marina, consciente de que Ray llevaba puestos calcetines oscuros (y conocedora de todos sus rituales y supersticiones). O eso creía.

—Solo funcionan cuando estoy en modo música.

—Ah —respondió Marina, que seguía sin saber por qué, si los calcetines azules inspiraban a Ray a componer, no iban a funcionar para escribir.

—No sirven.

Ray intentó explicar sus motivos, sabiendo que debían sonar de lo más extraño.

Sí, tenía unas cuantas obsesiones. La de los calcetines azules para la música se remontaba a cuando era niño de solo seis años y escribió su primera canción sobre la muerte de su querida perra, Shona. A ella le gustaba tirar de sus calcetines azules favoritos y, por alguna razón inexplicable e irracional, Ray siempre había atribuido poder escribir esa canción a llevar los calcetines azules.

Así que, a lo largo de su carrera, si se sentía atascado o bloqueado mientras componía música o una canción, buscaba entre la colección de calcetines en su armario hasta encontrar unos azules (y tenía muchos). Y, al ponérselos, por algún extraño motivo, parecía funcionar.

—Está todo en mente —dijo Marina, segura de que concebir música no podía reducirse al color de los calcetines que uno llevase puestos.

Ray estaba de acuerdo a cierto nivel. Pero, a otro nivel, se enfrentaba a tantas fechas límite para entregar bandas sonoras que no quería correr riesgos. Un par de calcetines azules encabezaban siempre su lista de regalos de Navidad. Se aseguraba de tener siempre suficientes.

—¡Ya sé! —declaró repentinamente Marina tras seguir dándole vueltas al problema—. Si calcetines no funcionan y le cuesta comenzar comienzo. Entonces no comience en comienzo. ¿Y si comienza en mitad?

De repente se encendió una luz en lo más recóndito de la mente de Ray.

—Pero ¿la mitad no seguiría siendo… el comienzo? —preguntó, mientras seguía pensando en lo que sugería Marina. Desde luego, parecía lógico. Aunque también ilógico. Pero era una idea interesante.

—No. Sigue siendo mitad —respondió ella, rotunda—. Aunque empiece por mitad. Como calcetines azules para música. Si cerebro piensa usted no empieza en comienzo, sino en mitad, entonces igual más fácil comenzar. Aunque comience por mitad. Mente cree que es mitad. Así, no preocuparse por comienzo. ¿Ve? Sencillo.

Ray intercambió una larga mirada con Marina. Sintiéndose como se sentía aquel día, estaba dispuesto a probar lo que fuese.

—¿Sabes qué, Marina? —dijo mientras le venía una sensación creciente de alivio y esperanza—. Yo pensando que había contratado a una asistenta del hogar, y resulta que he contratado a un genio. Me parece una idea E-S-T-U-P-E-N-D-A. ¡¿Dónde has estado toda mi vida?!

CAPÍTULO UNO

DIARIO: OCTUBRE DE 1998

El vuelo 0342 de British Airways, salido del aeropuerto de Heathrow en Londres, se inclinó abruptamente sobre el mar Mediterráneo para después colocarse en posición recta para su aproximación al aeropuerto de Niza. Una azafata dio unos toquecitos sobre el hombro de Ray para despertarlo, pidiéndole que se abrochase el cinturón. El avión llegaría pronto a tierra.

El viaje había comenzado en Wellington, Nueva Zelanda, casi treinta horas antes. En un vuelo dirección Auckland. Desde allí, Ray hizo transbordo de la terminal nacional a la internacional para su vuelo de conexión hasta Los Ángeles, donde se reunió con William Shatner en el *lounge* de primera clase de Air New Zealand.

Ambos asistirían al Festival de Televisión MIPCOM en Cannes, al sur de Francia, para el lanzamiento de la última producción de Cloud 9: *Un giro en el cuento, de William Shatner.*

William había acordado aparecer en una conferencia de prensa programada para el martes, el tercer día del festival. Así que tenía algo de tiempo libre para hacer un pequeño parón en Londres con su mujer. A Ray no le quedaba otra que continuar hasta Cannes, pues necesitaba dar una sesión informativa a su equipo de distribución de Cumulus antes de que el MIPCOM se pusiese en marcha.

Serían unos días muy ajetreados. Su asistente había programado reuniones con posibles compradores cada treinta minutos en el *stand* de distribución. Además de las reuniones de desayuno, tenía almuerzos y cenas con prensa y emisoras clave. No habría tiempo de repasar todos los detalles con William cuando este llegase, así que tenía sentido usar para ello parte del trayecto de doce horas entre Los Ángeles y Londres.

Después de la cena, atenuaron las luces de cabina. Al poco tiempo, la mayoría de pasajeros estaban dormidos. Pero el reloj biológico de Ray llevaba un gran desbarajuste. Había conseguido descansar algunas horas mientras sobrevolaba el pacífico, en la primera parte de su viaje. No obstante, ahora estaba completamente alerta, e intentó averiguar qué hora sería en Nueva Zelanda.

Pensó que debían ser sobre las dos de la tarde. Aunque, tras varias copas de tinto para acompañar la cena, así como la confusión por el *jet lag*, Ray estaba teniendo dificultades para descifrar si serían las dos de la tarde de mañana, de hoy o de ayer. El precio que debía pagar por vivir en el hemisferio sur.

Sonrió para sí mismo ante la ironía de estar viajando con un tripulante de la nave espacial Enterprise, conocida por millones de personas en todo el mundo por explorar galaxias futuras y desconocidas. Ahora, Ray también vivía en el futuro. Aunque, normalmente, no más de trece horas por delante de la hora media de Greenwich.

Fuese la hora que fuese, decidió intentar aprovechar toda hora libre a su disposición. Así que encendió la luz de su asiento para iluminar una libreta sobre la que escribir los pensamientos e ideas que tenía para su siguiente proyecto, que ya estaba en producción. Un emocionante concepto sobre un mundo sin adultos al que le había dado el título provisional de *Manteniendo el sueño vivo*.

Habían comenzado a grabar seis semanas atrás en los estudios de Cloud 9 en Nueva Zelanda. Sin embargo, aún no habían escrito el último bloque de guiones, así que era posible alterar la dirección de la historia si hacía falta. Por la razón que fuese, ya fuera logístico o por limitaciones financieras, así como por motivos creativos. Siempre era un proceso orgánico. Pero la clave era asegurarse de que iban lo suficientemente adelantados como para implementar cualquier cambio necesario.

Había cierto margen de tiempo para revisar los guiones entregados hasta la fecha y que aún no se habían grabado. Se podían seguir realizando cambios para reflejar y encajar con los atributos individuales de los actores y actrices que había seleccionado. La palabra escrita era muy distinta a la palabra hablada. A menudo, diálogos que funcionaban en el guion, no fluían bien cuando se decían en voz alta. De manera similar, frases cuestionables en un guion, a veces cobraban vida cuando se interpretaban en escena.

Tras las lecturas iniciales, ensayos y primeros capítulos que habían grabado, Ray estaba cada vez más al tanto de qué funcionaba y qué no. No tenía nada que ver con la calidad de ninguno de los guiones, pues todos eran muy potentes. Ni por el talento del reparto. Estaba impresionado con todas sus interpretaciones hasta la fecha. Se trataba más de las zonas de confort. Aunque el trabajo de un actor o actriz es interpretar un guion, Ray era consciente de que todos los miembros del joven reparto estaban en una edad en la que nunca costaba demasiado identificar cuándo tenían dificultades a la hora de decir sus frases con convicción y formular todos los aspectos de un personaje. Los miembros de *La Tribu* debían parecer auténticas "ratas de ciudad" si albergaban esperanzas de que su público objetivo se identificase con ellos.

Ray esperaba que todo estuviese yendo bien en el estudio mientras él no estaba. Especialmente, que todos siguiesen ajustándose bien. Era una agenda apretada: 52 capítulos en seis meses. Con otros seis meses de posproducción, durante los cuales agregarían la música y efectos de sonido.

La mayoría de miembros del joven reparto no solo tenían la misma edad que sus personajes, sino la misma edad que Ray cuando tuvo la idea para la serie por primera vez. Habían pasado varios años desde entonces (tantos que ni se acordaba), pero agradecía poder identificarse aún con ese espíritu y esa singular sensación de esperanza que parecía habitar en los jóvenes. Cuando todo todavía parece posible. Quizás la edad aportase sabiduría y experiencia, pero también cierto nivel de cinismo sobre qué puede conseguirse y qué no, provocando que mucha gente deje de perseguir sus sueños.

Ray había soñado con dar luz a esa serie desde hacía mucho tiempo. De un modo surrealista, sentía que seguía teniendo la misma edad, se dejó llevar por el entusiasmo puro de todo el joven reparto cuando los recibió a ellos y a sus familias durante una fiesta de bienvenida.

Era un evento habitual en Cloud 9 antes de comenzar un rodaje. Una oportunidad para que todos se reuniesen y socializasen. Para que el reparto y el equipo se presentasen, para que pudiesen conocerse y hacer un tour por las instalaciones de los estudios.

Y siempre había muchísimas preguntas, una corriente de energía nerviosa, una conciencia colectiva de emocionada anticipación. Siempre pasaba lo mismo antes de comenzar cualquier nueva producción. Era como la cuenta atrás hasta la Navidad. O comenzar en un nuevo colegio o en un nuevo trabajo, o hacer las preparaciones para irse de vacaciones, preguntándose qué aventuras le depararían a uno.

Sin embargo, esta vez, Ray había notado un elemento adicional. Era como si la temática de la serie fuese trascendental, y el joven reparto estuviese a punto de embarcarse en una cruzada hacia la creación de un mundo mejor. Al fin y al cabo, los poseedores de tal ideal eran todos los jóvenes, siendo la auténtica fuerza vital que daba forma al mundo desde el comienzo de los tiempos.

Los padres agradecían ese foro abierto en el que poder familiarizarse con todo lo había por allí y conocer a los acompañantes, los padres de acogida de las casas específicas donde viviría el elenco, así como a los tutores de la escuela de Cloud 9, si correspondía. De algún modo, era como si enviasen al joven elenco a un internado durante seis meses.

Ahora, tras toda la anticipación, la realidad ya habría llegado. La producción de toda serie involucraba una rigurosa agenda. Ray esperaba que todos estuviesen sobrellevando la carga de trabajo, pero quizás estaba demasiado preocupado por el hecho de que a él mismo le costaba estar al tanto de todas las tareas que tenía entre manos.

Solo estaría fuera diez días. Sin embargo, se sentía extrañamente angustiado por la separación, casi como se pueden sentir algunas madres después de dar a luz. Y, aunque traer una nueva producción a las pantallas no era de ninguna manera tan profundo, evocaba una tendencia similar hacia la protección. Después de todo, llevaba gestando su bebé creativo durante más de veinticinco años, esperando a que naciese, pero siempre preguntándose si llegaría ese momento.

Además de tomar notas para la nueva serie, también quería revisar territorios abiertos en producciones anteriores y que estarían disponibles para licenciar en el festival. Así como asegurarse de que los compradores clave estaban en la lista de invitados para la conferencia de prensa de *Un giro en el cuento*.

Siempre le había sido difícil mantener girando todos los platos del portfolio de títulos de Cloud 9. Cuantos más productos, más platos. En los últimos cinco años había producido casi 140 capítulos y 25 especiales o películas cortas. Ahora, terminaba de embarcarse en otros 52 capítulos y comenzaba a sentir que su cabeza también le daba vueltas.

La serie de William había finalizado su rodaje y estaba en las últimas etapas de posproducción. Todo el equipo de Ray en Nueva Zelanda había puesto prácticamente punto y final a ese título y estaban centrados en el rodaje de la nueva serie, como lo estaba él.

Pero, aunque *Un giro en el cuento* hubiese llegado a su fin en cuanto a la producción, el proceso de distribución no había hecho más que empezar. En sí mismo, era un trabajo a tiempo completo, y sabía que estaba llegando al límite al supervisar tanto la producción como la distribución, sin contar con dirigir una empresa internacional, con la gran variedad de tareas que implica.

—¿Crees que le molestará al "capitán"? —le susurró la azafata, emocionada, unas horas después.

Ray levantó la vista de su bloc de notas. La azafata podía ver que estaba confundido, y susurró de nuevo para intentar clarificarlo.

—¿Crees que al capitán le molestará si le pido un autógrafo?

—¿Quieres pedirle un autógrafo… al capitán? —quiso saber un incrédulo Ray, incapaz de comprender por qué la azafata querría su autógrafo, y menos aún por qué iba a pedirle permiso a Ray.

—Siempre he sido muy fan —continuó ella en voz baja, entusiasmada—. El capitán James T. Kirk, es todo un icono.

—Y todo un dormilón. ¿Por qué no pruebas de nuevo cuando esté despierto?

La azafata terminó consiguiendo su autógrafo durante el desayuno. Como lo consiguieron otros fans agradecidos que reconocieron a William cuando Ray y él llegaron a Heathrow. Ray se percató de que muchos otros solo se lo quedaban mirando, deslumbrados, pero seguramente les daba mucha vergüenza preguntar, o creían que era una invasión a su privacidad.

A William nunca parecía importarle, siempre era amable e intentaba sacar tiempo para sus fans. A Ray le impresionaba su generosidad de espíritu. William no solo poseía dones únicos como actor, sino también como ser humano. Era todo un caballero.

Eso sí, un fan agresivo se llevó una buena reprimenda de Ray cuando se pasó literalmente de la raya, empujando y estirando, sacando fotos con su cámara tan desesperado como lo estaría un paparazi mientras Ray y William intentaban recoger su equipaje de la cinta transportadora, haciendo que perdiesen la oportunidad de agarrar las últimas maletas y tuviesen que esperar lo que les pareció una eternidad hasta que la cinta completase otro ciclo.

Resultó muy frustrante. No podía permitirse perder más tiempo. El vuelo de Los Ángeles a Londres había llegado tarde debido al viento de frente, hecho exacerbado por un control de pasaportes particularmente lento.

William le deseó mucha suerte con el comienzo del festival, se despidieron y se fueron por caminos separados.

Ray se apresuró a toda marcha hacia la terminal de British Airways, esperando poder pillar todavía su vuelo de conexión.

Si se hubiese podido transportar con un rayo de Nueva Zelanda al sur de Francia, al más puro estilo *Star Trek*, le habría facilitado mucho la vida, pensó mientras corría a toda velocidad entre las aglomeraciones de pasajeros. Comenzaba a parecer que el viaje era eterno, especialmente considerando que el día anterior había dejado la primavera del hemisferio sur, y hoy, en el hemisferio norte, el otoño empezaba a entrar en Europa.

Sin aliento, llegó finalmente a la puerta de embarque y presentó su billete, que escanearon por una máquina automática. Una trabajadora del personal de tierra comprobó su pasaporte y se lo quedó mirando, intrigada.

—¿Va al festival de televisión?

—Sí —respondió Ray, preguntándose cómo lo sabría.

—¿Lo conozco?

—No creo —afirmó rápidamente. Lo habían entrevistado en televisión en varias ocasiones, pero al estar mayoritariamente al otro lado de las cámaras, estaba lejos de tener un rostro famoso y familiar.

—Juraría que le hice el *check in* hace unos meses, en un vuelo a Nueva Zelanda, ¿puede ser?

—Eso lo explicaría —respondió Ray. Había perdido la cuenta de cuántas veces viajaba entre Londres y Nueva Zelanda últimamente, pero pensó que ya debían ser muchas si el personal del aeropuerto comenzaba a darse cuenta. Aquello estaba empezando a irritarlo, pero sonrió educadamente, ansioso por recuperar su pasaporte y subirse al avión, dándose cuenta de que estaba perdiendo valiosos segundos.

—A mí me gustaría viajar más a menudo —reflexionó la señora—, pero ya no dan descuentos al personal de tierra.

—Qué interesante —dijo Ray, desinteresado. Pero enseguida se sintió mal. No tenía una naturaleza intolerante, y la mujer solo estaba siendo simpática.

—Así que mi marido y yo hemos decidido alquilar una caravana para ir por la costa sur.

—¿En serio? Seguro que os lo pasáis muy bien.

—¿Ha estado en la costa sur?

Ray se quedó mirando a la señora, cada vez más frustrado, pero contuvo la necesidad de gritar y le suplicó con mucho autocontrol.

—¿Podría devolverme el pasaporte, POR FAVOR?

—Ah, claro. No puede quedarse aquí hablando todo el día, ¡o se perderá el vuelo! Que tenga buen viaje —dijo la señora, entregándole el pasaporte de vuelta.

Él fingió una sonrisa y se apresuró por la rampa de embarque, tomando nota mental de que intentaría suicidarse si volvía a encontrarse con esa señora en el futuro. Había algo en ella, su manera de moverse, incluso su forma de hablar, que contradecía directamente el mundo que habitaba Ray. Era como si ella viviese a cámara lenta. Pero tenía cierto encanto. Como lo debía tener pasarse una semana por la costa sur en caravana. Le vendría bien un descanso.

Su carga de trabajo iba en aumento, sumando tantas presiones y exigencias que se preguntaba cuánto tiempo podría seguir así.

Le entró una abrumadora sensación de fatiga al abrocharse el cinturón del siguiente vuelo, pero agradecía haber podido llegar a hacer conexión, al menos. Había varios vuelos diarios a Niza con varias aerolíneas, con despegues regulares (especialmente al tener lugar el festival). Pero, después de un viaje tan largo y arduo, Ray estaba decidido a no alargar el viaje ni un minuto más de lo necesario.

Durante un momento, mientras el avión abandonaba la puerta de embarque y rodaba hasta la pista, lo atrapó una profunda tristeza. ¿Se había reducido su vida a tratar de ahorrar un simple minuto? Pero consiguió animarse al reflexionar que todo eso venía con el estilo de vida y la trayectoria profesional que había escogido. De nada valía sentir lástima de sí mismo. Debía calmarse.

El avión ni siquiera había despegado y él ya había caído en un sueño profundo.

Si bien el aeropuerto de Heathrow estaba muy concurrido, el de Niza ya estaba a rebosar. Como si todo el mundo hubiese descendido allí. Y, en cierto modo, así era. El mundo del entretenimiento televisivo, claro. Asistirían delegados de cada país. En los siguientes días, se tomarían decisiones acerca de qué programas de televisión verían los espectadores de cada rincón del planeta.

En realidad, se celebraban dos festivales a lo largo del año. Además del MIPCOM, convocado cada mes de octubre, se celebraba el MIP cada mes de abril, más o menos un mes antes del Festival de Cine de Cannes. Aquel deslumbrante foro cinematográfico era, de muchas maneras, similar a su primo televisivo, que atraía la atención de la presa mundial y el público general, especialmente al asistir tantas estrellas de la pequeña pantalla.

Ese año estaba programado que apareciesen en el MIPCOM una serie de rostros célebres. Ray estaba seguro de haber reconocido al fenómeno de la lucha libre, Hulk Hogan, por delante de él en el control de pasaportes. Y no tenía ninguna duda de que, en aquel momento, estaba justo detrás de David Hasselhoff en una larga y lenta cola.

Intercambiaron comentarios afectados por el desfase horario mientras se aproximaban poco a poco a las aduanas, donde un pésimo agente de aspecto entrometido parecía estar comportándose de forma minuciosa a propósito, examinando con detenimiento documentos de viaje, visas y pasaportes.

"Vamos", pensó Ray. "Date prisa". Podía ver que aquel ritmo lento estaba exasperando a muchos otros representantes, desesperados por llegar a sus hoteles, descansar, e intentar ajustarse a una zona horaria diferente y prepararse para la ajetreada semana que tenían por delante.

Ray se preguntó qué estaría promocionando "The Hoff". ¿Quizás un *remake* de *El coche fantástico*? ¿U otra temporada de *Los vigilantes de la playa*, que había tenido mucho éxito? Pero decidió no preguntar, seguro de que David no estaría de humor para hablar de ello en ese momento. Seguramente no hablaría de otra cosa durante los días siguientes. De todas formas, a Ray tampoco le interesaba tirar por ahí, pues era consciente de que aquello podía desencadenar preguntas sobre *Un giro en el cuento*, que prefería no contestar por ahora.

Pese a la camaradería que existía en la industria, todos preferían ser discretos durante los festivales, conscientes de que, después de todo, se trataba de un negocio. Cada delegado que asistía allí era compañero de profesión. Algunos, incluso amigos. Pero también eran la competencia. El lanzamiento de un nuevo programa era como el lanzamiento de un nuevo modelo de coche. Nadie quería diluir el impacto que podía tener una conferencia de prensa filtrando detalles por adelantado.

Lo que pareció una eternidad fue seguramente no más de una hora, y finalmente consiguió llegar a la zona de recogida de equipajes para llevarse el suyo. Entonces, se encontró con el jefe de seguridad y el chófer de Cloud 9, que transportarían a Ray (y a William, cuando llegase el martes) entre su hotel en Juan-les-Pins y el *stand* de distribución en Cannes, donde se encontraba el equipo de Cumulus.

—¿Buen vuelo? —preguntaron mientras empujaban el carro lleno de maletas que luego cargaron en la parte trasera de la limusina. Ray se limitó a emitir un gruñido.

Conocían a su hombre lo suficientemente bien como para saber cuándo no estaba de humor para ser demasiado sociable. Así que hicieron el viaje del aeropuerto al hotel mayormente en silencio, excepto por preguntas ocasionales para saber si Ray quería que encendiesen el aire acondicionado o que pusiesen algo de música.

Él nunca se había considerado alguien especial. Siempre prefería que lo tratasen como a cualquier otro miembro de su equipo. En realidad, sí era diferente, al ser el jefe de la empresa que había fundado. Pero el éxito no lo había cambiado en absoluto, y siempre se sorprendía cuando la gente le comentaba, al conocerlo, que parecía una persona con los pies en la tierra. Que era como él mismo se consideraba.

Pero entendía por qué algunos llegaban a hacerle ese comentario, porque él se había sentido exactamente igual con William cuando se conocieron.

—Hola, soy William Shatner —le había dicho a su llegada a Nueva Zelanda.

Resultaba adorable que William creyese necesario presentarse, como si Ray (o cualquier otro) no fuese a saber quién era. Aquello hizo que Ray sonriera y le pillase cariño a William de inmediato. Para muchos, era una leyenda. Especialmente, para los fans de *Star Trek*. Pero era muy modesto, sin ego ni pretensiones.

La mayoría del equipo de Cloud 9 eran *trekkies* consagrados. Uno de ellos saludó con la mano y gritó "Transpórtame, Scotty" al tiempo que Ray y William salían del coche tras llegar al estudio.

—¿Cuántas veces te han dicho eso? —preguntó Ray mientras guiaba a William hacia el edificio administrativo.

—Más o menos cada segundo —William sonrió—. Pero es parte del precio de ir con valentía adonde ningún hombre ha ido antes.

—Bueno, es todo un placer recibirte en Cloud 9 —dijo Ray mientras las puertas automáticas se abrían y ellos entraban a la recepción.

Mucha gente pensaba que Ray y su equipo eran un poco raros, y le intrigaba saber qué pensaría el capitán de una nave estelar. Por suerte, William pareció disfrutar de su tiempo grabando la serie. Y, desde luego, el equipo disfrutó trabajando con él. Era todo un profesional consumado y como la mayoría de gente en el ojo público (por desgracia, no toda) que Ray había conocido. Personas normales y corrientes.

Una de las ventajas de ser escritor o productor era que él no atraía la misma atención. Aunque sí tenía cierto perfil y, por algún motivo, ser lo más remotamente conocido hacía que la gente pensase que era diferente.

Quizás había gente que sí cambiaba con la fama, claro. Especialmente quienes comenzaban a creerse su propia publicidad. Sin embargo, él no había cambiado. Y se preguntaba si acaso su éxito había hecho cambiar a la gente de su entorno. ¿Sería eso?

Estaba encantado de rodearse de un equipo que entendía la carga de responsabilidades que portaba, que sabía que podía suponer un gran peso en ocasiones. Algunos, sin duda, lo hubieran considerado quizás una persona temperamental. Pero la mayoría eran tolerantes, trataban de adaptarse a sus necesidades, y estaban en sintonía con sus estados de ánimo y los tenían en cuenta.

Por naturaleza, normalmente era despreocupado y de trato fácil. Excepto cuando estaba cansado. O frustrado por cuestiones creativas. Entonces, Ray podía volverse irritable, con tendencia a explotar sin previo aviso. Así que aquellos que trabajaban cerca de él aprendieron a identificar las señales. Si quería hablar, hablaría. Si no, lo más sensato era dejar que reinara el silencio.

—*Bonjour, monsieur Thompson* —dijo el portero, abriendo la puerta trasera de la limusina—. Qué bueno tenerlo de vuelta, señor.

—Me alegra estar de vuelta, Savard —respondió Ray mientras salía del vehículo. Parecía que no había pasado el tiempo desde la última vez que se hospedó allí para asistir al festival MIP en abril.

Siempre prefería quedarse en otra ciudad que no fuese Cannes. Había mucha más tranquilidad, y ya había comenzado a relajarse desde el momento en que la limusina llegó a la impresionante entrada para vehículos de uno de sus hoteles *boutique* favoritos del mundo. Uno que podía competir con todo lo que pudiese ofrecer cualquier otro hotel del mundo, en su opinión: el cinco estrellas, Hotel Juana.

No había necesidad de pasar por todo el proceso de entrada. Su asistente lo había dejado todo arreglado con mucha antelación. Y si por casualidad se hubiese olvidado de algo (muy poco probable, pues "Eficiencia" era su segundo nombre), Ray llevaba años siendo cliente habitual. Todos eran conocedores de sus requisitos, que hacía tiempo se habían convertido en rutina.

Una botella bien fría de champán añejo lo aguardaba en su *suite*, así como un surtido de canapés dispuestos con buen gusto sobre una antigua bandeja de plata. Ray no era un gran bebedor de champán. Disfrutaba alguna copa de vez en cuando. Pero no era amante ni siquiera de las variedades de mayor calidad. Prefería un buen vino tinto. Sin embargo, desde que descubrió el hotel por primera vez, habían puesto siempre a su disposición una botella de champán, resplandeciente dentro de su cubo con hielo.

Aquello se había convertido en una especie de tradición. Y a él no le gustaba romper las tradiciones. Intentaba mantenerlo todo de la misma manera en que se hubiese venido dando. Como un ritual continuo que, según algunos, lo volvía de lo más excéntrico. Era como si encontrase cierta estabilidad emocional a través de la búsqueda casi obsesiva de la continuidad, para satisfacer una necesidad psicológica disfuncional. Ray consideraba que la suya no era más que la búsqueda inofensiva de la rutina. Le gustaba que "todo" fuese normal.

Se dio una ducha para refrescarse. Algo habitual después de cada vuelo. Luego, se sentó en una silla reclinable afuera, en el balcón con vistas al Mediterráneo, y decidió quedarse un momento admirando el pintoresco paisaje. Las olas del mar lamían suavemente las arenas de la playa privada del hotel, llena de palmeras, cabañas de paja y tumbonas. La mayoría estaban desocupadas, pues era temporada baja. Con la ausencia de una multitud de turistas, el resort resultaba todavía más atractivo y tranquilo.

Aquello también era "normal". Era un intento o, para ser más exactos, una necesidad de ir más despacio de vez en cuando, con momentos de soledad en los que dejar divagar la mente o procesar sus pensamientos para poder organizarlos y darles cierta estructura. De lo contrario, tendría dificultades.

El sol crepuscular de la Costa Azul comenzaba a descender lentamente tras el horizonte distante y el cielo brillaba con una multitud de colores extraordinarios y cambiantes.

Dio un sorbo a su copa de champán, agradeciendo la oportunidad de desconectar durante algunas horas antes de la cena con el equipo de Cumulus, y absorber la atmósfera de la Riviera Francesa, que aquel día parecía extrañamente pacífica.

Sin embargo, Ray sabía que se trataba de la calma antes de la tormenta. En los siguientes días, se vería atrapado en un remolino de actividad agotadora que lo dejarían todavía más exhausto. Y también eufórico, si el lanzamiento de la nueva serie iba bien. O devastado, si no estaba a la altura de las expectativas.

Era el último obstáculo en una larga carrera para llevar el producto a la pantalla ante los consumidores reales, los miembros del público general, quienes decidían en última instancia el destino de cualquier serie a través de su mando a distancia. Ellos tenían el control absoluto sobre qué deseaban ver. Pero los compradores de los festivales tenían el poder de decidir si los espectadores internacionales llegarían a tener siquiera la oportunidad de decidir.

Por suerte, la marca Cloud 9 estaba evolucionando y disfrutaba de una reputación cada vez mejor en cuanto a producir programas de calidad. Los compradores siempre tenían ganas de ver los nuevos productos. Pero nunca se podía ser demasiado confiado ni autocomplaciente en esta industria. Pese a todo el cortejo y afabilidad del mundo del espectáculo, Ray sabía que, en realidad, eran todos tan buenos como lo fuese su última película o programa.

Por debajo de todo el sentimentalismo y las sonrisas, los índices de audiencia y los ingresos en taquilla parecían determinar a qué velocidad se devolvían las llamadas y qué tan ocupada estaban las agendas para esos "tenemos que juntarnos a comer". Por lo común, Ray era capaz de discernir si la invitación era genuina en cuestión de segundos, pero estaba encantado de compartir una relación cercana y significativa con la mayoría de la industria, algo que valoraba.

No obstante, llevaba metido en ello lo suficiente como para saber que, para algunos, una invitación a comer podía ser también un compromiso superficial con el que mantenerlo engatusado por si necesitaban que les diese algún producto de valor. De lo contrario, esas invitaciones desaparecían extrañamente.

Esta era una industria de "cuando te va bien, te va muy bien. Y, cuando no, no". Ahí es cuando descubres quiénes son de verdad. Aquellos que te apoyan no solo durante los buenos tiempos, sino también los malos. Cuando te va bien, el éxito atrae a la gente como moscas a la miel. Pero, si desaparecen los ingresos económicos, algunos de los que luchaban por tus esfuerzos creativos como si fuesen tu mejor colega… parecían desaparecer misteriosamente.

CAPÍTULO DOS

DIARIO: MAYO DE 1981

Ray conoció por primera vez la comunidad de Antibes como joven guionista, cuando un productor (un rico magnate de mercancías asiático) le encargó trabajar en una película que lanzarían en el Festival de Cine de Cannes, a principios de los ochenta.

Era su primer encargo real. Una experiencia abrumadora. Debía escribir una nueva versión de *Tres lanceros bengalíes* que tuviese lugar en la Frontera del Noroeste, y llegó a preguntarse si necesitaría viajar a la región para investigar. Pero pudo llevarlo a cabo en la biblioteca local.

Ray no tenía ni idea de cómo funcionaba la industria. Y, sobre todo, no sabía cómo trabajaría ni si estaría a la altura de la tarea. Tener dificultades para establecerse y escribir propuestas de guiones era una cosa. Que alguien estuviese dispuesto a pagarle por escribir, otra muy distinta. Se pasó la primera semana observando la página en blanco, sin saber por dónde empezar. Las siguientes dos semanas se las pasó volviendo una y otra vez a esa primera página, seguro de que no era lo suficientemente buena y de que resultaría una decepción.

En esos tiempos no había procesadores de texto. Cualquier cambio necesario había que hacerlo con típex, una tinta correctora blanca que borraba las palabras. El olor de aquel líquido blanco era como el de la cola. Ray tuvo que hacer tantos cambios durante las primeras semanas que la mayoría de días acababa mareado, preguntándose en qué momento aterrizaría su pequeño estudio en el aeropuerto de Heathrow, seguro de que acabaría desmayándose.

Al finalizar la tercera semana, cuando sonó el teléfono, por poco sí se desmaya al escuchar una voz muy preocupada al otro lado de la línea.

—¡¿Cómo que solo tienes terminada la primera página?! —le preguntó su agente, estupefacto, tras llamar para ver cómo le iba.

—Tengo la segunda página y el resto de la historia planificadas. Tan solo quería asegurarme de comenzar de la mejor manera posible —respondió Ray, esperando tranquilizar un poco a su agente. Pero, en secreto, se sentía avergonzado, dándose cuenta del pánico creciente que remplazó a la preocupación inicial.

—El contrato estipula seis semanas para entregar el primer borrador. ¡A tu ritmo, tendrás suerte de terminarlo en seis años! Tienes que darte prisa, ¡¿entendido?!

—Vale. Lo intentaré. Lo prometo.

—No sé si podré ganar tiempo con el productor. Me ha pedido leer lo que llevas de momento. A ver qué puedo decirle. Pero, desde luego, no voy a enviarle la primera página por mensajería. Pensaba que ya estarías por la mitad.

—Yo también —Ray volvió a avergonzarse. Luego, añadió rápidamente, para que no creyese que estaba teniendo dificultades (aunque así fuese): —. Pero no hay problema.

—Siempre que esa página, y las otras 120, sean buenas. Si no, vas a tener un problema. Ponte las pilas. Hablamos pronto.

Ray colgó el teléfono y releyó la primera página, preguntándose si realmente era buena. Parecía serlo la última vez que la había repasado. Sin embargo, ahora, solo había una forma de describirla: decididamente mala. No, peor que mala. Horrorosa. Sensación que le produjo nauseas en la boca del estómago.

Con desgana, arrancó la página de su vieja máquina de escribir Underwood, hizo una bola con ella y la tiró sin ánimos a la papelera, que ya estaba llena de los intentos previos fallidos de rellenar la primera página en blanco. Resolvió volver a empezar una vez más. Y, esta vez, no solo sería buena, sería sensacional.

Pero, entonces, se angustió: ¿Y si no lo era? La presión parecía inaguantable, como si su cabeza fuese a explotar en pedazos al mismo tiempo que su carrera, que parecía destinada a terminar antes de que hubiese tenido oportunidad de comenzar.

El productor extendió la fecha límite a doce semanas para la entrega del primer borrador. El agente le dejó bien claro a Ray que aquel no era un productor normal. Ser un magnate de mercancías multimillonario significaba que podía permitirse modificar plazos. Pero, si quería ganarse la vida escribiendo, debía aprender a cumplir con las fechas límite.

Catorce semanas después, entregó el primer borrador, tras haber permanecido despierto casi todas las noches para intentar terminarlo a tiempo. El productor parecía conforme con lo que leyó, al menos lo suficiente como para invitarlo a asistir al Festival de Cine de Cannes, donde tendrían lugar conversaciones con posibles distribuidores.

Ray debía permanecer atento por si lo llamaban para repasar notas del guion e ideas que pudiese tener el productor, entre reunión y reunión en su yate, lugar que utilizaba para entretener (y, sin duda, impresionar) a todos aquellos que allí acudiesen. A Ray, le recomendó quedarse en un pequeño hotel familiar en Juan-les-Pins, a unos kilómetros de Cannes.

Con la intención de dilatar sus honorarios como guionista todo lo posible, por si nadie volvía a contratarlo nunca, tomó un ferry de Dover a Calais y condujo toda la noche hasta Cannes, para ahorrar costes.

Tras llegar al Hotel Juana, desaliñado y sin afeitar, se sintió muy fuera de lugar cuando el aparcacoches dejó su oxidado y viejo Fiat en el aparcamiento, entre un Porsche y un Ferrari que pertenecían a otros huéspedes.

Era cierto que el Juana era un pequeño hotel familiar y había pertenecido a tres generaciones de la misma familia, pero no era la modesta posada de alojamiento y desayuno que se esperaba. Todo lo contrario: reparó en una placa donde se indicaba que aquel establecimiento era uno de los principales hoteles *boutique* del mundo.

Ray rellenó su nombre y dirección en un formulario con tapa de cuero en la recepción, y se percató de que al restaurante también le habían otorgado estrellas Michelin, así como muchos otros premios. Y se podía ver el porqué. No era solo porque el mobiliario y diseño rezumasen lujo, elegancia y estilo; el servicio era excepcional. Parecía haber más trabajadores que huéspedes podía alojar un pequeño hotel de ese tamaño.

El encargado chasqueó los dedos. De la nada, llegaron botones ataviados con largos delantales blancos con instrucciones de llevar el equipaje de Ray a su *suite*. Inmediatamente.

Ray no se fiaba del ascensor, que parecía antiquísimo. Los huéspedes entraban por una verja de hierro forjado, manejada por un operador con un traje a rayas muy elegante que los llevaba a las plantas superiores.

En vez de subirse, decidió pasar por delante de sirvientas en uniformes negros y pequeños delantales blancos que estaban abrillantando antigüedades y barandillas cobrizas que bordeaban una magnífica escalera de madera de caoba en espiral. Ellas asintieron modestamente y le ofrecieron un servil saludo, "*Bonjour, monsieur*", mientras subía los escalones. A cada paso, las deportivas se le hundían en la alfombra de pelo largo.

Para cuando llegó a la *suite*, ya le habían colocado el equipaje ordenadamente sobre una mesa auxiliar. Como esperaba, la habitación estaba amueblada con mucho gusto, llena de antigüedades de aspecto caro, óleos originales y otras piezas de arte.

Entró a ver el cuarto de baño, que estaba decorado con mármol italiano y parecía tener grifos de oro en la pila y la bañera. Se quedó asombrado al examinar el bidet, pues nunca había visto uno antes, y se preguntó para que debía utilizarse. Entonces, el timbre de la puerta lo distrajo.

Ray regresó a la zona principal y abrió la puerta, tras la cual encontró a un camarero del servicio de habitaciones con un uniforme de un blanco inmaculado y hombreras doradas que le señaló y mostró una botella de champán y una bandeja dorada de canapés, llevados ante su presencia por algún motivo.

—Debe haber algún error. Yo no he pedido nada.

—Ningún error, *monsieur* —dijo el camarero, situando la botella en un cubo con hielo y los canapés en otra mesita auxiliar que ya había captado la atención de Ray—. Invita la casa. ¿Abro el champán y le sirvo una copa?

—Ahora mismo no, gracias —respondió Ray, que le ofreció un billete de cinco libras como propina, algo que pareció ofender tanto al camarero como lo hizo sentir incómodo a él mismo.

—No será necesario, *monsieur*. En Hotel Juana es nuestro deber, así como un placer, estar a su disposición.

El camarero sonrió con más que una pizca de altanero desprecio y se marchó. Ray cerró la puerta y suspiró. Luego, le echó un vistazo a la botella de champán, que parecía caro. Si era de cortesía y pretendían sacar algún beneficio con su estancia, comenzaba ahora a preocuparse, preguntándose cuánto costaría aquel lugar. Seguramente una pequeña fortuna, por lo que había podido ver hasta el momento de aquella región tan glamurosa y evidentemente cara.

Juan-les-Pins estaba convenientemente situado a medio camino, más o menos, entre Niza y Cannes, a 20 minutos en coche de cada ciudad. Con una pequeña comunidad, aquella histórica ciudad se había dado a conocer a lo largo de los años como el patio de juegos de la *jet set* de ricos y famosos internacionales que se veían atraídos a sus *boutiques* de moda, sus premiados restaurantes, clubs nocturnos y casinos, así como las elegantes villas y hoteles con estilo que se remontaban a los gloriosos días de la indulgente y lujosa *Bel Âge* francesa.

Con la llegada de la industria del cine y la televisión, Cannes había acaparado todos los focos. Pero, al poco tiempo, muchos habían preferido el santuario de Juan-les-Pins, que resultaba algo más sutil, distinguido... y discreto.

El rompecorazones del cine mudo, con su melodramático maquillaje alrededor de los ojos, Rudolph Valentino, tuvo una lujosa mansión en los alrededores de Antibes en 1920 que ahora era un exclusivo hotel-resort con muy buenas calificaciones, destino favorito de todo tipo de celebridades durante los años siguientes: desde Josephine Baker a Pablo Picasso, Edith Piaf e incluso la princesa Grace, del pequeño principado cercano de Mónaco.

Como le sucediese al príncipe Raniero, muchos habían quedado prendados de Grace Kelly. A Ray le pasó lo mismo de joven, cuando la vio en la película musical *Alta sociedad*. También la cámara parecía enamorarse sin remedio de aquella actriz principal de belleza tan cautivadora, que actuó junto a las leyendas Bing Crosby y Frank Sinatra en esa película. Se rumoreaba que había tenido *affairs* con ambos iconos de Hollywood.

Quizás fuese solo un invento de la prensa. No debía ser difícil obtener historias para los lectores, pues las revistas de cotilleos parecían incapaces de satisfacer el insaciable apetito por tener noticias de cualquier dios o diosa hollywoodiense de la gran pantalla.

Excalibur, *La puerta del cielo* y *Carros de fuego* competían el primer año que asistió Ray al festival, junto a otros títulos más esotéricos, casi todos europeos, para llevarse la prestigiosa Palma de Oro.

Se proyectaban cintas más comerciales y atractivas para el público general en hoteles de lujo, y se tenían conversaciones sobre muchas otras que estaban en desarrollo. Hollywood se había tragado lo que una vez fuese un foro de cine innovador e independiente. Ahora, el Festival de Cannes se había convertido, más bien, en un lugar donde hacer contactos, entrar en negociaciones y, con suerte, llevarlas a buen puerto.

Una diversidad de estrellas de aquel entonces, de la llamada "Clase A", sonreían a las multitudes desde vallas publicitarias gigantescas a lo largo de la Croisette, compuesto de lugareños que intentaban seguir a lo suyo, turistas ansiosos por echarle el ojo a algún rostro famoso, glamurosas futuras estrellas esperando ser descubiertas… pero, sobre todo, profesionales de la industria del cine que intentaban embutir tantas reuniones como permitía su ya muy apretada agenda.

Ray escuchó a dos ejecutivos charlando sobre un acuerdo en la calle, mientras salía del taxi y le pagaba al conductor. Uno de los hombres sonaba desesperado, e informó de que había conseguido un 80 % de la financiación para su próxima producción. El otro hombre mencionó que quizás podría ayudarlo con la parte que faltaba, pero que quería ser el primero en recuperar su inversión, con un cacho de los beneficios brutos (y no solo tras finalizar la recaudación). Le sugirió al otro, antes de marcharse apresuradamente, que le enviase el guion a su hotel y que lo evaluaría.

Parecía un idioma completamente distinto. Ray no tenía ni idea de sobre qué hablaban esos hombres. Pero debía ser importante, pues notó una gran sensación de alivio en el que parecía estar desesperado, que ahora dibujaba una sonrisa pícara y astuta.

Se preguntó si se podría confiar en aquel tipo. Hablasen de lo que hablasen, esperaba que el otro, el que iba a evaluar el guion, también fuese espabilado. Parecía haber algo turbio en todo aquello.

Sin embargo, lo que más le preocupaba era qué le esperaría a él. El productor había convocado a Ray en Queue 9 para tener una reunión sobre su propio guion, y reconoció el Palais des Festivals al aproximarse al embarcadero.

Había visto el edificio a menudo en las noticias, cuando las estrellas asistían a los estrenos de alfombra roja. También estaba seguro de haberse cruzado con Roger Moore, que acababa de desembarcar de un yate atracado cerca, rodeado de un enorme séquito. Ese muelle fotogénico parecía el tipo de lugar elegante que frecuentaría 007.

Y el imponente guardaespaldas plantado a la entrada de la pasarela que llevaba al lujoso yate "Obra de amor" podría haber sido seleccionado para interpretar a un amenazante villano en una película de Bond. No obstante, parecía estar de lo más relajado, al tiempo que el productor, tirado en una tumbona sobre la cubierta y bebiéndose un cóctel, reparó en Ray y lo saludó:

—Ray, amigo mío. Bienvenido a bordo.

Le gustó cómo sonaba aquello. Ahora era amigo del productor, que debía haber quedado muy impresionado con el primer borrador de su guion.

El productor pidió a un miembro de su personal que ordenase al chef preparar algo para comer, pues Ray y él disfrutarían de una comida de negocios en el comedor principal para repasar el guion. Y a Ray le esperaban muchas más sorpresas.

Con "yate" se había imaginado un barco con velas, mientras que este navío era como un pequeño crucero de lujo. Nunca había visto algo tan opulento.

El vino para acompañar el faisán que comerían fue un Burdeos añejo. Nunca antes había probado ni lo uno, ni lo otro.

—¿Qué tal está el faisán, señor? El chef espera que esté a su gusto —quiso saber el camarero, mientras contemplaba con entusiasmo cómo Ray tomaba otro delicioso bocado.

—Por favor, dile al chef que comiendo faisán me siento un galán. Y que el vino es realmente divino —dijo de repente, sintiéndose un poco incómodo por los nervios—. Qué raro. No sé por qué estoy hablando en rima.

—Relájate, amigo mío. Eso siempre sube la autoestima —tranquilizó el productor a Ray, al notar su inquietud.

—Ah, tú también eres poeta, y ni siquiera lo sabías —continuó Ray, deseando saber dónde parar—. Perdón. Debe ser por el vino. Espero que el tuyo sepa igual de bien que el mío.

—Chateau Margaux del 63 —dijo el productor con soltura, tras lo cual tomó un sorbo y le dio vueltas al vino en la boca, saboreándolo—. Afecta a todos los sentidos. Su recuerdo permanecerá por siempre.

—Buena forma de describirlo. Lo importante es que entre.

En cuanto dijo eso, Ray sintió una gran vergüenza y se volvió a recordar que debía dejar de rimar, mientras seguía bebiendo vino.

Nunca había probado algo tan exquisito en toda su vida. El primer trago le fue directo a la cabeza. Pero, ahora, los comentarios tan halagadores del productor comenzaban a ser igualmente embriagadores. No tenía ni idea de qué esperarse, pues nadie le había dado nunca notas creativas.

—Ese guion que has escrito… ¿Alguna vez te han dicho que eres un genio?

—No —Ray se encogió de hombros con modestia, disfrutando cada vez más de aquel primer viaje a Cannes y de la charla sobre su historia con el productor (ahora, su amigo).

—Pues ya te digo yo que es especial.
—Me alegra que te lo parezca. Lo hice lo mejor que pude.
Entonces, Ray se preguntó si quizás, el siguiente año a esas alturas, su amigo y él subirían a recoger la Palma de Oro.
—Toda mi gente lo encontrará muy inspirado —se entusiasmó el productor, pasando páginas del guion entre bocados de comida al tiempo que el camarero le rellenaba la copa de vino a Ray. Este se sintió aún más inspirado, y se preguntó si su amigo y él podrían llegar a ganar incluso un Oscar.
—Pero primero tenemos que encontrar al príncipe Khalil —continuó el productor—. En un primer momento, había pensado ofrecerle el papel a Omar Sharif.
—Él sería ideal.
—Por supuesto. Pero yo, también.
—No... sabía que tú también... eras actor.
—No lo soy. Pero no puede ser tan difícil.
Ray se encogió y miró boquiabierto cómo el productor se levantaba de repente y agitaba los brazos en un gran gesto teatral.
—Imagínate al príncipe Khalil, a mí, cabalgando a lomos de un semental blanco, con un ave de presa sobre sus hombros, que libera para que le arranque los ojos al comandante Adams.
Ahora, tenía una mirada maníaca. Ray también era consciente de que la furia del productor iba creciendo, y de que el tono de su voz tenía un matiz amargo y venenoso.
—¡Ese perro británico debe morir! Así que debemos meter una escena para darle una muerte larga y lenta. ¡Sin piedad, te lo digo yo!
—Pero él es... el héroe.
—Para mí no lo es —saltó el productor, furioso—. El héroe es el príncipe Khalil.
Ray sintió cómo se hundían sus esperanzas. Y cómo se le desencajaba la mandíbula. En su historia, el príncipe Khalil era

una malvada fuerza oscura. No había forma de convertirlo en el héroe sin distanciar y confundir a todo el público. Excepto, quizás, en el país de origen del productor. Lo cual era parte del motivo, según parecía.

—Y toda mi gente lo amará por asegurarse de que el sol se ponga en el oeste, ¡y salga en el este! —exclamó el productor con un arranque de orgullo ultranacionalista.

—Eso significaría… una… reescritura total.

—Considéralo, amigo mío, no solo como la reescritura del guion, ¡sino de la historia! Quiero que este sea un relato sobre la victoria, ¡y sobre la venganza definitiva!

Durante los siguientes seis meses, Ray se esforzó por sacar adelante ocho borradores, incorporando más y más cambios requeridos por el productor. El héroe del primer borrador, ahora era asesinado en la primera página. Y la historia ya no se parecía en nada a lo que se había imaginado.

Como el héroe, al que le arrancaban los ojos y moría en los primeros minutos del primer rollo, Ray también se sentía ciego. No veía las palabras. Estaba perdido. Se sentía más como un secretario al que le dictaban, que como un guionista. Revisaba servilmente todo lo que le pedía, y nada sobre la historia o los personajes tenía ya sentido para él.

Además de tener pensado interpretar al antiguo villano y ahora nuevo héroe, el príncipe Khalil, el productor había decidido que también dirigiría la cinta, lo que suponía aún más problemas.

La película estaba en preproducción y se había pasado muchísimo de presupuesto incluso antes de grabar un solo segundo de metraje. Con un ejército de dobles de acción formando a cientos de sementales árabes para una enorme secuencia de batalla donde las tropas del príncipe Khalil aniquilarían a los lanceros bengalíes. Y un amplio equipo de responsables de localizaciones buscando por cielo y tierra las ubicaciones perfectas, mientras que otros miembros del equipo construían costosos *sets* de rodaje.

Dependiendo de qué localizaciones terminasen escogiéndose, podía precipitarse una pesadilla logística para programar el transporte del reparto y el equipo entre *sets* y localizaciones. Pero era lo que quería el productor, actor principal y director. Además, ser el principal inversor de la película significaba que obtendría lo que deseaba, sin importar el precio.

Así, Ray aprendió la primera de muchas lecciones dolorosas. No era importante solamente intentar proteger su integridad creativa en el trabajo, sino que necesitaba seguir sus instintos. A menudo le apetecía huir de todo aquello, alejarse corriendo tan rápido como pudiese. Algo que, probablemente, debería haber hecho en vez de aguantar como un buen soldado.

Si hay algo roto desde el comienzo, entonces será difícil arreglarlo al final. Ignorar los instintos de uno era equiparable a apagar nuestro sistema de navegación interno. Cuando comienzan a sonar las primeras alarmas, cuando parece que vamos a chocarnos contra las rocas, habría que tomar una acción evasiva y decisiva para evitar el desastre. Y, en esta industria, las penas.

Ray comenzaba a darse cuenta de que el talento no era el único elemento necesario para tener éxito en la industria. Gran parte de ello se reducía a estar en el lugar adecuado, en el momento adecuado, con el proyecto correcto y la gente correcta. La suerte también desempeñaba un papel. Ciertamente, había que intentar diferenciar si uno se había metido en el proyecto equivocado, en el momento equivocado y con la gente equivocada.

Quizás el productor estaba dotado de talentos ocultos para la interpretación y la dirección, bien podría haber sido el próximo Orson Welles, pero su enorme riqueza le había dispuesto una forma de entrar a la industria por la puerta de atrás, donde el dinero no solo era un poderoso caballero... era el rey.

Aquellos que lo tenían o que podían conseguir más gracias a la taquilla tenían todo el poder, y no es que se les diese rienda suelta: estaban consentidos. La regla de oro parecía ser que aquellos con el oro, creaban las reglas.

La principal lección era identificar quién tenía el oro, algo que se hizo evidente gracias a una llamada telefónica del agente de Ray.

—Tengo una buena noticia. Y una mala. La buena es que puedes dejar de escribir.

—¡¿En serio?! —respondió Ray, con una abrumadora sensación de alivio—. Por fin. ¿Al productor le ha gustado el último borrador?

—No lo sé. Se ha pirado, dejando atrás una montaña de deudas. La mala noticia es que, ahora, el guion es propiedad de los liquidadores. Así que creo que puedes despedirte del pago por la entrega final. ¡Y yo también pierdo mi diez por ciento!

La norma de la industria era que, cuando un guionista recibe un encargo, obtiene el 25 % del pago al comenzar a escribir el guion, otro 25 % al completarlo y entregar el primer borrador, y el 50 % se paga al aceptar la versión definitiva. Pago que parecía haberse esfumado para siempre.

Habían animado a Ray a intentar entregar lo que quería el productor, pues sería un crédito importante, así como una buena recompensa fiscal, pues debía recibir otra gran suma al comenzar el rodaje, al inicio de la producción.

Pero se preguntó si su agente estaría más interesado en obtener su comisión del pago total, hecho que podría explicar por qué no le aconsejó retirarse del proyecto. Incluso siendo un novato en el negocio, Ray podía ver que la historia estaba rota y no le serviría para lanzar su carrera.

—¿Qué hay de mis gastos, me los devolverán? —Ray había asumido muchos costes durante el transcurso de la escritura, incluyendo todos los viajes a Cannes, que todavía no le habían reembolsado, pues había decidido enviar una sola factura que lo cubriese todo al finalizar el encargo, en vez de hacerlo de uno en uno.

—Lo siento —informó el agente—. Parece que también te quedarás sin recuperar los gastos.

No se lo podía creer. Más tarde, descubrió que el imperio entero del productor se había venido abajo como un castillo de naipes, derribando a su paso un banco comercial. Se interpusieron demandas con otros bancos, se congelaron y embargaron activos en un intento desesperado por minimizar las enormes pérdidas fiscales. Incluso hubo acusaciones de fraude en cierto momento.

Lo que comenzase como un encargo de ensueño, había terminado siendo un dolor de cabeza y toda una pesadilla.

Pero aquello también le ofreció a Ray la posibilidad de pasar página. Sin el pago por la entrega y por los gastos que había desembolsado, Ray estaba ahora, seguramente, tan arruinado como el productor. Pese a ello, estaba aliviado de poder al fin ponerle el punto y final a aquella saga tan frustrante.

Había sido una lección muy cara y dolorosa. Una que nunca olvidaría, algo que demostraría ser una experiencia valiosa.

Especialmente, el conocimiento de que había escogido hacer carrera en una industria donde nada era nunca tal y como parecía.

CAPÍTULO TRES

DIARIO: 5 DE ABRIL DE 1949

Ray nació en una pequeña casa adosada, en el número 10 de Salters Lane en Redditch, Worcestershire, Inglaterra, a primera hora de la mañana. Y su padre estaba encantado. Además de ser bendecido con su primer hijo, ¡recibiría también una devolución de impuestos!

El bebé había llegado al mundo de la posguerra, de las nuevas libertades y esperanzas, pero también de una gran austeridad y dificultad para muchos. Y en el momento preciso, llegando a tiempo justo el día antes de la fecha límite para registrar a una persona dependiente adicional, lo que significaba que se podía obtener un reembolso de los impuestos que se hubiesen pagado. Era irónico que tanto los impuestos como las fechas límite acabasen siendo parte tan importante en la vida adulta de Ray como guionista y productor, y que hubiesen sido tan relevantes cuando tomó su primera bocanada de aire.

Necesitaban desesperadamente la devolución para poder pagar algunas facturas atrasadas y poner comida sobre la mesa. Era un verdadero suplicio para cualquier familia por toda la nación. Especialmente en aquella zona de clase trabajadora en el corazón de los Midlands, donde los trabajos y las oportunidades eran escasos, a medida que Gran Bretaña se disponía a reconstruirse a sí misma tras todas las carencias sufridas durante tantos años, por estar en guerra.

El padre de Ray había estado en la marina. Los permisos para estar en casa rara vez proporcionaban un descanso del servicio activo, dado que su familia era de Coventry, ciudad asolada y casi destruida por los bombardeos. Hacia el final de la guerra, pasaba tanto tiempo como podía al otro lado de la frontera, en Dundee, Escocia.

Había conocido y se había terminado casando con una atractiva jovencita escocesa que era cocinera en el Servicio Territorial Auxiliar, con base en un campamento militar en Stranraer, cerca de la estación naval donde se desplegaba a los dragaminas en los convoyes del Atlántico Norte.

Aunque era natural de Aberdeen, también tenía sangre romaní y gitana por su familia. Muchos creían que eso podía explicar por qué ella y su marido parecían estar viajando constantemente entre Escocia (donde había nacido su primogénita, una niña, justo después de la guerra) e Inglaterra, donde había dado a luz a Ray.

La realidad era que, además de visitar a sus familias a un lado y otro de la frontera, el propósito principal no era disfrutar de su espíritu viajero, sino buscar empleo. Si lograban asegurarse un trabajo, quizás podrían tener estabilidad y esperanza para el futuro.

Sin tener realmente una educación formal, el padre de Ray trabajaba en una fábrica de Fintry, cerca de Dundee, donde vivía la joven familia en una vivienda subsidiada sin muchas comodidades (más bien, era un tugurio), y allí nació la hermana pequeña de Ray.

Con otra boca que alimentar y dificultades constantes para llegar a fin de mes, la familia atravesó una vez más la frontera, hacia Inglaterra. Pero, esta vez, habían encontrado un empleo con posibilidades reales. Si su padre conseguía encontrar tiempo para estudiar y obtener calificaciones, recibiría formación como ingeniero industrial. Una posición de clase media que podría incluso llevarlo a un puesto como gerente.

La familia vivía en un pequeño piso en Palmerston Road, East Sheen, un barrio a las afueras de Londres donde nació el hermano pequeño de Ray y comenzaron los hermanos mayores en una nueva escuela.

Los compañeros de Ray le pusieron el sobrenombre de Jock, un apodo para referirse a los escoceses, seguro de que él era tan escocés como William Wallace. Desde luego, sí que estaba asalvajado. Un pobre chico (el matón del colegio) tomó la desafortunada decisión de meterse con él y ponerle el apodo de "Gitanillo", tras descubrir su herencia romaní. A cambio, el matón recibió un ojo morado y una nariz que, sospechaban, había quedado rota.

—Menudo niño más idiota —le dijo su madre, riñéndolo, mientras le tiraba bien de una oreja—. Debes controlar ese temperamento tuyo, chiquillo, o vendrá la policía a buscarte. Y ¿eso adónde te llevaría? Directo a Borstal.

Borstal era una institución de custodia para delincuentes juveniles.

—Me dijo que era un sucio gitano.

—¡¿Que qué?! —saltó su madre, con repentino fuego en los ojos.

—Y que parecía un mercadillo andante.

Lo cierto es que así era. En vez de llevar un uniforme nuevo, Ray y sus hermanas iban a la escuela con ropa desparejada, obtenida de tiendas de segunda mano y casi toda de la talla equivocada, incluidos los zapatos. Pero era todo lo que podían permitirse.

—Bueno, pues si su madre o su padre o esa escuela quieren poner alguna pega, ¡que vengan a decírmelo a mí! —dijo la madre de Ray, intentando contener su propia furia tan bien como podía.

Tenía una figura pequeña, diminuta. Eso sí, si se encendía, podía ser una adversaria formidable. Una amiga cariñosa y auténtica de por vida. Pero una enemiga hasta la muerte.

—¿Conque sucio gitano, eh? Recuerda tratar siempre a la gente con respeto. Siempre que se lo merezcan. Si no, no dejes que nadie se meta contigo, chiquillo. Jamás. ¡Hiciste bien en defenderte!

De eso no había que preocuparse. Ray, como el resto de la familia, tenía un código del honor y la justicia casi siciliano. Todos en la escuela pronto se dieron cuenta de que aquel chico no se achantaría fácilmente en una pelea.

No era del tipo que buscase problemas, pero tampoco huía de ellos. Y era más que capaz de cuidar de sí mismo desde bien pequeño, tras haberse criado entre las alcantarillas de unas calles muy perversas, donde los puños hablaban más rápido que las palabras si había que aclarar cuentas.

Poco después, la familia se mudó a Deadworth, justo a las afueras de Windsor, Berkshire, donde Ray comenzó en otro nuevo colegio. Su padre había recibido un ascenso, y por fin podía ahorrar la modesta suma necesaria para el depósito de una pequeña casa adosada en el 33 de Green Acre Estate.

Distaba de ser un barrio residencial afluente: seguía siendo de la llamada "clase obrera". Pero, en comparación con lo que estaba acostumbra la familia, era todo un lujo. Aunque habían sacado una hipoteca enorme para la propiedad (que apenas podían permitirse), la idea de poseer un terreno con ladrillos y mortero en vez de estar de alquiler les daba a sus padres una sensación de esperanza. Y orgullo.

Todo lo que deseaba Ray era que pudiesen comprar algunos muebles, que adquirirían a medida que se lo permitiese su presupuesto. Nunca tenían apenas fondos de sobra para gastar.

Manteniendo el sueño vivo

A medida que caía la nieve suavemente en el exterior durante su primera Navidad en la nueva casa, la familia disfrutaba de su comida festiva en el interior. El ambiente estacional quedaba enfatizado por la calidez de una fogata y por las luces que centelleaban sobre el árbol. Pero la cena a base de pavo y guarnición estaba dispuesta sobre una caja de madera, en vez de sobre una mesa. Tampoco tenían sillas, así que se sentaban en el suelo.

A pesar de que la casa estaba prácticamente desprovista de muebles, siempre estaba llena de abundante amor, risas y alegría. La familia jugaba a juegos y se deleitaba con un surtido de comida y aperitivos que no disfrutaban normalmente. Le dieron a Ray y a su hermana mayor una copa de Babycham e incluso un traguito de vino caliente. Aunque también hubo ciertos momentos de decepción, cuando no se cumplieron todas las expectativas que tenían para el día de Navidad.

—Hay una cosa que no entiendo —había dicho su hermana pequeña cuando la familia abrió los regalos un rato antes, esa mañana—. ¿Por qué no me ha traído la bici? ¿Y por qué Santa Claus nos trae juguetes viejos? Algunas de mis cosas parecen usadas.

Ray reparó en los rostros desesperanzados de sus padres cuando intercambiaron miradas. Él también miró a su hermana mayor del mismo modo. Ambos sabían demasiado bien el gran esfuerzo y sacrificio que siempre habían hecho sus padres para gastarse tanto como podían y hacer que cada Navidad y cada cumpleaños fuese especial.

—Los elfos siempre hacen todo lo posible para que San Nicolás le traiga a cada niño lo que quiere, pero no siempre es posible —contestó el padre de Ray con delicadeza.

Entonces, su madre interrumpió, pues no estaba de humor para tonterías o para que le fastidiasen aquel día, decidida a que lo viese con perspectiva.

—Has recibido una muñeca y algunos libros, que es lo que escribiste en tu carta, ¿verdad? Así que debes dar las gracia por lo que sí que te han traído, mi niña. Quizás el año que viene te traiga la bici. Debe ser difícil para la gente del Polo Norte encontrar suficientes regalos para todos.

—Supongo que tienes razón —suspiró la hermana pequeña.

—Claro que la tengo —respondió su madre—. Ni que tuviésemos por qué quejarnos. Tenemos comida, tenemos cobijo, y nos tenemos unos a otros. ¿Qué más se puede querer?

—Una bici —respondió la hermana de Ray, con un destello de picardía, algo que hizo dibujar una sonrisa a todos los demás, incluida su madre.

—Bueno, pues escríbeles al Polo Norte para quejarte. Yo no pienso compadecerme, pequeña. Venga, vamos a quitar la… eh… la "mesa"… ¿A quién le queda hueco para un pudin navideño casero? Igual os encontráis una moneda de seis peniques dentro, así que cuidado al tragar.

Ray fue el afortunado en encontrar la moneda que habían mezclado con la masa del pudin, y decidió devolvérsela a sus padres. Sin embargo, ellos insistieron en que comenzase a ahorrar para comprarse las dos cosas que más deseaba en la vida: una guitarra eléctrica y un amplificador.

Había descubierto su verdadero amor por la música unos años antes, cuando su padre comenzó a darle clases de guitarra en Escocia. Una vieja guitarra acústica con cuerdas de tripa había terminado, de alguna manera, en posesión de su padre. Este había aprendido por sí mismo a tocar algunos acordes básicos, que luego le enseñaba a Ray.

Sus padres estaban sorprendidos de que, más que un pasatiempo, la música se hubiese vuelto una auténtica pasión para Ray, que se pasaba muchas largas noches en su cuarto repasando las escalas una y otra vez, averiguando varias estructuras de acordes.

Pocos podrían haber predicho, ni él, ni mucho menos nadie de su familia, que años después su trabajo aparecería en bandas sonoras. Ni que una de las piezas estaba destinada a formar la estructura base de un movimiento que interpretaría una orquesta sinfónica.

Por aquel entonces, según pudo reflexionar y articular Ray al echar la vista atrás, la música era casi un portal que le había enseñado muchas cosas de pequeño. Sobre la vida, antes de vivirla siquiera, evocando emociones que tenía muy adentro incluso antes de que hubiese podido comprender la compleja profundidad y el verdadero significado de qué representaban esos sentimientos.

La estructura musical era tal que, a menudo, para un niño como él, tenía la capacidad de comunicar de forma más profunda que cualquier idioma. Y, por tanto, era como un templo tan glorificado que podía limpiar, remover o inspirar la condición humana por su pureza y claridad de una forma que nada más podía. Algo ciertamente majestuoso, pero que parecía emanar también desde un plano espiritual y un nivel de conciencia diferentes.

En aquella épica, en el Windsor de comienzos de los sesenta, tener una guitarra eléctrica y un amplificador parecía algo casi imposible, a millones de kilómetros de distancia. Más lejos aún quedaba la idea de que la música sería parte tan importante en su vida y su carrera.

Sus padres tenían la esperanza de que obtuviese su ansiado deseo al acercarse su onceavo cumpleaños. Pero él tenía sus dudas. Su madre trabajaba a tiempo parcial en una cafetería del pueblo. Y, con su padre prosiguiendo con sus estudios fuera del horario laboral, le era imposible ganarse un sueldo extra, porque no tenía tiempo.

El dinero ganado por sus padres con tanto esfuerzo cubría justo los artículos esenciales, y cualquier suma sobrante se apartaba y guardaba para el futuro. En vez de vaciar más las arcas, Ray decidió buscarse un trabajo a tiempo parcial para sí mismo. Era eso, o escribirles una carta a los elfos para suplicarles. Pero quedaba mucho para Navidad.

Encontró trabajo en un puesto de frutas y verduras cada sábado en el mercado local. Luego, otro, entregando pedidos de compra para una tienda local, que colocaba en una caja de cartón en el compartimento frontal cuadrado de una bici, después del colegio. Y encontró uno más entregando periódicos bien temprano cada mañana antes de irse a la escuela.

Cuando iba a la escuela, eso sí. La odiaba, casi siempre le resultaba aburrida, y hacía novillos regularmente, pues prefería pasar el rato en las tiendas de música del pueblo, echándole el ojo a varios instrumentos. O pasar tiempo en la biblioteca local, donde disfrutaba con todo tipo de libros, casi como si se hubiese dado cuenta de que necesitaba educarse por sí solo. En la escuela nunca parecían enseñar lo que a él le interesaba.

Después de que su padre lo llevase al cine como capricho puntual para ver *El puente sobre el río Kwai*, Ray comenzó a devorar todo lo que podía encontrar sobre cultura japonesa, sintoísmo, el código del bushido, y tenía ganas de aprender todo lo que tenía que ver con las obras del gran director de la película, David Lean.

Esto lo llevó a descubrir a un actor japonés, Toshiro Mifune, y a un director, Akira Kurosawa. Ray estaba desesperado por ver una película en particular sobre la que había leído, que hicieron juntos y que le despertaba la mayor de las curiosidades: *Los siete samuráis*.

—Ya sé por qué no la ponen en el cine —dijo su madre—. Porque está en japonés. No iría nadie a verla. Vivimos en Inglaterra, ¿recuerdas? No en Japón. Deja de darle vueltas.

—Entonces, ¿puedo ir a ver a Elvis?

Elvis Presley protagonizaba una nueva película, *Amor en Hawái*. Su madre hizo un gesto con la cabeza y sonrió.

—De verdad que eres de lo que no hay, chiquillo.

—Lo pagaré yo, de lo que gano.

—No hablo de lo que vale la entrada, chico estúpido. Llevas semanas y semanas con la película japonesa esta, como si no importase nada más. Y, ahora… ¿Elvis?

—Es el rey.

—Sí que lo es. Pero no creo que sea japones. A menos que me haya perdido algo.

Como su hijo varón mayor, la madre de Ray era muy fan de Elvis. Pero también era consciente de que había algo diferente en Ray, y no conseguía averiguar el qué.

Su última obsesión con todo lo japonés era un buen ejemplo de su fascinación por las cosas "raras" y su determinación por aprender todo lo que pudiese sobre aquello que le interesase.

Parecía disfrutar de las supuestas actividades normales, como cualquier otro niño. Como ser fan de la serie de televisión *El llanero solitario*, que era popular en esa época. Pero, aparte de querer un autógrafo del héroe, a Ray quien le fascinaba más era su compinche, Tonto, lo que lo llevó a investigar sobre la cultura de los nativos americanos.

Esto precipitó que Ray se metiese en líos en la escuela, algo que sucedía de forma regular. No había terminado sus deberes de francés por culpa de su última cruzada para descubrir más cosas sobre el salvaje Oeste. La profesora pensó que estaba bromeando cuando sugirió que, en vez de aprender francés, quizás podría aprender apache, y lo envió al aula de castigados.

Ese tipo de injusticia avivaba su innata vena rebelde contra la autoridad, culminando en que le diese una patada en la entrepierna a un profesor que le había pegado con la vara sin motivo. Al menos, según su opinión. Ocurrió durante una clase de historia, cuando Ray preguntó por qué a un vizconde en particular de la aristocracia inglesa histórica le habían puesto el nombre de un avión que aún no se había inventado en su época. Y también por qué le pondrían nombre de vizconde a un avión. ¿Era por el hecho de que algunos de ellos se escaqueaban de la guerra y un fabricante de aviones se había equivocado de palabra, pensándose que se elevaban?

Era fácil ver por qué el profesor pensó que Ray estaba siendo travieso y haciéndose el tonto para sacarles la risa a sus compañeros. Algo que era propenso a hacer. Siempre fue un chico popular. Sus amigos disfrutaban con su extravagante sentido del humor, y parecían responder a su actitud inconformista, salvaje y rebelde.

Pero el profesor no tenía ni idea de que la casa de Ray en Windsor pasaba por debajo de la ruta que usaban los vuelos al acercarse al aeropuerto de Heathrow. Y de que le gustaba la forma que tenía un avión en particular. En vez de preguntarse hacia qué destinos exóticos volaba, le intrigaban más la estructura y diseño del avión. Después de investigar cuanto pudo, seguía sin descubrir por qué le habrían puesto "Viscount" al avión.

Tampoco entendía por qué sus padres se enfadaron tanto porque se hubiese defendido después de que el profesor lo atacase.

—No te atacó, te estaba castigando —intentó explicarle su padre.

—¿Por qué? Solo le hice una pregunta al profesor y me sacó la vara. Así que yo puse el pie en medio. Justo entre las piernas, en los cataplines.

Ni su padre ni su madre consiguieron hacerle entender por qué aquella no era forma de comportarse. Cuando les explicó el contexto del tema del Viscount, pudieron ver que tenía algo de razón, y que quizás se sintió ofendido porque lo tratasen de forma injusta cuando, después de todo, estaba diciendo la verdad. Y, aunque hacía bien en querer defenderse, no podía tratar así a un profesor.

—No lo pillo. Entonces, si se mete conmigo o me ataca alguien de mi edad, no pasa nada si intento defenderme. Pero, si lo hace un adulto... ¿entonces, la culpa es mía?

—No. Pero no sería sensato meterte en una riña con un adulto. Si alguien intenta atacarte alguna vez, lo mejor sería correr o llamar a la policía. Sería un delito muy serio.

—O sea, ¿que debería haber llamado a la policía después de que me diese con la vara?

—¿Denunciar a un profesor por sacarte la vara? ¡No! —dijo el padre de Ray, frustrado porque su hijo no pudiese comprenderlo—. Eso solo deberías hacerlo si el profesor intentase hacerte daño.

—Pero la vara me dolió. Mira. Me picó durante horas —dijo él, abriendo la mano para enseñar la palma.

Los padres de Ray intercambiaron miradas exasperadas. Desde luego, su hijo era diferente. Tenía dificultades en muchos ámbitos que parecían no tener sentido para él, pero sí era capaz de justificar de manera enérgica y obstinada su porqué. Esto complicaba aún más las cosas, sobre todo para cualquiera que intentase hacerle entrar en razón.

Mencionaron que entendían a qué se refería, pero que intentarían volver a examinarlo más adelante, pues ellos mismos empezaban ya a hacerse un lío. Coincidieron con Ray en que, con todas esas reglas y normativas, aquel era un mundo muy extraño, con teorías que a menudo entraban en conflicto unas con otras respecto a qué estaba bien y qué estaba mal.

La escuela no parecía enseñar eso, ni nada que le interesase. Así que hacía pellas siempre que tenía oportunidad.

Un día, volviendo de la biblioteca de investigar más acerca del código del guerrero y el bushido, dio un largo paseo por la orilla del Támesis para darles pan a unos patos, y reparó en una caravana de vehículos que avanzaba por la empinada carretera que llevaba al castillo de Windsor. Así que corrió hacia la cima de la colina para ver de qué iba todo aquel escándalo.

Subida a una reluciente limusina negra Bentley, Ray pudo echar un breve vistazo a su majestad la reina Isabel. Nadie de entre la multitud que ocupaba las calles habría imaginado nunca que aquel joven chico de pie junto a ellos, saludando con la mano a Su Majestad con entusiasmo, estaría destinado a recibir, treinta años después, un comunicado de la propia monarca donde se le informaba de que estaría incluido en la Lista de Honores de Año Nuevo por su contribución al cine y la televisión. Las probabilidades eran muy escasas. Pensándolo de forma realista, era prácticamente imposible.

Según su colegio, y dada su asistencia irregular, no tenía ninguna posibilidad. Era el tipo de alumno destinado a fracasar. Aunque el director reconocía ciertos atributos poco usuales y sospechaba que había ahí algo escondido a lo que la escuela no era capaz de acceder.

No obstante, aquel muchacho tenía una vena desafiante. Así como la determinación de salirse con la suya. Si pudiesen enseñarlo a canalizarlo, quizás conseguiría resultados positivos. Si no, no tendría más que problemas. Era el tipo de persona que podía acabar siendo un millonario… o pudriéndose en la cárcel.

Como era predecible, la nueva fuente de investigación y fascinación para Ray durante los días siguientes no fue la reina, sino su coche oficial. Se puso a hojear todos los libros que encontró sobre los Bentley, preguntándose en un primer momento qué había de especial en esa marca de vehículo para que fuese apto y lo escogiesen para transportar a una reina. Pronto comenzó a darse cuenta del porqué, al contemplar con fascinación todas las fotografías del resto de modelos, de elegante diseño.

Por aquel entonces, en Gran Bretaña, la mayoría de personas no tenían coche. Solo había unos pocos privilegiados que condujesen un Bentley, un vehículo tan particular, con especificaciones individuales hechas a medida, distinguido por la pura artesanía del trabajo a mano (en vez de ser un vehículo que fabricasen en masa en una línea de montaje).

Las frecuencias ausencias y faltas de asistencia llegaron a oídos de los padres de Ray gracias a la junta escolar, quienes pensaban que debía estar enfermo. Sus padres se pusieron furiosos. No solo con él, sino también con su hermana, que lo sabía todo sobre sus escapadas pero le guardaba el secreto por lealtad, pues no quería meterlo en líos. Ahora, ambos se habían metido en un lío.

—Debiste ser más responsable y habérnoslo dicho —riñó su padre a su hermana.

—Y tú, renacuajo, que te entre en la cabeza que hay que ir a la escuela. No cuando te apetezca, sino todos los días. Te lo advierto: si no vas, no tendrás que preocuparte de que te castiguen la junta escolar o el director, porque tu padre y yo... ¡te arrancaremos el pescuezo! —amenazó su madre.

Ray y su hermana fueron condenados a irse a la cama temprano durante una semana. Y él tendría que hacer labores adicionales en la casa durante todo el mes. Pero podía con ello. Le preocupaba más qué diría el director, tras haber sido citado en su despacho, y le pidió a su madre que lo acompañase.

—Este centro tiene normas y reglamentos, y esperamos que todos los alumnos los cumplan —le advirtió el director al día siguiente, mientras su madre estaba sentada en una silla, junto a él—. El ausentismo es un tema muy serio. No llegarás a ninguna parte haciendo novillos, chico. La única forma de tener éxito es asistir a la escuela y estudiar.

—Lo siento, señor —respondió Ray servilmente, mientras el director lo fulminaba con la mirada. Sus ojos acerados, visibles sobre las lentes bifocales, parecían penetrarle el alma.

—Bueno, ¿qué tienes que decir al respecto?

—No lo sé. Excepto que, si me sacáis la vara, tendré que llamar a la policía.

El director no se dio cuenta de que la madre de Ray echó una rápida mirada a los cielos. Estaba contemplando a Ray atentamente, quien intentaba evitar que se le saltasen las lágrimas, con el labio temblándole, como si se fuese a poner a llorar en cualquier momento. Sabía que estaba en un buen lío y esperaba que, si iban a darle con la vara, fuese sobre la mano derecha. Si era en la izquierda, tendría dificultades para tocar la guitarra durante algunos días.

—¿Qué quieres conseguir en esta vida, chico? ¿Tienes idea?
—Un Bentley. Y una mesa. Pero no en ese orden.

Su madre se echó a reír de manera incontrolable. No pudo evitarlo, pero Ray no veía qué era tan gracioso (y no era el único).

—No me parece que la insolencia de tu hijo sea divertida —comentó el director, enfadado. La madre de Ray dejó de reír de inmediato.

—A ver, un momento —dijo, lanzando una mirada asesina al director e intentando contener su furia—. ¡No necesito que me digas qué es divertido y qué no!

—¡Eso es! —dijo Ray, aspirando para retener las lágrimas que seguían queriendo salir, pero sintiéndose algo más valiente ahora que su madre lo estaba defendiendo. Se estaban dibujando las líneas de batalla. O eso pensaba él.

—¡Calladito! —saltó su madre, malhumorada. Fue entonces cuando Ray comenzó a llorar, confundido y herido porque lo hubiese regañado, cuando tan solo quería unir fuerzas con ella para protegerla. Pero, luego, se quedó mirando orgulloso cómo su madre continuaba con su diatriba. Ella nunca había necesitado protección, y era bien capaz de dar tan bien (si no mejor) de lo que recibía.

—¡Te pediría que no insultes a mi hijo! Sí, puedes regañarlo por hacer novillos. Sabe que lo hizo mal y se ha disculpado. Pero no lo acuses de ser maleducado cuando solo estaba contestando a una pregunta con sinceridad.

—¿Un Bentley y una mesa?

—Vio a la reina llegar en un Bentley cuando fue al castillo de Windsor y no habla de otra cosa desde entonces. Y, en lo que respecta a la mesa...

Estaba hablando ahora con un tono algo pijo, casi de superioridad, que la hacía sonar como si ella fuera la reina.

—Mi familia y yo aún estamos buscando una que cumpla con nuestros requisitos. Así que, hasta que encontremos la adecuada, hemos estado comiendo en una caja de madera.

—Ya veo. Gracias por explicarlo —el director le regaló una falsa sonrisa a la madre de Ray y ella se obligó a devolvérsela, continuando su amenaza velada. Pero el director captó el mensaje. Aunque Ray, no. Solo sabía que el director parecía algo más preocupado de lo que estaba cuando llegaron su madre y él.

—Ahora, cuando te pongas a investigar los motivos por los que el pobre chiquillo ha estado saltándose sus clases tan a menudo, te sugiero que preguntes a los profesores por qué a mi hijo le parecen tan aburridas las lecciones. Lo suficiente como para no querer siquiera ir a la escuela, si entiendes por dónde voy. A menos, claro, que quieras que le pida yo explicaciones a la junta escolar.

—No creo que eso sea necesario. Tendré unas palabras con los profesores y os haré saber el resultado. Siempre he tenido la opinión de que tu hijo tiene... un gran potencial.

—Bueno, pues ya somos dos. Tres, contando a mi marido.

—Cuatro, contándome a mí —dijo Ray. Lo que provocó una mirada de asombro tanto en su madre como en el director.

—Qué bueno oír eso, chico —dijo el director, que se levantó para estrecharle la mano a su madre—. Gracias por tomarte el tiempo de venir. Estamos en contacto.

—Te estaría muy agradecida. Buen día —respondió su madre. Luego, le arremolinó el pelo a su hijo y lo pilló de la mano, guiándolo hacia fuera de la oficina con mucha dignidad—. Venga, vamos. Anímate.

Podía ver que Ray estaba muy molesto por aquel encuentro. Sabía que igual no era el estudiante más brillante de la clase, pero tampoco era estúpido. Ni perezoso. Tenía ganas de aprender, y debía haber algún motivo por el que no quisiera ir a la escuela. Estaba decidida a llegar al fondo del asunto.

De camino a casa, Ray recibió un helado como premio. Pero el mayor de los premios era saber que tenía el apoyo de sus padres, y que había estado bajo la protección de su madre durante la reunión con el director.

Le reconfortaba saber que, en el fondo, ella era una aliada leal y, como cualquier madre, muy protectora con sus polluelos. Podía repartir castigos o insultos, y era la primera en darles un tirón de orejas si no cumplían las reglas. Pero, si otra persona intentaba meterse con ellos o tratarlos de manera injusta, solo conseguiría una cosa: la guerra.

Ese día, Ray aprendió una lección en la escuela que nunca olvidaría. Y era la de alzarse para defender lo que era correcto. Y proteger sus derechos, o los derechos de los demás, sin importar a qué precio.

CAPÍTULO CUATRO

DIARIO: 1963

Los profesores no tenían la culpa del malestar en el aula, no obstante. Ni tampoco Ray. Pese a su hambre de conocimiento, a menudo sobre temas extraños, le costaba el aprendizaje convencional. Tenía dificultades para concentrarse y prefería ir a su propio ritmo. Estar sentado en una clase, con tanta información que asimilar, le resultaba agotador.

Lo que nadie sabía (ni siquiera él, hasta muchos años después) era que su comportamiento un tanto excéntrico e inconformista, a menudo rebelde, era probablemente resultado de tener síndrome de Asperger, una condición en el espectro del autismo.

Le costaba incluso saber qué hora era, pues no tenía claro si las manecillas que apuntaban a las 12:30 significaba que eran las 6 en punto. Siempre era un suplicio atarse los cordones, y no podía dominar la flauta dulce en clase de música por tener una mala coordinación, por las complejidades de una habilidad motriz fina inadecuada. Pero sí podía dominar fácilmente otros instrumentos.

Cuando le ponían un 5 en música, sus padres se quedaban confundidos, pues parecía poseer aptitudes naturales para ello. Así como un interés obsesivo.

Si la profesora de música hubiese sabido que tocaba la guitarra, quizás habría recibido un mayor apoyo (y mejores notas). Pero nunca le dijo que sabía tocar otros instrumentos que no fuesen la flauta. Porque ella nunca se lo preguntó. Se le daba bien pillar cualquier instrumento de la tienda de música y, en un momento, se ponía a tocar una melodía. Algo que, una vez más, nunca le había dicho a nadie (ni siquiera a sus padres), simplemente porque nunca se lo habían preguntado.

Y tampoco les explicó nunca a sus padres las dificultades que tenía con la flauta dulce. Así que, para ellos, no tenía sentido leer en su informe que estaba en la parte baja de la clase en música, y que no mostraba mucho interés. Toda la familia sabía que nada le interesaba más y que estaba obsesionado con practicar durante horas y horas, hasta tener los dedos doloridos.

—Tú tranquilo, chiquillo —le dijo su madre cuando él le habló de sus bajas notas, e intentó animarlo—. Da igual lo que diga la tonta de la profe de música, yo creo que tienes mucho talento. Así que mantén el sueño vivo.

A Ray le encantaba ese dicho. No entendía del todo qué significaba exactamente, pero aquellas palabras le ofrecían consuelo. Y resolvió que, cualquier sueño que tuviese o se propusiese conseguir, lo mantendría vivo durante el tiempo que fuese necesario, hasta conseguirlo.

Poco después, había ahorrado lo suficiente para comprarse su guitarra eléctrica y su amplificador. La familia pudo incluso conseguir una mesa, así como otros muebles. Y, con el tiempo, también una tele de segunda mano. A Ray le encantaba ver *Doctor Who*, protagonizada por William Hartnell, que emitían en blanco y negro cada sábado por la noche, justo antes de *Juke Box Jury*.

Le dejaban sentarse en la silla que había frente a la chimenea cuando disfrutaba de su rutina del sábado noche, para que pudiese calentarse durante el invierno, después de su trabajo en el puesto de frutas y verduras del mercado que había en la plaza central del pueblo.

Inicialmente, su trabajo era cortar coliflor, con dedos congelados que apenas podían sujetar un cuchillo de lo entumecidos que los tenía, para que las hojas de las cabezas blancas fuesen visibles y estuviesen más presentables. También descargaba y limpiaba el resto de productos, como tomates y manzanas, para poder apilarlas y mostrarlas de manera ordenada.

Se quedó encantado cuando recibió un ascenso tras un mes y pudo ponerse a vender, imitando al resto de vendedores, gritando a cualquiera que pasase por allí que, si buscaban una ganga y el mejor producto disponible, entonces deberían acercarse y él se lo conseguiría. Todos los puesteros eran de Petticoat Lane, en Covent Garden, pero la mayoría venían del tosco East End de Londres.

Ray se volvió experto en imitar su acento *cockney*, algo que le fascinaba, gritando regularmente a los posibles clientes: "¿Queriendo uva?". En palabras más comunes, eso significaba, "¿Quién quiere uvas?".

—No pido ni media corona por libra. Ni dos chelines. Aquí tienes, pues, cielo. Tuyo por uno de seis.

De nuevo, en palabras más normales, Ray estaba ofreciendo medio kilo de uvas por seis peniques, una reducción bastante alta sobre el precio anunciado.

Se volvió el favorito de casi todos los clientes, especialmente de las señoras mayores, que se apiadaban de aquella joven alma que parecía un huérfano salido de una novela de Dickens, en el frío de la calle, con su bufanda y sus guantes sin dedos, claramente intentando ganarse algo de dinero extra para sobrevivir.

Ray comenzaba el día a las seis de la mañana. Caminaba durante algunos kilómetros hasta llegar al pueblo, en vez de ir en bici. Tenía que ayudar a descargar los productos a primera hora de la helada mañana, pero le dejaban llevarse las sobras a casa, que cargaba en una caja sobre el hombro. No podría habérselo llevado de ir en bici.

Y le encantaba enseñarle a su familia lo que le habían dado. Lo cual significaba que no necesitaban comprar frutas y verduras prácticamente nunca. Cada sábado noche era como Navidad: la familia se reunía a su alrededor cuando llegaba para ver qué comida tendrían para la siguiente semana. Desde pomelos a granadas, pasando por coles de Bruselas y patatas King Edward.

Aparte de eso, le pagaban un salario e incluso recibía propinas. Así que su recompensa por pagarse sus cosas y contribuir a los gastos del hogar era sentarse en la silla cómoda, junto al fuego, y ver sus dos programas de televisión favoritos. Su madre siempre le preparaba un chocolate caliente para que entrase en calor mientras disfrutaba de sus programas tras un largo día de invierno en el mercado.

En noviembre de 1963, interrumpieron la emisión de *Doctor Who* y *Juke Box Jury* para cubrir de manera extensa una trágica noticia: el presidente John F. Kennedy había sido asesinado.

Solo había un canal de televisión en Gran Bretaña durante esa época. Y no había canales comerciales de radio. No había forma de escuchar música popular excepto Radio Luxembourg y algunas emisoras pirata, que le dieron a conocer a una serie de artistas como Gene Vincent, Eddie Cochran, The Everly Brothers o Buddy Holly.

Cada penique que le sobraba lo gastaba en vinilos, comprando discos de 45 RPM o LP de 33 RPM. Pasaba la mayor parte de su tiempo libre hojeando álbumes en la tienda de discos del pueblo, buscando diferentes estilos de música, como alternativa a los favoritos de la cultura popular, como The Beverly Sisters, Cliff Richard, The Shadows, Helen Shapiro y Bobby Vee.

Ray disfrutaba de todos ellos, pero comenzó a interesarse por algunos de los artistas más desconocidos, como leyendas estadounidenses del *blues* del estilo de Howlin' Wolf y Muddy Waters.

Otro artista captó su atención en un artículo del Melody Maker, un periódico especializado en la industria musical para los fans más acérrimos. Ray quedó decepcionado al enterarse de que el cantante y su banda eran de Bournemouth, en la costa sudoeste de Inglaterra, en vez de ser de los campos de algodón del sur profundo estadounidense. Y que les molaba más el *jazz*, así como el *soul*, en vez de solamente el *rhythm and blues*.

Pero el nombre le fascinaba: Zoot Money. Y su gran banda de *roll*. Ray no sabía por qué, pero sonaba increíble. Con un nombre como Zoot Money, aquel cantante debía estar destinado a grabar algo especial.

Ray tenía un gusto musical muy amplio, en todo tipo de géneros. Desde Elvis a Frank Sinatra. Incluso disfrutaba muchas de las canciones de los musicales de Hollywood de Fred Astaire y Ginger Rogers, que de vez en cuando emitían por televisión. Pero hacía poco que había descubierto el *blues*, y estaba deseando saber más al respecto.

Cuando vio un póster anunciando que un grupo de *blues* poco conocido aparecería en un club en la parte superior del pub Star and Garter de Windsor, convenció a su padre para que lo llevase.

El club estaba casi vacío, y Ray consiguió hablar con la banda sobre música durante su descanso. Todos compartían un interés similar por el *blues*, y le recomendaron escuchar cualquier álbum de Bo Diddley.

Un emocionado Ray compartió la noticia con su propia banda, que había formado en la escuela. Se llamaban The

Avengers y se reunían tan a menudo como podían para ensayar en el salón del club juvenil local.

—¿Cómo dijiste que se llamaba ese grupo que mencionaste el otro día, el que viste en el Star and Garter? —preguntó uno de sus compañeros de grupo, pues él mismo quería verlos la próxima vez que diesen un concierto por su zona.

—Los Rolling Stones —respondió Ray—. No los conoce mucha gente. Pero creo que les irá bien.

Y tenía razón. Poco después, los Rolling Stones aparecerían en otros clubes (como el Crawdaddy, en el cercano Richmond) y pronto firmaron un contrato de grabación, lanzando su primer single, "Come On", que Ray pudo ver en *Juke Box Jury*. La mayoría de jueces la puntuaron con un cinco sobre cinco, declarándola un éxito con su voto. Y lo fue: alcanzó el puesto número 21 en el top de *singles* de Reino unido.

Sin embargo, fue un grupo de más al norte, de Liverpool, el que capturó la gran imaginación musical de Ray y lo inspiró profundamente desde el primer momento en que escuchó su primer *single*, "Love Me Do", que se posicionó en el número 17 de las listas.

Seguidamente, un segundo *single* alcanzó el segundo puesto, "Please Please Me". Y un tercer *single*, "From Me to You", también alcanzó rápidamente las primeras posiciones de las listas, provocando un fenómeno como nunca se había visto hasta entonces, y como seguramente nunca volviese a verse.

La industria musical y la cultura popular pronto se verían atrapadas en una revolución sin precedentes, totalmente transformadas por la "Beatlemanía" que se propagó como el fuego por toda Gran Bretaña y, más adelante, por cada rincón del planeta.

Como muchos otros adolescentes por toda Gran Bretaña, Ray leía todas las revistas y periódicos que podía sobre el *merseybeat*, se dejó el pelo largo, se vestía con su chaqueta de Beatle y sus botas de tacón cubano, que llevaba en los conciertos locales en los que su grupo comenzó a disfrutar de seguidores cada vez más leales (especialmente, algunas chicas muy atractivas).

Algunas *fans* se convirtieron en sus primeras novias. Pero las relaciones nunca eran serias. Ray estaba más centrado en su música.

Cuando dejó la escuela, tras terminar de cumplir los quince años, se planteó dedicarse a la música de manera profesional. Pero sus padres coincidieron con los profesores acerca de que, quizás, sería mejor para él intentar obtener formación profesional y experiencia, dado que no tenía calificaciones formales. Ni siquiera había hecho los exámenes de "O-Level" y "A-Level", necesarios para graduarse. Con sus dificultades para el aprendizaje, seguramente los habría suspendido. Y las estadísticas no estaban a su favor en cuanto a triunfar con su grupo.

El consejero profesional pensó que a Ray le podía ir bien en ventas, pues parecía poseer unas excelentes habilidades interpersonales que podían compensar su falta de destreza académica. Así que le consiguieron una entrevista en el centro comercial Caleys, en el centro de la ciudad.

Ray se engominó el pelo hacia atrás, se puso camisa y corbata, y se sentó nervioso frente a un gestor de recursos humanos que examinaba su formulario de solicitud de empleo.

—Bueno, cuéntame… Zoot, ¿verdad?

—Sí. Zoot Thompson, señor —respondió Ray, seguro de que aquel gestor debía estar tan impresionado con el nombre como él la primera vez que lo escuchó.

—¿Por qué crees que eres el más indicado para esta posición?

—Porque es importante vestirse de manera elegante en un sitio pijo como Caleys.

El gestor de recursos humanos se lo quedó mirando impávido, y él sonrió educadamente.

—Bueno, esa es una forma de verlo, supongo —dijo, echando otro vistazo a los papeles que tenía sobre el escritorio—. Me gustaría clarificar una cosita. En las referencias que nos envió tu director, pone que tu nombre es… ¿Ray?

—Así es, señor. Es decir, Raymond, para ser exactos.

—Entonces, ¿por qué has puesto Zoot en el formulario de solicitud?

—Porque me pareció mejor que poner "Búho Gris".

—¡¿Cómo dices?!

—Pensé que no les gustaría mucho si un supervisor le dijese a un cliente, "Disculpa la tardanza. Búho Gris estará contigo enseguida, después de atender al cliente con el que está ahora".

—Desde luego. Pero creo que no me estás entendiendo. Y yo tampoco lo entiendo.

—Búho Gris es un nombre muy arraigado en las tribus de los Mohawk y los Iroquois —explicó Ray con entusiasmo—. Debería leer un libro llamado *La caída del silencio*. Es increíble.

—Y… ¿Zoot?

—Es otro nombre que también me encanta. Iba a ponerme Sun Tzu. Ya sabe, como el guerrero y filósofo chino que vivió hace unos 4500 años. Pero me pareció que tampoco pegaba.

—Y tanto —dijo el gestor de recursos humanos, sin saber de qué estaba hablando aquel candidato ni qué pensar de él.

—Tenía una mente extraordinaria —continuó Ray, metido en un flujo entusiasta—, pero creo que nadie debería promocionar los engaños o la traición en el código del bushido, incluso si está camuflado como reforma pragmática que justifique la victoria. Eso debería llegar solo con el honor. ¿No está usted de acuerdo, señor?

—Esto… eh, por supuesto —dijo débilmente el gestor, contemplándolo como si fuese de otro planeta.

Consiguió descifrar por dónde quería ir Ray. Pero trató de explicarle que, solo porque hubiese terminado el colegio, no significaba que pudiese (ni debiese) cambiarse el nombre.

Como dijo, era cierto que entrar en el mercado de trabajo era algo totalmente distinto a ir a la escuela. Pero tener esa nueva independencia no requería un cambio de identidad, como si hubiese vuelto a nacer.

Ray aclaró que no quería cambiar su identidad como tal. Simplemente, le gustaba el nombre de Zoot. Y pensó que podía llamarse así, como un apodo. Creía que salirse de la escuela suponía un comienzo de cero, y que quizás era momento de usar un nuevo nombre. Pero estaba conforme con su nombre real, y podía ver por qué la gente se confundía. Así que no le importaba que lo llamasen Ray. Estaba seguro de poder usar el nombre de Zoot en otra ocasión, si le apetecía.

El gestor de recursos humanos debió quedar impresionado, o quizás le dio lástima, pues le ofrecieron un puesto en la sección de ropa para hombres. Pero, durante la entrevista, Ray no entendió por qué le habían detallado las grandes ventajas para su pensión que recibiría tras jubilarse. Nunca consideró aquel puesto como nada más que algo transitorio.

Al principio, disfrutaba del trabajo (como pasa cuando algo es novedad), pero no se veía haciendo eso hasta que tuviese 65 años. Pensó que tendría suerte si duraba más de un mes. Años después, Ray reparó en una serie de televisión que le recordaba a su breve paso por Caleys, *Are You Being Served?*.

La tienda era muy formal. Aunque hubiese querido llamarse Zoot, ninguno de los trabajadores se habría referido a él por ese nombre. Todos usaban el apellido. Los hombres llevaban un clavel rojo en la solapa de los trajes. Las pocas mujeres que había parecían ser muy ancianas y apestaban a perfume, con tinturas azules en el cabello.

Eran todos igual de esnobs que los clientes, y le costaba mucho integrarse (así como acostumbrarse a que no lo llamasen por su nombre).

—Por favor, ¿podría atender usted a estos señores, Sr. Thompson?

—Sí, por supuesto, Sr. Booth. Sería un placer.

Ray regaló una sonrisa falsa al jefe de sección, que estaba con otro cliente y siempre parecía excesivamente humilde y sumiso, como un sirviente. Ray entendía la importancia de dar un buen servicio, pero de ninguna manera se pondría a chuparle el culo a nadie.

—El Sr. Thompson está en periodo de formación. Confío en que los señores tendrán paciencia con él. Si hay cualquier problema en absoluto, quizás pueda pedirle a la Sra. Beech que lo asista, Sr. Thompson.

—Sr. Booth, y ¿dónde podría encontrar a la Sra. Beech si los señores "encuentran algún problema"? —preguntó Ray, que en realidad sabía la respuesta pero quería meter al Sr. Booth en un compromiso.

—La Sra. Beech es jefa de sección, lleva los trajes de hombre.

—Ah. Juraría que la he visto llevando ropa interior de hombre.

El simple hecho de imaginárselo dejó asqueado al Sr. Booth, y casi sonrojado. Los clientes apenas podían ocultar una sonrisa al hacerle un educado gesto con la cabeza al Sr. Booth, que casi les hace una reverencia. Luego, fulminó a Ray con la mirada mientras este los llevaba a la sección de camisas.

Pronto, Ray comenzó a detestar aquella rutina y tener que actuar de manera tan servil para con clientes entrometidos y exigentes. Cada día parecía durar un año, viendo cómo el reloj se acercaba lentamente hasta las cinco de la tarde, cuando por fin terminaría su día y sería libre.

Pero esa sensación de libertad solo duraba unas horas, pues se daba cuenta de que tendría que despertarse al día siguiente y volver a pasar por lo mismo. Cada día suponía una cuenta atrás hasta la llegada del viernes para disfrutar de los fines de semana tocando en conciertos, solo para sentir una gran angustia llegado el domingo, sabiendo que el odiado lunes estaba a menos de 24 horas. Era peor que la escuela. De allí, al menos, podía escapar haciendo novillos.

Sus padres no se sorprendieron cuando les contó que quería dejarse el trabajo. Y acordaron que podría seguir con su música y su escritura hasta que encontrase un camino laboral alternativo.

Por suerte, fue capaz de ganar suficiente dinero con sus conciertos y, aunque no era tanto como un salario normal, tenía dinero que gastar, así como una pequeña suma que aportar para los gastos de la casa, algo que a sus padres les parecía importante. Aquello le aportaba una sensación de orgullo y estima propia cada vez mayor, algo que formaba parte de una ética de trabajo y la capacidad de contribuir y pagarse las cosas uno mismo.

Pasaba cada domingo por la tarde en el salón de baile del Carlton de Slough, ya fuese actuando, escuchando o improvisando junto a muchos otros grupos que allí tocaban, incluidos los MI5. Además de The Avengers, donde Ray cantaba y tocaba la guitarra principal, se unió también a otro grupo: Malcolm James and the Callers. En él, tocaba los teclados, tras ahorrar los suficiente para comprarse un pequeño órgano eléctrico.

Luego formó otro grupo más, The Society, que era más estilo *blues*, y lo invitaban a tocar con otros grupos de vez en cuando, al dársele bien la batería, o incluso el bajo y la guitarra rítmica.

Finalmente, esto le permitió ganar más de lo que ganaba en la sección masculina de Caleys. Y, dado que los conciertos eran casi siempre de noche, tenía más que tiempo suficiente durante el día para componer. Para sorpresa de toda la familia, incluso de él mismo, comenzó a sentir la necesidad de escribir.

Siempre había disfrutado la poesía, las letras de la música, incluso los dichos, y era un ávido lector de libros. Había escrito varias canciones, pero nunca se había sentido llevado a escribir historias hasta que, un día, escuchase la letra de una canción de un grupo que estaba empezando a hacerse conocido: The Who. Acababan de lanzar un nuevo single, "My Generation", que contenía la frase: "Espero morir antes de hacerme viejo". Eso hizo volar su imaginación. Un mundo sin adultos. Era una premisa interesante para una historia.

—Escritor, ¿eh? —dijo su madre, sorprendida cuando le contó que igual había encontrado una carrera alternativa a la música—. Bueno, como siempre he dicho: mantén el sueño vivo en todo lo que quieras hacer, y tu padre y yo siempre te apoyaremos. Solo queremos que seas feliz. Pero hay que poder ganarse la vida, chiquillo. Eso tenlo en cuenta. Además, si quieres ser escritor... ¡estaría bien no hacer faltas de ortografía!

Tenía razón. No sabía escribir bien, y la ortografía y la gramática siempre le habían costado tanto como le habían fascinado. Convertirse en escritor sería como si una persona con miedo a volar se convirtiese en piloto.

Las estructuras gramaticales, las letras de las canciones, la poesía y las historias eran seductoras e inspiradoras. Aunque también le daban miedo de muchas maneras, pues le era difícil asimilar y procesar significados e interpretaciones. Aquel miedo se volvió casi una fobia, pero la necesidad de experimentar más y más creativamente era como un hambre que nunca lo dejaba satisfecho.

Durante la siguiente semana, intentó estructurar una narrativa sobre cómo existirían los jóvenes en un mundo sin adultos, pero no llegó más allá de la premisa básica. Algo que no le trajo más que frustración. Pero también una sensación de intriga y un gran desafío como plataforma para expresarse y desatar todo lo que quería explorar de forma creativa.

Cuando los *mods* y los *rockers* aparecieron por toda Gran Bretaña, le recordaron a dos tribus. Ray era un *mod*. Alguien que seguía las nuevas tendencias en música y moda, y viajaba en *scooter*. Los *rockers* seguían anclados en el *rock and roll* convencional, evolucionando a partir de la cultura de los "Teddy Boy" y los zapatos acabados en punta, pero ahora vestían con cuero y viajaban en moto.

Un *rocker* nunca se adentraba en territorio *mod*, y un *mod* siempre evitaba cualquier lugar frecuentado por *rockers*. De lo contrario, ambas partes chocarían, y las peleas entre ambos bandos se volvieron un suceso habitual.

Ray intentó escribir otra historia con el tema de dos jóvenes tribus que peleaban entre sí e intentaban dominar con su ideología particular, pero no conseguía planificarla bien. Así que decidió concentrarse en su música de momento, y quizás volver a escribir en otro momento. Desde luego, tenía suficientes cosas con las que ocupar su inquisitiva mente.

Inglaterra estaba en el epicentro de los "joviales sesenta", una época emocionante y vibrante para cualquiera que estuviese entrando en la edad adulta. Pero, además, los adultos también estaban viéndose envueltos en un torbellino de música, moda y actitudes cambiantes asociadas con la revolución de una nueva era.

Los turistas acudían en masa a las *boutiques* de Carnaby Street, donde nuevos y radicales diseñadores, como Mary Quant, presentaron la minifalda. Peinados innovadores como los de Vidal Sassoon, el autobús rojo de dos plantas en Londres e incluso la bandera británica se convirtieron en símbolos icónicos, impresos sobre muchísimos productos, marcando una era que ya se había convertido en marca por sí misma, precipitando un enorme *boom* de exportación para los negocios en Gran Bretaña.

Las empresas comerciales no fueron las únicas en darse cuenta rápidamente de esta explosiva nueva tendencia (y hacer caja con ella). Los políticos, siempre interesados en ganar acceso a la opinión pública, pronto fueron conscientes de la necesidad de conectar con el público, o este los echaría con sus votos. Como bien decía la letra de una popular canción de aquel entonces, "Los tiempos están cambiando". Y vaya que si lo estaban. Especialmente, para la familia de Ray.

—No lo adivinaríais jamás —anunció por sorpresa su padre una noche, durante la cena—. Me han ofrecido un nuevo trabajo. ¡En Canadá!

—¿Canadá? —preguntó el hermano pequeño, de cuatro años—. ¿Eso dónde está?

FESTIVAL DE TELEVISIÓN MIP

VÍDEO PROMOCIONAL

FUNDIDO A

VÍDEO PROMOCIONAL FESTIVAL MIP

INT. SET DE GRABACIÓN. DÍA.

Un equipo de grabación visible de fondo. Cámaras. Luces. Sonido. Otros están decorando el estudio.

Llegamos hasta William con nuestra cámara promocional, sus ojos encuentran la lente.

                WILLIAM
Hola, soy William Shatner. Qué maravilloso es este negocio. Puedes ser actor,

> WILLIAM (CONTINÚA)
> escritor, director o productor. Puedes ser el capitán de una nave, o un policía de patrulla. Pero no importa qué trabajo haya hecho o qué papel haya interpretado. A fin de cuentas, soy un cuentacuentos. Y, ahora, formo parte de una nueva y emocionante producción de gran calidad que entretendrá a niños y familia. Quince cuentos de una hora basados en la imaginación y la maravilla. "Un giro en el cuento, de William Shatner". Venid, os lo enseñaré…

Acompañamos a William a medida que se acerca a una silla de cuero frente a una chimenea encendida, alrededor de la cual hay niños sentados.

El equipo de grabación ilumina velas. Un reloj de pie hace tictac. Un enorme perro negro se sienta a los pies de William, tras sentarse él mismo. Suena música que enfatiza la atmósfera evocativa.

Manteniendo el sueño vivo

WILLIAM
Pues yo soy… el
cuentacuentos. Magia.

Las luces se atenúan y los niños miran a
su alrededor, cautivados y maravillados.
William se dirige ahora a los niños, así
como a la cámara.

WILLIAM
¿Recordáis el cuento de El
traje nuevo del emperador?
¿Y quién era la única
persona en toda la ciudad
que podía ver que no llevaba
nada puesto? Un niño. Bueno,
yo creo que los niños
tienen un don muy sencillo:
el don de la visión. Es
un don que los mayores a
menudo perdemos por el
camino. Veréis, los jóvenes
pueden ver lo que hay ahí
realmente, sin que toda una
vida de supersticiones o
creencias se interpongan
en su camino. Pueden ver
cosas que, muchas veces,
no son lo que parecen. Y,
otras veces, esas cosas que
ven los niños podrían dejar
atónita a la imaginación.

Nos centramos en los niños. Y está claro que su imaginación ya está siendo profundamente estimulada por lo que están escuchando.

>WILLIAM
>Así que me dispongo a recopilar una serie de relatos: historias de misterio, de lo sobrenatural, historias de gente corriente haciendo cosas extraordinarias que les suceden por el camino. Todo ello presenciado por los ojos de un niño. ¿Os gustaría oír algunas de ellas? Muy bien, vamos allá. Cerrad los ojos e imaginaos… esto.

William cierra los ojos, y los niños también.

La cámara pasa a mostrar a los miembros del reparto que queramos incluir en el vídeo promocional, como si los estuviésemos transportando rápidamente para participar en el clip de la historia que está contando William…

CAPÍTULO CINCO

DIARIO: OCTUBRE DE 1998

El *stand* de distribución de Cumulus, el D3,02, estaba situado en la segunda planta del enorme pabellón de exhibición de 21 000 m2 en el Palais de Festivals en Cannes, Francia. El evento no estaba abierto al público general. Solo a aquellos pertenecientes a la industria de la televisión y los medios. Asistían delegados de más de 100 países diferentes.

Ray había llegado temprano, junto a algunos ejecutivos de la oficina de Cloud 9 en Londres, que habían volado aquella mañana. Para ellos, era rutinario ir a ver cómo había quedado el *stand* el día de la inauguración.

Como siempre, el equipo de Cumulus había hecho un gran trabajo. Todo estaba como debía estar. Había panfletos en todos los estantes, pósters en las paredes, escritorios ordenados, suficientes sillas disponibles para los compradores, y el banco de monitores parecía funcionar cuando hizo una prueba con los vídeos promocionales de los distintos tráileres.

Parecía que no hubiese pasado el tiempo desde que Ray escribiese la estructura básica y se grabase el material para el vídeo promocional de *Un giro en el cuento* con anticipación y entusiasmo ante la pronta llegada del MIPCOM. Había trabajado con el equipo de posproducción en Nueva Zelanda escogiendo clips, editando, colocando el sonido y la música, y finalmente yendo a la sala de montaje y uniéndolo todo.

Como se encontraba produciendo una nueva serie, no podía pasar demasiado tiempo con el tráiler. Quería mantenerse bien atento a la nueva serie y asegurarse de que todo encajaba. Especialmente, que el joven reparto se adaptaba a sus nuevos papeles y nueva rutina en los estudios de Cloud 9.

La temática de un mundo sin adultos ofrecía argumentos bastante potentes. Y quería, además, analizar cómo reaccionaban al material, y si ellos (y el equipo entero) podrían soportar el plan de rodaje. Se habían planificado 52 capítulos durante un periodo de producción de seis meses. Un plan ambicioso, cuando menos.

La sala de montaje estaba situada en la planta baja, en la parte trasera del edificio que albergaba los estudios de Cloud 9. Era un entorno extraño, que parecía de otro mundo. La amplia sala siempre estaba medio a oscuras, ligeramente iluminada por las diversas luces sobre la enorme mesa de mezclas (que parecía, más bien, el control de panel altamente tecnológico y excesivamente complejo de una nave espacial futurista).

Delante de la mesa, una gran pantalla mostraba todo el metraje ya montado, con un código de tiempo incrustado en la parte de abajo que señalaba desde minutos a milisegundos, para poder hacer consultas en caso de necesitar cambiar algo.

Detrás de la mesa, el ingeniero y los asistentes se sentaban en cómodas sillas giratorias de respaldo alto y bien acolchadas, con pequeñas ruedas para facilitar el movimiento por la mesa, ajustando niveles mientras trabajaban de forma lenta, metódica, minuciosa, repasando todos los elementos para mezclar y casar sonido y música.

El equipo de mezclas, así como editores y sonidistas (y también Ray, cuando estaba en modo posproducción) vivían en un recluido mundo de soledad dentro de aquellos cuartos y salas. Sin ventanas, y aislados por gruesas paredes para no ser molestados por el ruido de la vida mundana, eran prácticamente ajenos al mundo exterior y perdían la noción del tiempo.

Eso sí, se sumergían en su trabajo y consultaban constantemente los códigos de tiempo en el metraje sin procesar, medido en 24 fotogramas por segundo. Significaba que trabajaban los detalles más pequeños, hasta los que aparecían durante milisegundos. A menudo, debían decidir si la música comenzaría a sonar unos cuantos fotogramas antes o después (algo apenas perceptible, pues no duraba más que un abrir y cerrar de ojos).

En el mundo del cine y la televisión, era posible insertar un fotograma en el metraje que penetrase en el subconsciente. Esto se conocía como publicidad subliminal, algo ilegal y que había sido prohibido desde los comienzos de la industria, tras demostrarse que, aunque un fotograma insertado de alguien bebiendo un refresco frío no se viese a nivel consciente, el subconsciente sí se percataba.

Los mismos principios ocurrían durante la edición del montaje. La única diferencia era que quienes completaban las tareas (y se ganaban la vida con ello) tenían la suficiente destreza para identificar tanto a nivel consciente como subconsciente si tan siquiera ¼ de fotograma no funcionaba, porque provocaba un salto en el montaje. Si uno divide un segundo entre 24 fotogramas y toma ¼ del resultado final… resulta un ejemplo muy ilustrativo del nivel atención al detalle.

Ajustar un plano algunos fotogramas, o comenzar un efecto de sonido o música, o meter una transición un segundo antes o después, podía afectar al flujo del material con que trabajaban. Y, en última instancia, afectaría a la experiencia del consumidor.

Como con la publicidad subliminal, un miembro del público general quizás no se diese cuenta, a nivel consciente, de que algo desentonaba en lo que estaba viendo o escuchando. Pero, de manera subliminal, sí sabemos cuando un elemento no parece encajar del todo, y eso sí podría influir (de forma abstracta) a qué nivel lo disfrutamos conscientemente.

Como siempre, acabaron el tráiler a última hora, con apenas tiempo de enviarlo a Cannes para que llegase al festival de televisión.

Cuando Ray volvió a verlo en el *stand*, conocía cada milisegundo, tras haber estado involucrado junto al equipo de posproducción en Nueva Zelanda.

Durante todo el día, se reproducía en un bucle continuo en la pantalla principal del *stand* del MIPCOM. Para cuando terminó el festival, hasta el equipo de distribución de Cumulus comenzó a sentir que aquel vídeo les había lavado el cerebro y tenían cada segundo grabado a fuego en la memoria.

Ray había mantenido una reunión informativa con el equipo durante la cena de la noche anterior en el Hotel Juana, en Juan-les-Pins, sobre los objetivos de la semana. El enfoque principal estaba en el lanzamiento de *Un giro en el cuento, de William Shatner*. Pero también era importante intentar licenciar otros títulos del catálogo de Cloud 9 producidos hasta la fecha en cualquier territorio que se pudiese.

Además, Ray quería hacer saber a algunos de los compradores clave sobre la emocionante nueva serie cuyo rodaje acababa de comenzar, para que estuviesen al tanto de lo que vendría más adelante. Pero no quería ofrecer demasiados detalles y quitarle importancia al lanzamiento de la serie de William.

—No sé si me convence el título —dijo el director de ventas de Cumulus—. *Manteniendo el sueño vivo* parece referirse más bien al tema que trata.

Ray estuvo de acuerdo y explicó de dónde había salido el nombre. Y que, de hecho, sí le había servido como tema de muchas maneras durante toda su vida.

—Había pensado otro distinto: *Poder y Caos* —reflexionó Ray.

El equipo se rio, pensando que era una referencia humorística al *modus operandi* de su empresa, que estaba creciendo tan rápido que mucha gente de la industria ya la consideraba una productora a tener en cuenta, pues sentían que podía evolucionar y convertirse en una de las principales entidades del mundillo. Algunos se habían referido a ella como la nueva Disney, pero él pensaba que eso se debía solamente al hecho de que Cloud 9 había producido principalmente títulos clásicos hasta la fecha, cuyo público objetivo era el familiar (y, sobre todo, los niños).

Se preguntó qué punto de referencia tendría la gente después de que la nueva serie se estrenase durante el siguiente festival, en abril. Desde luego, estaba ampliando los límites en cuestión de argumento. Y no se sorprendería si alguien llegase a sugerir un cambio de nombre para la empresa y creyese que, en vez de estar en el "noveno cielo", estaban más bien viviendo en anarquía.

Entendía a qué se refería el equipo de Cumulus con respecto a llamar a la empresa *Poder y Caos*. Aunque Cloud 9 estaba dejando su marca como una nueva y poderosa fuerza en la industria, sí que dejaba cierto caos a su paso.

La empresa era ciertamente prolífica, pero quizás le faltase la infraestructura para acomodar toda esa actividad. La norma no era que una joven empresa como Cloud 9 tuviese su propia distribuidora.

Cumulus era una subsidiaria de propiedad absoluta y, como la empresa matriz, estaba trabajando muy por encima de sus capacidades.

Y era muy inusual que un productor y guionista acudiese también a las reuniones con compradores. Pero les parecía algo novedoso poder conocer a una persona de la parte creativa.

Normalmente, acostumbraban a tratar con distribuidores. Ray estaba muy involucrado con el proceso de producción y conocía sus productos de pe a pa, así que nunca había pregunta sin respuesta.

La parte mala era que, igual que los compradores disfrutaban de tener la oportunidad de reunirse y charlar de cuestiones creativas con él, Ray también tenía ganas de conocer a muchos compradores y obtener información sobre ese aspecto de la industria desde el interior. Su asistente se las veía y deseaba para conseguir que cumpliese con su agenda y mantuviese todas las reuniones que tenía planeadas.

Además, Ray seguía teniendo dificultades con la noción del tiempo. Se daba cuenta de que él mismo podía traer consigo bastante caos, dados sus rituales y excentricidades.

Sonrió ante la idea de *Poder y Caos*, como forma de rendir homenaje a Cloud 9, pero informó de que hablaba en serio. Sin embargo, decidió desechar aquel título porque no revelaba nada acerca del tema que trataba la serie.

Temáticamente, aunque sí existía un elemento de "Poder y Caos", la serie era positiva y aspiracional, trataba de la esperanza. Así que, hasta que se le ocurriese algo mejor, decidió seguir usando *Manteniendo el sueño vivo* como título provisional.

Ray estaba orgulloso del equipo de Cumulus. Y los tenía a todos en muy alta estima. Eran brillantes y tenían mucho entusiasmo, creían apasionadamente en los productos de Cloud 9, convencidos de que todos los programas del portfolio eran de una calidad excepcional y que atraerían al público demográfico al que iba destinado.

Como Ray, todos tenían una agenda muy apretada durante el MIPCOM, y horarios llenos de reuniones una detrás de otra toda la semana (ya fuese en el *stand* o desayunando, comiendo o cenando con compradores de los territorios de los que se encargaban).

Un miembro del equipo se encargaba de América Latina y del Sur. Otro, de Estados Unidos y Canadá. Y otro, de Oriente Medio y Lejano. Regiones como Australasia, Europa del Este y del Oeste, Japón, China y Asia se habían dividido entre el resto de miembros del equipo para asegurar que todas quedaban bien cubiertas.

Todos guardaban grandes esperanzas de que *Un giro en el cuento, de William Shatner* cosecharía el mismo éxito que las cinco series anteriores producidas hasta la fecha. Dadas las reacciones de los compradores durante el día de apertura del festival, todo parecía indicar que así sería.

El banco de monitores del *stand* mostraba continuamente todos los tráileres de las series de Cloud 9 disponibles. Y había salas de proyección privadas, por si algún cliente o miembro de la prensa de cualquier país deseaba ver algún material en particular.

La principal conferencia de prensa oficial había sido programada para la tarde siguiente, en el Hotel Carlton de cinco estrellas. A ella asistiría William Shatner para responder preguntas, junto con Ray, después de que mostrasen el tráiler y clips de algunos capítulos.

Y resultó ser todo un éxito. La agente de prensa de Cloud 9 dio su previsión de que se hablaría sobre la serie por todo el mundo, y ella haría circular todos los recortes de periódico que saliesen después del festival.

La mañana siguiente, *Un giro en el cuento, de William Shatner* apareció en la portada del diario del MIPCOM. Era una importante publicación de la industria. Que hablasen de la serie en un lugar tan destacado era un gran logro, dada la cantidad de productos que había disponibles.

También, si se tenía en cuenta todas las personalidades de primera categoría que asistirían durante el transcurso de la semana. Especialmente, por el hecho de que Cloud 9 era solamente una pequeña productora, era como David compitiendo contra Goliat (pues había allí marcas tan icónicas y establecidas como Disney, Fox, Warner Bros. o Paramount).

—Creo que algunos de los grandes comenzarán a sentirse amenazados —dijo un miembro del equipo de Cumulus. Todos sonreían al reflexionar acerca de lo que se había dicho en prensa.

—La competencia es buena. Para ellos. Y para nosotros. Hace que todos lo intentemos con más ganas —respondió Ray, consciente de que la complacencia era el beso de la muerte comercial. No quería ser demasiado confiado y terminar tentando a la suerte, así que añadió: —. Pero no nos dejemos llevar. Son los primeros días, y aún queda mucho por hacer.

No quería decir que no estuviese encantado porque la serie estuviese teniendo tan buena acogida. Porque sí lo estaba. Pero había aprendido mucho tiempo atrás que, en aquel negocio, uno nunca podía tener certeza de nada. Y quería que el equipo (y él mismo) siguiese centrado en hacerlo lo mejor posible, en vez de venirse demasiado arriba.

Sin embargo, la importancia de la cobertura en prensa y el perfil creciente de la empresa tampoco había pasado desapercibido. Con más de 12 000 delegados representando a los principales canales de televisión y distribuidores, Cloud 9 no competía solamente con lo mejor de Hollywood, sino con lo mejor del mundo entero (y estaban satisfechos con el resultado).

Sin duda, contar con William Shatner había marcado la diferencia a la hora de ayudar a que los focos brillasen sobre Cloud 9. Como con cualquier actor de renombre, su nombre atraía un gran interés. Su instinto le decía a Ray que, además, la empresa también estaba evolucionando rápidamente hasta convertirse en una marca, algo que aportaba una sensación de orgullo a todo el equipo por lo que estaban consiguiendo.

La mañana siguiente, Ray desayunó con William y su mujer Nerine, quien apareció en uno de los capítulos de *Un giro en el cuento*, "Nuestro propio fantasma", bajo su nombre artístico, Nerine Kidd. Estuvo excelente en el papel, y fue popular entre el reparto y el equipo de rodaje (como lo fue William).

Les agradeció a los dos haber asistido al festival para lanzar la serie. Se despidió de ellos y todos acordaron mantener el contacto, y Ray sintió una ola de tristeza cuando William y Nerine se marcharon hacia el aeropuerto. Habían hecho muy buenas migas durante la producción, y echaría de menos pasar tiempo con ellos. Esperaba volver a tener el placer de trabajar con William en el futuro.

Era un actor carismático y profundo. Sin embargo, Ray también lo consideraba un ser humano absolutamente fascinante y compasivo, con un sentido del humor muy pícaro, un intelecto sustancial y un abanico de intereses que iban desde escribir a criar caballos Cuarto de Milla en su rancho de Arizona, algo que a William le apasionaba particularmente.

Nerine y él sentían afinidad por los animales y la naturaleza. Como Ray, sentían un gran respeto por nuestra Madre Tierra y les preocupaban los problemas medioambientales. Parecieron disfrutar mucho su estancia en Nueva Zelanda, un país libre de nucleares, que también aspiraba a proteger el planeta con una envidiable reputación de ser limpio y verde.

Pese al limitado tiempo y una agenda de producción frenética, Ray trató de planificar tiempo para ver cosas cuando tuviesen un hueco, incluyendo ir en vuelo chárter a visitar Kaikoura, en la isla Sur, donde se subieron a un barco desde donde observar la vida marina. Un espectáculo memorable y especial para todos los presentes.

Además de focas, pingüinos y delfines, se encontraron con albatros y petreles. Se quedaron abrumados al ver subir a la superficie a un magnífico ejemplar de cachalote, cuya aleta dorsal se arqueó como si fuese a cámara lenta mientras el animal se zambullía de vuelta hacia las profundidades del océano, de manera espectacular.

Ray nunca olvidaría todo el asombro y la felicidad que reflejaban sus ojos. A menudo recuerda ese día, cuando piensa en William y, especialmente, en Nerine (quien, dos años después, se ahogó en un trágico accidente en su piscina, en casa).

Los días siguientes en el MIPCOM pasaron tan rápido como un borrón, entre reuniones sin parar por la mañana, tarde y noche, como en los festivales anteriores. Con otros varios cientos de distribuidores que emitían sus propios vídeos promocionales en sus *stands*, y un gentío que fluía constantemente a lo largo y ancho del enorme edificio, tenía lugar una cacofonía de sonidos que se fusionaba y transformaba en un ruido constante, como el zumbido de mil millones de abejas.

Como si fuese una persona afectada por tinnitus, estaba seguro de poder escucharlo en los confines de su oído interno aun cuando no estaba en el principal salón de exhibiciones. Aquel sonido permanecía con él hasta bien entrada la noche, cuando estaba de vuelta en el hotel.

Encima, sufría *jet lag*, por lo que le resultaba difícil disfrutar de un sueño tranquilo.

Los días en el MIPCOM parecían largos. Pero las noches parecían todavía más largas. Tras hablar sobre el portfolio de Cloud 9 durante la cena, entretener a compradores y emisoras clave, y sabiendo que Nueva Zelanda se encontraba doce horas por delante, Ray llamó al equipo de producción para ver cómo iba aquel día de rodaje.

—El día está hecho —le informó el ejecutivo a cargo de la producción. Era el término que usaban para decir que habían conseguido grabar la cantidad de metraje planificada.

—¿Cuántos minutos? —preguntó él, para tenerlo claro. Le dijeron que la unidad en plató había conseguido poco más de doce, mientras que la unidad paralela en localización exterior tenía ocho. Sí que era bastante.

Para una película, conseguir tres minutos de material sería ir rápido. En televisión, con un set de varias cámaras que cubrían todo el plató, ocho minutos era marcarse un objetivo alto. Combinar las dos unidades significaba que el equipo había rodado unos veinte minutos de material, y que debían estar avanzando como un rayo muy bien engrasado.

—¿Cómo están los actores?

—Estamos echándole un ojo al jovencito, a Paul. Lo hace muy bien, pero parece echar de menos a su familia. Aparte de eso, están todos bien.

Ray se sintió aliviado. Era normal que los más pequeños del reparto sintiesen morriña al estar tan lejos de casa. Una vez se acostumbrasen a su nueva rutina, normalmente superaban la melancolía. Así que aquello no le preocupaba en exceso. Él mismo informó sobre cómo iba el festival, y prometió volver a llamar al día siguiente. O, en su caso, a la noche siguiente.

El problema era que se sentía más alerta después de las llamadas telefónicas. Así que, en vez de tumbarse en la cama con todas las ideas revoloteando en su cabeza, normalmente se levantaba y pasaba una o dos horas anotando cualquier pensamiento creativo o logístico, lo que lo hacía sentir aún más despierto.

Cuando apenas parecía haber pasado el tiempo, sonaba su llamada para despertarlo y tenía que apresurarse para preparar su reunión de desayuno, sintiéndose exhausto y prometiéndose no volver a quedarse despierto hasta tan tarde. Pero eso pocas veces sucedía en los festivales a los que asistía. Y esta edición del MIPCOM no era ninguna excepción.

Ray agradecía la posibilidad de tener reuniones fuera del salón de exhibiciones. En la industria, también se lo conocía como el "búnker", debido al frenesí de ruido y actividad. Se pasaba casi toda la semana a prisas y carreras entre sus citas en el *stand* de Cumulus y los hoteles cercanos. O en cubiertas de yates. No obstante, prefería mantener las charlas de negocio clave a la hora de la comida, en alguno de los muchos establecimientos de alta cocina del pintoresco casco antiguo de Cannes.

También consiguió darse un paseo por el resto del salón de exhibiciones para ver qué otros productos se ofrecían, y poder hacer algo de investigación de mercado. Su asistente tenía siempre instrucciones de dejar algo de tiempo abierto el último día, para que Ray pudiese procesar todo lo sucedido durante la semana, algo que le gustaba hacer mientras paseaba solo por el puerto. Era parte de la tradición. Una oportunidad de bajar de marcha, reflexionar, e intentar recargar las pilas.

Siempre le sacaba una sonrisa nostálgica caminar por el muelle donde había estado anclado el yate del productor durante el festival de cine, pues recordaba con afecto aquella primera visita a Cannes.

CAPÍTULO SEIS

DIARIO: 1982

Después de lo de la malograda película sobre los lanceros bengalíes, el agente de Ray envió el primer borrador del guion como ejemplo de su trabajo a varios productores, lo que le consiguió el encargo de escribir la adaptación cinematográfica de la novela *The Uninvited* ("No sois bienvenidos"), sobre abducciones alienígenas.

Ray se quedó aliviado al saber que nadie había leído el último borrador del guion que acababa de escribir, seguro de que pensarían que él mismo era de otra galaxia al matar al héroe en la primera bobina.

Sentado en su estudio, Ray fue consciente de que, a pesar de estar mirando a una página en blanco y cuatro paredes, trabajar como escritor significaba que podía ir a cualquier parte del mundo (o del universo) que él quisiera. Compartiendo su tiempo con todo tipo de personajes. Desde terroristas a sheriffs heroicos, como en su primera novela. La vez anterior, se había visto transportado de vuelta a finales del siglo anterior, en la Frontera del Noroeste con *Los lanceros bengalíes*. Ahora, estaba inmerso en temáticas de alienígenas y extraterrestres, algo que le provocaba escalofríos de vez en cuando. Aunque todo ello hubiese salido de su propia cabeza.

La historia era escalofriante. Y los personajes, tan reales que Ray echó un vistazo por la ventana, al jardinero que cortaba los setos, preguntándose si sería humano. O si sería realmente de otro mundo y pronto enviaría a Ray a una nave espacial con un rayo y se lo llevaría a otra galaxia para experimentar con él.

Todo el proceso de escritura le resultaba muy complicado pero, a la vez, muy intrigante. Y las experiencias que encontraba y las "personas" con las que vivía cada día y cada noche se limitaban al alcance de su imaginación.

Después de *No sois bienvenidos*, trabajó en otro guion: *El último samurái*. Luego, lo invitaron a conocer a Tony Adams, socio productor de Blake Edwards, que estaba casado con Julie Andrews. Estaban todos en Reino Unido grabando *Victor Victoria* en Pinewood (en Iver Heath, Buckinghamshire), que se había convertido en una institución del cine británico, pues muchas películas clásicas se filmaron en esos legendarios estudios.

Tras el reciente éxito produciendo la exitosa película *10*, con Dudley Moore y Bo Derek, a Tony le interesaba una idea original de Ray en la que estaba trabajando, llamada *Hot Shot* ("Todo un figura"), y le encargó un guion que fue bien recibido. Sin embargo, Ray se quedó muy decepcionado cuando el proyecto acabó en lo que se conoce como el "infierno del desarrollo". Un estado de limbo en el que se pone en pausa un proyecto. Al parecer, de manera indefinida.

Después descubrió que todos en la industria terminan sufriendo eso tarde o temprano. Algunos, de manera continua. Incluso si alguien está 90 % seguro de que un proyecto se llevará a cabo, en realidad, sigue siendo incierto al 100 %. Un proyecto podía venirse abajo en cualquier momento debido a un sinfín de motivos complejos.

Aunque el productor o productora tuviese un historial impecable y estuviese comprometido con el proyecto, quizás fuese incapaz de aunar todos los elementos que diesen luz verde a la producción debido, por ejemplo, a estructuras de reembolso.

Las películas (y también la televisión) se consideran una inversión de alto riesgo. El retorno puede ser sustancial, pero la regla general en la industria es que un inversor nunca debería considerar invertir más de lo que estuviese dispuesto a perder cómodamente.

Así que todos se colocan en posición de reembolso preferente, para mitigar cualquier riesgo y maximizar las posibles ganancias. A menudo, buscan obtener un porcentaje de los beneficios brutos y no de los netos. En la industria se le conoce como la "parte trasera", donde se tienen en cuenta las copias, la publicidad, la distribución y otros gastos, así como los costes reales de la producción y el beneficio por porcentaje de participación.

Incluso si todos los elementos empresariales y fiscales cuadran, a veces hay que pausar un proyecto si el director no está disponible hasta cierto momento, lo que quizás entre en conflicto con la disponibilidad del reparto.

Luego, teniendo en cuenta que cuadren los horarios del reparto escogido o que el director tenga una ventana de tiempo para trabajar en el proyecto, podrían venirse abajo elementos financieros sin esperarlo. Una vez arreglado esto, quizás el reparto o el director ya no estén disponibles debido al retraso, así que el productor puede buscar nombres alternativos en el mercado, capaces de comprometerse con la nueva fecha de comienzo de rodaje…

…solo para descubrir que no están en la lista de "actores deseados" de uno de los inversores, y no le parecen aptos.

Cuando se corregía y se encontraba a otra persona, igual había más problemas fiscales (acaecidos por el propio retraso).

Muchos productores vivían en un bucle continuo de frustración, en un ciclo continuo de solucionar un problema y descubrir que había aparecido otro.

Como resultado, los guionistas sufrían en el infierno del desarrollo. No es sorprendente que "paciencia", "persistencia" y "esperanza" sean palabras clave en la industria.

Aunque algunos proyectos en el infierno del desarrollo nunca verán la luz del día, otros resucitan y comienzan su producción. Al cabo de mucho. Quizás se tarden varios años, como ocurrió con *Los archivos UNACO* de Alistair Maclean, que le encargaron adaptar a Ray después de *Hot Shot*.

Después de perderse y, según creyó, quedar enterrado para siempre, el productor tuvo éxito y pudo realizar la producción muchos años después. Pero con una versión algo distinta. El proyecto evolucionó hasta convertirse en algo diferente a lo que se concibió originalmente: se convirtió en *El tren de la muerte*, con Pierce Brosnan.

Incluso *El último samurái* estaba destinado a llegar a la gran pantalla mucho más tarde, en un film protagonizado por Tom Cruise que, irónicamente, se rodó en Nueva Zelanda. Pero lo único que seguía siendo igual era el título. Ray había escrito su versión para su actor favorito, Toshiro Mifune, quien tanto lo había inspirado de niño después de verlo en el clásico japonés *Los siete samuráis*.

La reputación de Ray comenzó a extenderse y, además de recibir encargos para escribir guiones, también le ofrecieron un papel como "doctor de guiones" en muchos otros proyectos, donde se le contrataba para revisarlos. Recibía unos buenos honorarios, pero lo odiaba.

No tanto porque no hubiese por donde pillar esos guiones, sino porque sentía lástima por los guionistas, pues sabía el doloroso proceso de poner el corazón de uno sobre la página. Y le era difícil conciliar esa sensación con el motivo o necesidad que hubiese por reescribirlo.

Estuvo a punto de trabajar en *Liberad a Willy*, la historia de una orca puesta en libertad, pero le pidió a su agente no involucrarse tras leer el guion y pensar que no podía aportar nada mejor al conjunto.

Además, según su opinión, el título te destripaba la historia. Sabías exactamente lo que iba a pasar. Hollywood nunca quería finales tristes o que los héroes fracasasen. Quizás tuviesen razón, pues el público general seguramente se sentía igual. No es que hubiese una receta a la hora de escribir, pero sí le parecía que había una fórmula necesaria. En las películas, si un productor o un estudio quiere hacer tarta de manzana, esperará que el guionista no intente meterle cerezas. Hasta que una receta distinta se pusiese de moda. Entonces ya podrían probar nuevos ingredientes.

Ser un consultor de guiones muy cotizado le iba bien a su cuenta bancaria. Pero no había suma de dinero capaz de dar de comer a su desnutrida alma creativa. Así que decidió ver qué oportunidades habría en televisión.

Su historial hasta la fecha atrajo cierto interés inicial, pero no había nada disponible. Ray se preguntó si quizás sería por su falta de educación formal y calificaciones. La definición de "igualdad de oportunidades" de la BBC debía referirse a reclutar la mitad de Oxford y la mitad de Cambridge.

En el mercado de trabajo había muchos otros graduados, con estudios de primera clase, llamando a las puertas de la ITV y de Channel 4, así como de la BBC. Con el "amiguismo" todavía descontrolado en Gran Bretaña y cumpliendo su función, parecía prácticamente imposible meter un pie dentro, ni qué decir de conseguir hablar con ningún productor que pudiese ofrecerle su comienzo a Ray.

Sintiéndose más y más desilusionado, pensó que su agente se había rendido. Pero resolvió escribir a todos los productores y editores de guion él mismo una y otra vez, adjuntando copias de sus guiones para ejemplificar su trabajo.

Un día, recibió una inesperada llamada de un editor de guiones en la BBC, que lo invitó a charlar.

—Es una disciplina diferente —explicó el editor, tratando de hacerle comprender por qué todos los guiones que había escrito hasta la fecha no parecían provocar interés alguno.

—Puede ser. Pero siguen siendo guiones —respondió Ray, que seguía sin entender a qué se refería el editor.

—Pero poder escribir para un medio no significa que puedas escribir para otro. Muchos novelistas son incapaces de adaptar su trabajo para una película.

—Ya, eso lo entiendo —reflexionó—. Me costó mucho encontrar la forma de adaptar *Llamen al siguiente número*, y *No sois bienvenidos* fue muy difícil.

—Es poco usual que lo lograses. Créeme. A menudo, los escritores de novela no saben adaptar para televisión. Un escritor con éxito en televisión, quizás no sirva para trabajar en un libro o en una obra teatral. Igual que un periodista quizás no tenga ni idea de cómo estructurar un guion. Sí, todo eso es escritura, pero requiere de enfoques distintos. Y habilidades. Algunos pueden hacerlo. Pero no muchos, te lo digo yo. Aquellos capaces de cambiar entre diferentes medios... son la excepción, más que la regla.

Cuanto más pensaba en ello, más sentido le encontraba. Además, el editor de guiones era lo bastante experto en la industria como para saber de lo que hablaba. Era muy respetado por su trabajo editando para la BBC, pero también era un escritor aclamado por derecho propio, algo que dejó asombrado a Ray.

El editor de guiones no era otro que Mervyn Haisman. En aquel momento se encontraba trabajando en *Los archivos Enigma*. Y había sido guionista o editor de guiones en algunas de las series de televisión favoritas de la infancia de Ray. Como *Sala de emergencias 10*, *Dixon de Dock Green* y *Los casos del doctor Finlay*.

No obstante, era otro doctor el que elevaba a Merv hasta un nivel de admiración casi heroico a ojos de Ray.

Mervin, junto a su colaborador, Henry Lincoln, habían escrito para *Doctor Who* durante los años en que lo interpretó Patrick Troughton, y sus créditos incluían la creación de "El abominable hombre de las nieves", "La red del terror" y "Los dominadores". Esos capítulos incluían a dos monstruos recurrentes, el Yeti y los Quarks, que a Ray le parecían tan fascinantes como los siniestros Daleks que lo intimidaban cuando veía la serie de pequeño, mirando ojiplático desde detrás del sofá.

Poco sospechaba Ray en esos tiempos que aquel guionista se convertiría en su mentor, así como en un querido y valorado amigo. Años después, le encargó a Merv escribir muchos capítulos para los programas de Cloud 9.

Por aquel entonces, en la BBC, estaba editando los guiones de una serie llamada *Escuadrón*, y se la jugó mucho al decidir ofrecerle a Ray su comienzo en televisión.

Escuadrón trataba sobre una unidad de fuerzas especiales de la RAF de despliegue rápido. La BBC había conseguido asegurarse el respaldo completo del Ministerio de Defensa para grabar en localización en varias bases de las fuerzas aéreas, y el resto se grabaría en sets de rodaje.

También pondrían a su disposición todo el material necesario, y Ray se marchó en dirección al RAF Odiham en Hampshire para poder investigar para su capítulo, que trataría sobre pilotos de helicóptero. Cuando menos, era emocionante volar con los militares en helicópteros Puma y Chinook, pero también le ponía de los nervios. Aunque era mucho más aterrador enfrentarse a los desafíos de escribir su primer guion para televisión.

Merv y el productor quedaron encantados con el resultado final, lo suficiente como para encargarle otro capítulo. Y, al fin, Ray vería su trabajo creativo plasmado en pantalla, en vez de pasar por el eterno proceso de desarrollo que experimentó al trabajar en el sector cinematográfico de la industria.

Ciertamente, parecía mucho más rápido y fácil producir algo para televisión, con menos complicaciones en comparación con el cine.

¡Falso!

Los argentinos invadieron las Islas Malvinas y Reino Unido fue a la guerra. Significaba que la RAF tenía temas más importantes que atender, desplegando casi todos sus recursos en las Malvinas en vez de dejarlos a disposición de aquella serie para la BBC.

Como con las películas, Ray fue consciente de que la televisión tenía un millón de impedimentos que podían surgir en cualquier momento. Aquella inesperada situación supuso que *Escuadrón* necesitaría cambios drásticos. Sin embargo, la serie completó su producción y fue bien recibida por público y críticos cuando la retrasmitieron.

Esto llevó a otro encargo en la BBC para un nuevo proyecto en desarrollo, *Los fabricantes de barcos*. Encargaron a Ray escribir un capítulo y, durante el proceso, conoció a otro joven guionista, Harry Duffin, editor de guion asistente para la serie.

Harry pronto se ganó su cariño, con su buen trato y su sentido del humor. De igual modo, Ray respetaba sus habilidades creativas, su integridad y la gran pasión que sentía hacia su trabajo. Eran espíritus afines y se convertirían en grandes amigos, destinados a trabajar juntos en varias ocasiones en el futuro, algo que culminaría con el reclutamiento de Harry como Jefe de Desarrollo en Cloud 9.

Como siempre, tras entregar el guion de *Los fabricantes de barcos*, Ray no tenía claro cuál sería la reacción, pero le alivió descubrir que el productor había quedado lo bastante impresionado como para encargarle un segundo capítulo. Y luego, otro. Y otro más. Ray parecía haber capturado el tono y sabor requeridos hasta tal punto que se convirtió en el escritor principal de aquella saga familiar, que también cambio de nombre durante el trascurso de la posproducción.

Howards' Way ("La familia Howard") se estrenó en la BBC1 en septiembre de 1985 y, rápidamente, fue un éxito rotundo en todo Reino Unido, consiguiendo una gran audiencia en el codiciado hueco del *prime time* de la noche dominical.

Durante las siguientes temporadas, además de ser guionista principal, le ofrecieron el papel de consultor de historia y guion. Significaba que trabajaría muy de cerca con el productor para dar forma a la serie, y que ahora tenía editores de guion trabajando para él. También obtuvo mucha experiencia en lo relativo a todo el proceso logístico y de producción.

La serie se vendió bien en el extranjero, y fue el primer éxito en la carrera televisiva de Ray. *Howards' Way* conectaba emocionalmente con el público de una forma muy especial, hasta tal punto que muchos se siguen refiriendo a ella como el drama más querido de la BBC hasta día de hoy, disfrutando de un nuevo renacer gracias al lanzamiento internacional de las seis temporadas en DVD.

No obstante, no todos eran recuerdos felices. Decretar cuál era el mayor problema que Ray había encontrado durante la grabación (o para establecerse en la industria) era algo que a los periodistas les encantaba preguntar durante las conferencias de prensa.

Una pregunta que le costaba responder. Era como si le preguntasen cuál era su pieza musical favorita. Necesitaría volúmenes enteros de libros para narrar todos los problemas que había experimentado en su carrera hasta la fecha. Así que era imposible escoger solo uno. Desde luego, responder a eso de cómo obtener una primera oportunidad, también era complicado.

Si debía responder, el momento en que peor lo pasó fue cuando el actor principal de *Howards' Way* sufrió un inesperado ataque al corazón y falleció. Se habían convertido en amigos íntimos, y se sintió triste y conmocionado por su muerte. Lo sentía mucho por la familia del actor, quienes lo pasaron muy mal y no lograban aceptarlo.

Todo el reparto quedó devastado pero, al tiempo que pasaban el luto, debían continuar con las grabaciones (pues el trágico suceso ocurrió durante la producción). Ray tuvo que dejar a un lado su propio luto para rescribir todos los guiones y explicar aquella repentina desaparición.

Problema que se multiplicó por el hecho de que grababan los capítulos de manera desordenada y de un modo totalmente distinto a como luego se transmitían en casa y los disfrutaba el espectador.

El actor principal que falleció había completado la mayoría de metraje en exteriores, pero no habían grabado casi ninguna toma en interior. Así que las historias no tendrían sentido si dejaban aquellos huecos en la continuidad, pues no encajaría nada.

Así que Ray tuvo que usar el metraje existente que ya se había completado e imaginar unas tramas y guiones completamente distintos con los que poder alimentar el resto de la producción. La única forma posible de solucionar lo que había pasado era insinuar que el personaje también había muerto, perdido en el mar.

En cuestión de historia, acabó cuadrando bien. Pero la presión de entregar todo aquel material actualizado le resultó difícil a nivel profesional.

A nivel personal, no tenía más opción que intentar compartimentar la pérdida de su amigo y la preocupación y pena que sentía por la familia del actor.

Era complejo conciliar todas esas emociones. Tenía experiencia como "doctor de guiones", pero aquello lo hacía sentir casi como un médico forense y todo aquello le resultó no solo estresante, sino también surrealista y macabro en muchos sentidos.

Después de 78 capítulos de *Howards' Way*, Ray supervisó otra popular serie dramática, *Trainer*, que duró dos años. En paralelo a ese encargo, le ofrecieron ser consultor para el jefe de series dramáticas.

Esto lo llevó a convertirse, posteriormente, en jefe de desarrollo, donde leía y daba su opinión sobre nuevos formatos, así como una serie de guiones para proyectos nuevos que se estaban desarrollando en esos momentos, como *EastEnders* y *Casualty*, además de otros existentes y muy queridos, desde *Bergerac* a *Todas las criaturas grandes y pequeñas*.

Disfrutaba y estaba especialmente orgulloso de ver que la BBC tenía en mente un público familiar, con títulos clásicos como la aclamada producción de *Golondrinas y amazonas*, de Arthur Ransom, y también *Mi familia y otros animales*, de Gerald Durrell.

Al expirar su contrato en 1991, Ray decidió no renovarlo, pues prefería hacerse *freelance* y volver a sus aspiraciones de escribir guiones originales y rodar nuevas producciones.

Durante los dos años siguientes, desarrolló una nueva serie, *Starting Over* ("Comenzar de cero"), para la talentosa y popular actriz Maureen Lipman, así como otro drama de larga duración, *Winners and Losers* ("Ganadores y perdedores"), para Yorkshire Television, que debía ser el medio ideal para Nick Berry, y se encontraba dentro del documento de franquicia para la cadena comercial ITV.

Pero, justo cuando pensaba que ya había aprendido los gajes del oficio, todavía le aguardaba alguna sorpresa que otra. Y alguna que otra decepción.

Se había dado cuenta de que solo hacía falta que una persona dijese "sí" para dar luz verde a un nuevo proyecto, aunque miles hubiesen dicho antes "no".

Un aspecto importante a tener en cuenta a la hora de mantener la motivación cuando intentas lanzar un nuevo título, especialmente si no hay nadie remotamente interesado.

Tras hacer una maratón para que todos los de la Yorkshire Television diesen un entusiasta "sí" a *Ganadores y perdedores*, Ray quedó encantado al recibir mucho apoyo y saber que muchos tenían fe en el proyecto.

Pero luego se quedó destrozado al descubrir, con la línea de meta tan cerca y a la vista, que una persona del canal ITV había dicho "no". Era el último obstáculo. Y *Ganadores y perdedores* se quedó en nada.

Años más tarde, Yorkshire Television tendría un gran éxito con otra serie protagonizada por Nick Berry, *Heartbeat* ("Latidos del corazón"). Era fácil ver por qué, a mucha gente de la industria, todo aquello le resultaba similar al juego de la silla. O a serpientes y escaleras. Justo cuando uno cree estar arriba, puede caer rápidamente por una pendiente. Y, estando abajo, una reunión (o una simple llamada telefónica) puede traer algo emocionante y, antes de darte cuenta, vuelves a estar arriba.

Ray quería tener más control sobre el juego. En vez de dejar que una tercera persona decidiese su destino, le estaba llamando la atención la idea de comenzar su propia productora independiente. Con la llegada de las desregulación en Gran Bretaña, introducida para ofrecer supuestamente igualdad de condiciones en la industria, parecía el momento ideal.

Esta liberalización daría la oportunidad al sector independiente de retener una parte de la propiedad intelectual (el *copyright* del trabajo creativo) y de tener más control editorial. Las cadenas de televisión se verían obligadas a operar por encargos en el mercado libre a través del sector independiente (en vez de por sí mismas, pues esto provocaba un enfoque monopolista y muy trillado).

Así pues, Ray se dispuso a crear un plan de negocio.

Pero carecía del capital suficiente, y decidió probar suerte con varios bancos, comenzando desde bien arriba, con Coutts. Este era un prestigioso banco privado frecuentado por individuos con grandes fortunas, incluida la familia real y su majestad la reina.

Después de investigar, vio que aquel banco tenía una tradición y continuidad empapada de historia, habiéndose establecido en la calle del Strand de Londres en 1692. Una resplandeciente placa de cobre declaraba orgullosa ese mismo hecho en el exterior de su tradicional y característico edificio.

A su llegada, creyó que se parecía más a un club de caballeros que a un banco. Todos los empleados llevaban chaqué o frac, con pantalones de raya diplomática.

—Nos complace proporcionar consejo sobre cualquier cuestión financiera —dijo el jefe de finanzas de manera cortés al tiempo que Ray se sentaba frente a su escritorio.

—Pues qué alivio —respondió él, preocupado de que quizás el banco no desease involucrarse con el cine y la televisión—. Mi industria tiene la reputación de tener un alto riesgo.

—Pero el rendimiento puede ser significativo —respondió el jefe de finanzas—. Aportamos capital a muchos en el mundo del entretenimiento. Y puede estar seguro de que mantendremos… la discreción.

—Gracias. Me alegra oír eso. Entonces, ¿qué tipo de servicios ofrecen? —indagó cuidadosamente.

—Eso depende de la suma que tenga depositada. Entiendo que está interesado en una inversión, principalmente.

—Sí —dijo él, sintiéndose ahora algo intranquilo—. Pero no creo que sea el tipo de inversión que usted cree.

—¿De qué suma estamos hablando? ¿Cuánto le gustaría depositar? ¿Un millón, dos millones?

—Lo cierto es que no quería depositar nada. Esperaba más bien poder pedir un préstamo de diez millones.

El jefe de finanzas, con expresión de disgusto, por poco se cae de la silla. Ray comprendió que, aunque aquello le había parecido buena idea en un primer momento, ahora necesitaría darle la vuelta y pensar en otro plan.

CAPÍTULO SIETE

DIARIO: NOVIEMBRE DE 1966

Ray se aferró bien a ambos lados del asiento. No entendía de aerodinámica ni sabía cómo podía un avión subir a altitudes de 30 000 pies tras despegar del aeropuerto de Heathrow, en Londres. Ni tampoco cómo demonios podía una máquina de tal tamaño y peso mantenerse en el aire durante tantas horas.

Miró nervioso por la ventana. Tan solo podía ver estrellas brillando en la oscuridad. Seguramente debían estar ya sobrevolando el Atlántico, cada vez más cerca del aeropuerto de Malton, en Toronto.

Pero ¿cómo podía saberlo el piloto? ¿Cómo sabía nadie adónde se dirigían? Y, más que nada, ¿cómo llegar allí?

No era como si le dijesen al piloto: "Dirígete al norte durante unas horas. Cuando veas la estrella número 15 000, gira a la derecha durante algunas horas más, hasta alcanzar al grupo de nubes número 150. Después, gira a la izquierda y tendrás Canadá cinco kilómetros más abajo".

¿Y si se extraviaban y se les acababa el combustible, y el avión perdía el control, cayendo hacia las profundidades del océano? No tendrían posibilidad de sobrevivir. Seguro que se ahogaban. Quizás, si ocurriese en tierra... Aunque sobrevivir sería inútil sin una llamada de socorro que indicase dónde habían quedado atrapados esos pobres diablos entre las ruinas del accidente.

¿Y si debían recurrir al canibalismo? Para sobrevivir hasta que llegase el rescate. Si es que llegaba.

Echó un vistazo a su familia, en las filas delanteras. No tendrían nada de qué preocuparse. Nunca los consideraría un aperitivo. Pero ¿y si a ellos o a cualquier otro pasajero le parecía que Ray sí podía estar bien para ir abriendo boca, que podía estar sabroso?

Incómodo, miró furtivamente de reojo al hombre que tenía sentado a su lado. Le parecía la clase de persona que podía volverse caníbal. El hombre se dio cuenta de que lo estaba mirando y asintió con la cabeza, dibujando la más ligera de las sonrisas. Pero a él le resultó la más maníaca y siniestra de las muecas.

Con ojos saltones y rostro aguileño y huesudo, aquel hombre estaba a medio camino entre un loco asesino con hacha que podía hasta darse bocaditos a sí mismo para sobrevivir, y un zombi de una película de terror que ya estuviese muerto hace años.

Tan solo esperaba que no pudiese leerle la mente. O se metería en un buen lío. Había evitado establecer contacto visual o entablar conversación durante todo el vuelo. Estaba seguro de que, si buscaba la definición de "rarito" en el diccionario, encontraría una fotografía de ese tipo.

En caso de emergencia, seguramente le hundiría un cuchillo en la espalda a Ray con tal de llegar primero a la puerta de salida.

Intentó sacarse todas esas ideas de la cabeza. Pero le era imposible. Su imaginación seguía regalándole una serie de casos extremos y trágicos que le daban nauseas.

Confiaba en que los pilotos supiesen hacia dónde se dirigían y en que aterrizarían pronto, para poder tocar tierra firme con los pies.

Recordó haber visto en las noticias un vídeo del papa visitando algún país y besando el suelo al desembarcar del avión. Quizás él se sentía igual cuando volaba. Si salía de aquel avión con vida, decidió que le daría un beso al piloto. Bueno, tal vez no. Pero al suelo, sí.

Aquel vuelo era la primera vez que la familia había estado a bordo de un avión. Ray no disfrutó aquella sensación en absoluto. Al anticuado Boeing 707 no parecían sentarle bien las turbulencias. Él se quedó sentado, aterrado, observando continuamente a los asistentes de vuelo, intentando leer sus expresiones. Si parecían estar tranquilos, entonces él también se sentía algo más aliviado.

Sin embargo, una azafata en particular parecía estar ahora muy preocupada, al pasar por turbulencias una vez más. El avión viró hacia un lado y comenzó a descender, como si estuviese cayendo desde el cielo.

Ray salió de su asiento de un brinco y siguió a la azafata hasta la zona delantera.

—¡¿Qué está pasando?! —preguntó.

—¡Siéntate y abróchate el cinturón! —respondió ella, igual de asustada.

—¡¿Por qué?! ¡¿Nos vamos a estrellar?!

—¡¿Estrellar?!

—Te he visto la cara. Parecías muy preocupada. ¿Qué pasa? ¡El avión está perdiendo altura! ¡¿Estamos bajando?!

—Eso espero. Tú también estarías preocupado con todo lo que tengo que hacer durante el descenso final.

—¡El descenso final! ¡Ay, madre! ¡¡Lo sabía!!

—Bien por ti. Pues vete a sentarte y abróchate el cinturón. No nos queda mucho tiempo. Pronto llegaremos a tierra.

Ray regresó a su asiento, se abrochó el cinturón una vez más y respiró profundamente para intentar controlar su miedo.

Ahora sí que estaba preocupado y, cuando el piloto anunció que estaba nevando en grandes cantidades en su destino, reflexionó sobre cómo podría aterrizar aquel gigantesco armatoste de manera segura, sin salirse de la pista y matarlos a todos.

Como con casi todo lo que enseñaban en la escuela, a Ray no se le daba muy bien la geografía. Sabía que Canadá estaba en el planeta Tierra, claro, pero sabía poco más sobre aquel país y, en su mente, se habían ido a vivir entre lobos, osos y alces. Su padre se mofó de él y trató de explicarle que quizás sí había animales salvajes a las afueras de Ontario, pero que Toronto era una ciudad.

Aun así, le sorprendió un poco ver por la ventana del avión las luces centelleantes de la vasta metrópolis de Toronto y los barrios circundantes, que se extendían bien abajo a medida que se acercaba el avión. Y entonces aterrizó de forma segura.

Ray y su familia no habían tenido tanto frío en su vida, a medida que descendían los helados escalones y bajaban del avión. Más que en un nuevo país, parecía que se estaban adentrando en un congelador gigantesco.

Al agacharse para besar el suelo, reparó en que su compañero de asiento, el asesino del hacha, lo miraba de forma extraña.

No obstante, era su madre la que acabaría estrangulándolo si no seguía caminando. La familia quería entrar en la acogedora y cálida terminal. La nieve estaba tomando ya forma de ventisca.

Sus padres sabían que mudarse a Canadá proporcionaría una oportunidad maravillosa para toda la familia, un avance que podía ofrecerles un mejor estilo de vida. Aunque su madre tenía sus reservas sobre emigrar, tras haberse acostumbrado a la vida en Windsor. Al final, la oferta de trabajo era demasiado tentadora como para rechazarla. Así que estuvo conforme en irse, siempre que regresasen a la madre patria algún día. El padre de Ray creía que quizás podría darse en unos cinco años.

La nueva empresa para la que trabajaría como ingeniero industrial les buscó una casa de alquiler.

Para Ray y su familia fue fascinante experimentar una nueva cultura, especialmente tan cerca del 25 de diciembre. Las casas estaban decoradas con luces brillantes y alegres por fuera y también por dentro. Con tanta nieve, el ambiente era especialmente festivo. La "Blanca Navidad" se había vuelto real.

El trabajo de Ray consistía en permanecer en una trinchera, con muros de nieve a ambos lados, y echar arena con una pala sobre el camino que llevaba a la carretera, para que el coche pudiese pasar con seguridad y la familia pudiese salir a hacer las compras de Navidad y explorar su nuevo y emocionante entorno.

Tenían que atar cadenas para la nieve a las ruedas del coche, con las que darle agarre y esperar que mantuviese la tracción en las carreteras que el quitanieves aún no hubiese despejado.

El hermano pequeño y la hermana pequeña de Ray siempre estaban intranquilos por las enormes nubes de lo que parecía ser vapor emanando de todos los vehículos. Les contó a los pequeños que quizás eran dragones, atentos a la llegada de Santa Claus, que buscaban comprobar qué niños habían sido buenos y cuáles, malos. Lo cierto era que se trataba del aire que salía por los tubos de escape, al verse expuesto a temperaturas bajo cero. Algo que afectaba incluso a la respiración de cualquiera que caminase por el exterior, haciendo que saliesen chorros de vapor por sus bocas.

En Inglaterra, la familia nunca había ido de compras un domingo. Por aquel entonces no estaba permitido, y la mayoría de tiendas cerraban ese miércoles por la tarde. Se había vuelto una tradición, por algún motivo. Así que fue una gran novedad que, en Canadá, pudiesen comprar tan entrada la noche, en descomunales plazas donde había mercado los siete días de la semana.

Había muchas tiendas y servicios para los consumidores, en comparación con Inglaterra. Desde comida rápida para llevar, a autocines. Y, con un montón de cadenas de televisión, emisoras de radio comerciales, autopistas de varios carriles, enormes coches con el volante a la izquierda y elegantes alerones sobre la chapa... Canadá les recordaba, de muchas maneras, a su vecina Estados Unidos. Ofrecía un estilo de vida totalmente distinto a lo que jamás habían imaginado.

Tardaron un tiempo en acostumbrarse, sobre todo para familiarizarse con una nueva moneda, sistema político, himno nacional, bandera, el uso doble del inglés y el francés, y el acento canadiense.

Dado que la edad para abandonar los estudios eran los dieciocho años, cuando los estudiantes llegaban a decimotercer curso (necesario para acceder a la universidad), los padres de Ray intentaron animarlo a que considerase seguir con su educación. A él no le apetecía demasiado, pero sí le intrigaba saber cómo sería ir al instituto, pensando que se encontraría con un montón de atractivas animadoras en busca de alguien que las acompañase al baile de graduación.

Así que decidió tomarse unos meses antes de decidirse, hasta que la familia se mudó a su nuevo hogar, el 3557 de Golden Orchard Drive, que sus padres compraron en Applewood Hills.

La casa estaba situada en un barrio afluente en el extrarradio, a una hora en coche de Toronto, donde trabajaba su padre.

Ray se pasaba el día practicando con la guitarra o leyendo libros de historia y geografía sobre el país, que le parecían muy interesantes. Tras descubrir al poeta canadiense Robert Service y al escritor Pierre Berton, le entraron muchas ganas de averiguar más cosas sobre la fiebre del oro que tuvo lugar en la Columbia Británica y en Yukón a principios de siglo.

Era difícil asumir que estas dos provincias estaban casi tan lejos como Inglaterra. Entre Ontario y la frontera oeste se situaban Manitoba, Saskatchewan, Alberta y la Columbia Británica. Y, al este, había otras provincias, las denominadas Marítimas, que albergaban una cultura y base económica totalmente distintas. Ciertamente, el país abarcaba un gran espacio y tenía una amplia gama de recursos naturales.

Habría que conducir durante días para llegar al final de Ontario, y Ray estaba decidido a descubrir todo lo que pudiese sobre Canadá. En particular porque sabía que Búho Gris, sobre quien había leído de niño, había vivido en una remota región de la provincia con los mohicanos.

Encontró también una serie que repetían en la tele cada mañana sobre folclore tribal de los nativos americanos. En ella aparecía Ojo de Halcón, un comerciante de pieles que tenía toda clase de aventuras junto a su fiel acompañante nativo, Chingachgook, el último mohicano.

La serie estaba basada en la novela histórica de James Fenimore Cooper, publicada en 1826, cuando Francia y Gran Bretaña lucharon por el control de las nuevas colonias. Durante la guerra, los franceses pidieron ayuda a la alianza de tribus nativas americanas para luchar contra las fuerzas colonas británicas. Le resultó tan curioso que se puso a investigar más sobre ese periodo, y trató de idear una historia sobre un conflicto entre tribus, pero no pudo pasar más allá de la primera página.

Con la llegada del verano, sus padres se preocuparon al descubrir otro interés más que fascinaba a su hijo: tomar el sol. Le encantaba broncearse, y no estaban seguros de si intentaba que su piel color aceituna se volviese más oscura para emular a los indígenas, que tanta curiosidad le causaban, o a Elvis, seguro de que un buen moreno le ayudaría a atraer chicas (pues siempre buscaba llamar su atención en los centros comerciales).

Le prometió a su madre y a su padre que empezaría a buscar trabajo, pero quería establecerse primero y disfrutar de las vacaciones de verano que habían planificado.

En contraste con el frío del invierno y las temperaturas bajo cero, el clima del verano era muy diferente a lo que la familia estaba acostumbrada en Reino Unido. Cálido, húmedo y sofocante. Así que decidieron buscar una casa de campo en el *cottage country* y se quedaron en una cabaña de madera junto al lago, donde refrescaba un poco más (aun haciendo mucho calor). En la escénica e inmaculada región de Muskoka, habitada por ardillas rayadas, mapaches e incluso osos (además de turistas).

Ray se pasaba la mayoría de días nadando en el lago y leyendo revistas de música, contando los días hasta el lanzamiento del álbum *Sgt. Pepper*. Su obsesión con los Beatles y su música seguía tan presente como siempre. El grupo de las melenas raras eran tan populares en Canadá y Estados Unidos como lo eran en Reino Unido (o cualquier otra parte del mundo, a decir verdad).

Y su canción "All You Need Is Love" se había convertido en un himno, a medida que el movimiento *hippie* surgía y se extendía por todo el planeta siguiendo los pasos de la Beatlemanía.

Había una nueva generación que se colocaba flores en el pelo, y en los cañones de las armas, pues creían que eran mejores que las balas. Sobre todo en Norteamérica, donde los jóvenes marcharon en protesta contra la Guerra de Vietnam. Otros, en Estados Unidos, consiguieron evitar el reclutamiento al cruzar la frontera y refugiarse en Canadá.

Ray conoció a muchos, mientras se dejaba el pelo aún más largo y salía por Yorkville, una parte del centro de Toronto, similar al Greenwich Village de Nueva York. Habitada por una comunidad bohemia y vanguardista de pintores, artistas y músicos, así como *hippies* que aseguraban que la guerra se terminaría si la gente así lo quería. Después de todo, era la gente quien lograba que los políticos llegasen al poder.

Para tranquilidad de sus padres, Ray pudo cobrar algo parecido a un sueldo cuando empezó a tocar pequeños conciertos en cafeterías y bares.

Encontró a otro cantautor que vivía en un pequeño cuarto alquilado sobre un local de Yorkville, el Night Owl, y que estaba destinado a labrarse un nombre en la industria durante los años venideros: Neil Young.

Para completar los escasos ingresos de actuar por todo Yorkville, Ray consiguió un trabajo preparando las comidas que sirven en los aviones. Sus padres, no obstante, estaban preocupados por qué le depararía el futuro si no se buscaba una carrera más definida y segura.

Pero parecía estar ocupado y estar obteniendo experiencia y habilidades para la vida, además de estar feliz, algo que también les importaba. En cuanto a su ocupación, estaban seguros de que aparecería una oportunidad en algún momento.

Un día, Ray se quedó contentísimo, más bien encantadísimo, al poder ver fugazmente a John Lennon, que había llegado a Canadá para asistir al festival de la paz de Toronto junto a Yoko Ono.

Mientras cargaba y descargaba comida de los compartimentos de aviones que iban y venían, Ray pensó que se desmayaría al ver a su ídolo musical en persona. No solo le inspiraba la música de los Beatles, sino también las letras poéticas y profundas de John Lennon, así como su postura radical en una serie de cuestiones políticas, algo que anteponía en todo lo que hacía.

Como tantos otros, consideraba a Lennon una especie de gurú, y aplaudía su mantra de que los políticos del mundo debían dar una oportunidad a la paz, reflejo de las aspiraciones de una nueva generación mundial por crear un futuro y un mundo mejores.

Con un padre que había estado en servicio activo durante la Segunda Guerra Mundial, Ray respetaba a todos los valientes hombres y mujeres de las fuerzas, que se habían puesto en peligro por la libertad de su país. Pero le resultaba complicado aceptar todo el sistema político y entender por qué había que enviar a jóvenes mujeres y hombres a luchar en Vietnam.

Un partido político defendía una visión, mientras que otro escupía una retórica completamente distinta. Ambos sonaban igual de convincentes, pero eran totalmente capaces de cambiarse de posición si les convenía. Ese giro conllevaba esconder todos los hechos y olvidarse de cada uno de los mandatos que habían prometido llevar a cabo si eran elegidos.

Ray se daba cuenta de que los políticos parecían ser expertos en evitar preguntas a las que no quisieran responder, y deseaba que dijesen lo que pensaban realmente, y pensasen realmente lo que decían, en vez de confundir a la gente con términos tan contradictorios.

Muchos de los que ostentaban el poder parecían no traer más que caos y confusión, y mezclaban realidad con ficción con el objetivo de controlar la opinión pública.

Poder y Caos. Una ideología interesante. Y el tema para una historia que Ray decidió tratar de escribir. Una vez más, le costaba encontrar un marco de trabajo al que aferrarse para la narrativa y los personajes. Así que lo dejó todo apartado, pero estaba decidido a recuperarlo algún día.

Sin embargo, durante el siguiente año sí que consiguió escribir algunos guiones basados en la idea que tenía para una serie de televisión situada en el Klondike. Pero, como la mayoría de mineros que buscaban fortuna, no dio con el oro. Los envió a muchas cadenas, las cuales no le dieron respuesta alguna o le enviaron cartas de rechazo.

Un compañero de trabajo, que conocía la pasión de Ray por la música, le habló de un reportaje que había visto en las noticias. Trataba sobre una empresa de Hollywood que estaba viajando por todos los Estados Unidos y Canadá, visitando las principales ciudades y haciendo *castings* en busca de cinco desconocidos que conformasen un nuevo grupo, The Organic Vegetables.

Ray buscó más información y decidió probar suerte, preguntándose si debería disfrazarse de zanahoria para llamar más la atención. Pero pronto desechó la idea, pues le parecía hortera y poco molona.

No creyó tener muchas opciones cuando llegó a los estudios de la cadena de televisión y se encontró con una cola que parecía extenderse durante kilómetros alrededor de varias manzanas.

De ser igual en las demás ciudades, los productores debían estar haciendo pruebas a decenas de miles. Si las posibilidades de que alcanzase a entrar al *casting* ya eran diminutas, las de entrar en la lista de posibles candidatos para el grupo, aún eran menos.

Varias horas después, hicieron desfilar a Ray frente a un jurado de agentes de *casting* para demostrar de lo que era capaz, y cantó una canción original que había compuesto la noche anterior, acompañándose de su guitarra.

La canción no le parecía particularmente buena, y ni cantó ni tocó bien por los nervios. Pero, por algún extraño motivo, le daba la sensación de que sí entraría en la lista y de que le ofrecerían la oportunidad de unirse al grupo. Algo tan estadísticamente imposible como que te tocase la lotería.

Era una sensación extraña que uno nunca era capaz de entender. Los agentes de *casting* habían sido contratados por uno de los productores de The Monkees, que buscaban un nuevo grupo para una serie similar. La música era solo una parte. Actuar era la otra.

Él no era actor, así que no podía ofrecer ninguna destreza en esa área, ni tampoco le interesaba. Además de que los Monkees no le parecían un grupo de verdad. Eran algo fabricado. A nivel musical, no tenían ningún atractivo.

Lo más raro fue que, en cuanto hubo sentido que no le importaba si conseguía el puesto o no, supo que estaba destinado a suceder.

—Tiene mucho mérito haber pasado de la primera ronda, pero no te decepciones si no llegas más lejos —le dijeron sus padres, orgullosos. Lo consideraban un logro fantástico, pero intentaban también preparar a su hijo, deseando no darle esperanzas solo para terminar desilusionado.

Pensaban que tenía talento musical, desde luego. Pero, con la cantidad de gente que había hecho el *casting* en todas esas ciudades de Canadá y Estados Unidos, no tenía muchas posibilidades. Especialmente si, además de cantar, había que saber actuar.

A Ray no le sorprendió en absoluto recibir una llamada informándole de que había pasado a la siguiente ronda y debía acudir a una prueba de cámara.

No volvió a saber nada después de eso, y pensó que quizás su instinto se equivocaba. Tampoco es que le importase demasiado, porque todo aquello no le llamaba.

Casi seis semanas después, cuando ya se le había olvidado, se sorprendió al volver del turno de noche en el aeropuerto y descubrir a su madre en *shock*.

—Me han llamado de la oficina del productor ese, de Hollywood. Quieren que los llames lo antes posible. Y no quiero que te montes ninguna película como la que me estoy montando yo, chiquillo... Pero no creo que quisieran hablar contigo solo para decirte que no te han dado el papel.

Ray intercambió miradas atónicas con su madre durante lo que le pareció una eternidad antes de verla sonreír con entusiasmo, instándolo a que se pusiera al teléfono para ver de qué iba todo aquello. No soportaba la intriga ni un segundo más.

Al llamar por teléfono, informaron a Ray de que le ofrecían el papel, justo como él había predicho antes de apartarlo de su mente.

El abogado de su padre echó un vistazo a los contratos. Todo parecía estar en orden y, si salía bien, quizás Ray acabase siendo multimillonario. Había que celebrarlo. Sus padres dieron una fiesta en su honor.

Después de esperar una eternidad para saber algo, todo parecía estar avanzando ahora a una velocidad de vértigo. Ni siquiera le dio tiempo de anunciar con antelación que dejaba su trabajo. Todos lo comprendieron y se alegraron mucho por él.

Se quedó pasmado cuando, al despedirse, algunos compañeros de trabajo le pidieron un autógrafo, algo que le dio hasta vergüenza.

No era nadie, ni había conseguido nada como para ganarse esa atención especial. Pero la prensa canadiense se hizo eco de la noticia y, de la noche a la mañana, se volvió un poco famoso. Ya no era aquel migrante inglés, sino que se lo consideraba el "chico local" al que le había ido bien, escogido entre miles para viajar hasta Hollywood y convertirse en una estrella.

CAPÍTULO OCHO

DIARIO: 1972

No lo esperaban exactamente la fama y la fortuna a su llegada, pero sí la limusina con chófer más larga que había visto nunca, que lo llevo desde el aeropuerto de Los Ángeles al lujoso hotel Sunset Marquis en Alta Loma, cerca del Sunset Boulevard. Era un lugar muy discreto y popular entre la industria, incluidos los grupos que iban de gira por el país.

Después de acceder a su *suite*, Ray se sorprendió al ver a tantos rostros conocidos relajándose alrededor de la piscina.

Durante el siguiente día, se codeó con más estrellas todavía. Como Cher, que estaba comprando en la misma exclusiva *boutique* de Beverly Hills a la que los representantes de la productora habían llevado a Ray y los demás para comprarse el vestuario que llevarían durante una sesión de fotos para la prensa, antes de comenzar a grabar el programa.

Como le pasaba a él, todo el reparto estaba fascinado. Y pudieron comprobar qué tipo de cosas les esperaban cuando asistieron juntos a un concierto de los Bee Gee en el auditorio de Santa Mónica, cuyas entradas estaban supuestamente agotadas.

Cuando la limusina se detuvo en la zona del *backstage*, enjambres de fans rodearon el vehículo entre gritos, pensándose que transportaba a los hermanos Gibb.

Al descubrir quién había dentro de la limusina, nadie pareció estar decepcionado. Aunque no habían oído hablar de Ray ni del resto de miembros del reparto, ni los reconocían, todos sabían sobre la nueva serie de los mismos tipos que produjeron a los Monkees, la respuesta de EE. UU. a los Beatles. Que estuviesen remotamente relacionados era suficiente para otorgarles el estatus de famosos. Todos firmaron autógrafos y se hicieron fotos con los fans durante lo que pareció una eternidad. Una experiencia extraña y enervante.

Tampoco lo tranquilizó saber que, aparte de él, solo otro miembro del grupo sabía tocar un instrumento. Habían contratado a músicos independientes para grabar pistas en el estudio. Le preocupaba cómo recibiría eso la gente. No todos los miembros de los Monkees sabían tocar instrumentos, y eso mismo estaba comenzando a dañar su credibilidad, pues se los consideraba una marca prefabricada (como lo eran en muchos sentidos).

Lo mismo pasaba con este nuevo grupo: todos habían sido escogidos y combinados por un *look* o talento específico. Ray era el moreno, rebelde y pensativo, el que se tomaba la música muy en serio. Otro chico tenía el pelo más claro y era más simpático, también músico. Otro era gracioso y le encantaba divertirse, siempre listo para bromear y hacer el tonto. Era actor con formación, como las dos chicas, que sabían cantar y bailar. Y eran guapísimas. Una era rubia y con ojos azules. La otra, castaña, con ojos marrones.

La premisa era que el grupo pasaba el rato en una especie de cafetería regentada por una señora estilo Mama Cass, muy maternal, que sería interpretada por Kay Ballard, una popular comediante y figura televisiva de la época.

Además de producir a los Monkees, Ward Sylvester llevaba la carrera del rompecorazones adolescente Bobby Sherman, que quería seguir sus aspiraciones de trabajar al otro lado de la cámara y dirigiría el capítulo piloto.

Pero el Writer's Guild of America, el gremio de guionistas, fue a la huelga, provocando que se pausasen las grabaciones. Ray decidió entonces alquilar un coche y conducir por Estados Unidos en vez de enfrentarse a su fobia a volar. El viaje hasta Canadá le llevó unos 10 días, pero al menos no tuvo que sufrir estar sentado en un avión, y pudo hacer algo de turismo.

Meses después, el gremio solucionó sus disputas pero, para entonces, la ventana de tiempo que tenían para grabar el piloto, enseñárselo a las cadenas y, luego, llegar a emitir la serie, se había cerrado. Así que cancelaron la producción.

Toda aquella aventura parecía haberse evaporado. Le pagaron una modesta suma por la duración de su contrato. El abogado de su padre, que había repasado los contratos, tenía más experiencia en Derecho general (como la compraventa de casas) y no era experto en las leyes del entretenimiento.

Al leer la letra pequeña, se percató de que cualquier suma significativa se pagaría solo en caso de que el productor o la empresa productora ejerciese la opción, en caso de llegar a producirse la serie.

Cosa que no pasó. Así que, una vez más, Ray necesitaba encontrar trabajo. Y así lo hizo, actuando en un resort de Muskoka durante la temporada de verano. El resto del año lo dedicaría a trabajar en sus escritos y en su música.

Años después descubrió que uno de los miembros del malogrado programa, Wesley Ure, al final sí triunfó, volviéndose especialmente conocido por su papel en la serie de televisión de culto *El mundo de los perdidos*. Pero perdió el contacto con el resto de aspirantes. Excepto con el músico, de quien seguiría siendo amigo de por vida.

Ray pasó algunos veranos más actuando en Muskoka, lugar que serviría de terreno formativo de otra cantautora que luchaba por establecerse, Shania Twain.

Durante los inviernos, Ray viajaba a Nueva York, Nashville y Los Ángeles, intentando vender sus canciones a las discográficas, disfrutando de un ligero éxito durante los siguientes años. Por desgracia, fue víctima de un mánager sin escrúpulos y de cuestionable ética que se situó a sí mismo en posición de disfrutar de cualquier beneficio fiscal, al poseer los derechos de las canciones.

Sintiéndose más y más desilusionado, Ray comenzó un dúo con su amigo de la serie, actuando como Stillwater en Canadá, en un circuito de universidades y clubes.

Tocaron en la planta baja del Firehall Theatre de Toronto, en un bar enorme. Arriba, un grupo de improvisación entretenía haciendo un cabaret. Era la empresa hermana de la que pronto sería la icónica escuela Second City de Chicago, y Ray pasaba el rato con muchas de las estrellas del mañana, que se convertirían en nombres conocidos de *Saturday Night Live*, incluidos John Candy, Gilda Radner y Eugene Levy.

No eran los únicos destinados a encontrar la fama. Mientras tanto, en Reino Unido, algunos miembros de MI5, como el vocalista, Rod Evans, se convirtieron en miembros fundadores de Deep Purple. The Avengers pasó a ser Edison Lighthouse, que disfrutó del número uno mundial con "Love Goes Where My Rosemary Goes". Y un miembro de Malcolm James and the Callers comenzó otro grupo que pronto se vería catapultado a la fama del *glam rock*, The Sweet.

Ray se planteó volver con sus viejos amigos de la industria musical, pero desechó la idea, al verse cada vez más desencantado.

Seguía amando la música. Seguramente, más que nunca. Pero, desde la decepción con el mánager, había visto que se trataba de un negocio despiadado e implacable. A menudo se acurrucaba en su cama, dolido, sin saber realmente en quién podía confiar para sus negocios en la industria.

Así que decidió volver a enfocarse en escribir, animado por la reacción positiva de un productor que había mostrado interés en un guion que Ray le había enviado y estaba desarrollando. Sobre un secuestro en un estudio de televisión.

Entonces, tras leer el último borrador, el productor creyó que sería muy difícil de contar como película y que, para hacerle justicia al recorrido de la historia, sería mejor contarla en forma de novela.

Tras ahorrar algo de dinero, Ray siguió a su familia, que se había mudado de vuelta a Inglaterra poco tiempo atrás, y compró una casa en Sussex donde establecerse, decidiendo dejar aún en pausa sus empeños musicales mientras intentaba embarcarse en su carrera como escritor. Por los resultados que había conseguido hasta el momento, parecía algo imposible de alcanzar.

Resultó que la familia estuvo en Canadá durante un total de nueve años, en vez de los cinco que había pensado originalmente su padre. Todos se sentían divididos: disfrutaban mucho el país y todo lo que Canadá podía ofrecer; mientras que, a la vez, echaban mucho de menos el viejo mundo y sentían la necesidad de regresar.

Él también creyó que quizás tendría más oportunidades en el mundo editorial y cinematográfico en Reino unido, que estaba algo más vivo que el de Canadá por aquel entonces. Y así fue. Había más lugares que explorar, pero también más gente intentando explorarlos. No pasó mucho tiempo hasta que comenzaron a cerrársele puertas en las narices más rápido de lo que conseguía abrir otras nuevas.

Cuando por fin envió el primer borrador de la historia, ahora en formato de novela en vez de película, como le había sugerido el productor, le dijeron que pintaba más como película que como libro.

Otros pensaron que no tenía ningún potencial y le aconsejaron dejar de perseguir una carrera como escritor.

Pero él mantuvo su sueño vivo, enviando el manuscrito de manera persistente, con esperanzas renovadas, una y otra vez. Vería como esas esperanzas se hacían añicos con una carta de rechazo tras otra por parte de otras editoriales.

Terminó escribiendo varias historias más, guiones, formatos e ideas para series de televisión. Todas fueron recibidas sin ningún interés. Con una cuenta bancaria menguante, se planteó buscar un trabajo "normal". Pero no tenía ni idea de a qué dedicarse. La música, aunque seguía siendo su pasión, había sido remplazada por una pasión aún mayor. Lo único que quería hacer era escribir.

Pero también necesitaba pagar la hipoteca y poner comida sobre la mesa. Así que se puso a trabajar como extra en televisión y cine, profesión inmortalizada años después por Ricky Gervais en la serie de televisión *Extras*, que le pareció muy verídica. Llegó a encontrar trabajo en Pinewood Studios como doble de posición de Christopher Reeve durante el rodaje de *Superman*.

Un día, al regresar a su casa tras una larga jornada en el estudio, se sorprendió al reproducir un mensaje en el contestador de un agente que quería hablar con él sobre su manuscrito.

Devolvió la llamada al día siguiente, entusiasmado.

—Siento haber tardado tanto en contestar, pero estamos hasta arriba de propuestas —dijo el agente.

Ray intentó recordar cuándo le había enviado el manuscrito, seguro de que debió ser meses atrás. Entonces, dudó estar oyéndolo bien, cuando el agente continuó:

—Pero, bueno, ya he podido leerlo y creo que es prometedor. Me gustaría enviárselo a una editorial.

Por fin, Ray recibía algo de interés. De repente, toda esperanza se evaporó: temía que sería una pérdida de tiempo que el agente probase suerte con las editoriales, seguro de que había probado con todas al menos un par de veces. Debían haber convertido en papel todo un bosque, con la cantidad de hojas que tenía en su archivador lleno de cartas de rechazo. Pero el agente estaba decidido.

A los pocos días, Ray recibió otra llamada suya, informando de que a la editorial le había encantado la novela y quería hablar sobre lanzarla en tapa dura y tapa blanda.

Varios meses después, reflexionó sobre la ironía de que la editorial que terminó comprando los derechos de la tapa blanda a través de una sublicencia a la editorial original (que retendría los derechos de tapa dura) había rechazado la propuesta cuando Ray se había puesto en contacto con ellos solo un año antes.

Sin duda, habría alguien de alto rango preguntando por qué habían rechazado la novela entonces, lo que podría significar la pérdida de oportunidades comerciales.

Fue muy emocionante que publicasen su novela y que estuviese presente en todas las librerías que visitaba. Y ver cómo la gente la hojeaba y, algunos, acababan comprándola.

—Esa es mi historia —le dijo orgulloso a un comprador—. Ese libro… lo he escrito yo.

—Sí, claro —respondió el comprador, mirando intranquilo a Ray, pensando que era un bicho raro, antes de apresurarse al mostrador para pagar.

The Number to Call Is… ("Llamen al siguiente número") acabó siendo traducida a varios idiomas, y Nems Enterprises compró los derechos para una posible adaptación cinematográfica, algo que resultó muy lucrativo.

Ray aprendió entonces que, aunque mil personas digan "no", solamente hace falta una persona que diga "sí" para poder cumplir tus sueños creativos.

Sin embargo, más adelante en su carrera descubriría que, aunque el 99,9 % de la gente dijese "sí", podía haber alguien esperando entre bastidores a decir "no". No había nada seguro hasta que fuese seguro. Incluso entonces podía seguir siendo incierto, como había sucedido con su experiencia en Hollywood.

Pero ahora estaba animado, convencido de que era posible superar cualquier obstáculo. Contra todo pronóstico, su novela había sido publicada y se estaba vendiendo bien.

Nems Enterprises fue una vez propiedad de Brian Epstein, mánager de los Beatles, pero se había diversificado a otros ámbitos del entretenimiento. Ray no podía creerse estar indirectamente relacionado con los "fabulosos cuatro" que tanto lo habían inspirado.

Aunque era una conexión débil y limitada al nombre de la empresa sobre la que había leído en una revista de música tantos años antes, cuando conoció el sonido Mersey de jovencito. En cualquier caso, tenía relación con Nems Enterprises. Y eso era suficiente para él.

Al final, nunca convirtieron la novela en película. Pero tanto el libro como el guion servían como ejemplo del trabajo de Ray, y su agente podía enviarlo a otros interesados. Era un gran paso adelante en su empresa por labrarse una carrera a tiempo completo como guionista profesional.

—¿Qué sabes de los lanceros bengalíes? —le preguntó su agente al llamarlo por sorpresa un día—. Es que he conocido a un productor que disfrutó mucho la adaptación de tu novela. Es un magnate de mercancías asiático, y le interesa reunirse contigo para hablar de una película que quiere que le escribas.

Ray colgó el teléfono, incapaz de contener apenas su emoción. Habían publicado su primera novela y, ahora, un productor de verdad estaba pensando en contratarlo para escribir un guion.

Aquel estaba resultando ser un año muy bueno. O eso creía él…

MÁS ESCENAS DESCARTADAS DEL GUION DE LA PELÍCULA

FUNDIDO A:

EXT. CIUDAD DESIERTA. DÍA.

Fuera de cámara, se escucha un cántico distante. "Zoot, Zoot, Zoot". Y el profundo rugir de algo que se acerca, como si se tratase de maquinaria muy pesada.

Hay grafitis en las paredes, pintadas, arte callejero estilizado que dice "Los Locos Mandan".

Vehículos ardiendo. Edificios saqueados. El viento sopla un periódico como si fuese una planta rodadora.

El titular deteriorado y chamuscado anuncia que la pandemia ha alcanzado proporciones sin precedentes.

Una vaca deambula por el lugar, buscando un sitio donde pastar entre el hormigón. Hay indicios de que la naturaleza comienza a reclamar la ciudad, con tallos y raíces de plantas trepando paredes, ramas de árbol creando grietas en los cimientos.

Vemos a un NIÑO SUCIO Y DE ASPECTO TRAVIESO corriendo por las calles vacías y fantasmales. No se detiene. Está llevado por el pánico. Echa la vista atrás, petrificado. Mientras, los cánticos distantes y el rumor de un motor reverberan por todas partes.

Es un VAGABUNDO. El término que se usa para quienes no son miembros ni están bajo la protección de ninguna tribu. Es peligroso. Ser expulsado de una tribu es como una sentencia de muerte. Es difícil cuidarse solo en estas ciudades de niños, y también en los barrios residenciales y los campos de alrededor, ahora habitados solo por los jóvenes.

En esos momentos, el VAGABUNDO está siendo perseguido por una PATRULLA de seguridad de los Locos. Con aspecto amenazante, lo siguen a toda velocidad en patines. Consiguen atraparlo, lo arrojan contra una pared y comienzan a registrarlo.

De repente, aparece una PATRULLA de

reconocimiento de los MALL RATS, que tiende una emboscada a los LOCOS.

Los dirige su líder, AMBER. Es una chica de aspecto moderno, con una actitud tan atractiva y singular como los apretados nudos zulú de su pelo. Su maquillaje expresivo y un sentido de la moda *grunge* e individualista indican que ella nunca sigue tendencias, las marca.

Otra MALL RAT en la patrulla es la filósofa de la tribu, la sensorial y espiritual TAI SAN. Al igual que Amber, es una guerrera muy capaz. Pero no tienen necesidad de usar sus armas, bates. Aunque hay solo unos pocos MALL RATS presentes, superan en número a la patrulla de los LOCOS, que se esfuman.

                AMBER
    ¿Estás bien? (el VAGABUNDO
    asiente) ¿Cómo te llamas?

              VAGABUNDO
Sammy.

              TAI SAN
    ¿Qué estás haciendo en el
    sector de los Locos?

              SAMMY
Buscaba algo para comer.

Manteniendo el sueño vivo

>   AMBER
> Ah, ¡seguro que pensaron
> que eras un asesino enviado
> para acabar con Zoot!

La broma no hacer sonreír a SAMMY.

>   AMBER
> ¿Siempre has sido vagabundo?
> (él asiente) ¿Nunca has
> estado en una tribu…?

>   TAI SAN
>   (sabiendo adónde quiere
>   ir a parar)
> ¡Amber!

>   AMBER
> No podemos dejarlo.
> Míralo. No sobrevivirá en
> las calles. De ninguna
> manera. Si Zoot aparece, se
> acabó. Supone un peligro
> para todos. O la muerte,
> incluso. ¿Hace falta que lo
> deletree?

>   SAMMY
> Yo no sé deletrear. Era muy
> joven para ir al colegio,
> en el viejo mundo.

Eso consigue tocarle la fibra a AMBER. Y

a TAI SAN.

>   AMBER
> Bueno, Sammy. Ahora mismo,
> parece que te toca venirte
> con nosotros (a los demás)
> Hay que moverse, ¡mientras
> estemos a tiempo!

Sobre LA CIMA DE UN RASCACIELOS, BRAY se acerca furtivamente hasta el borde, observando una plaza desde arriba.

Antes era *gamer*, le gustaba el manga y todo lo que tuviese que ver con Japón (Shinto, el código del bushido, que inspiró a muchos de los juegos *online* que le gustaban). BRAY es MUY "Zen", enigmático, experto en artes marciales. Rezuma una confianza tranquila, se relaciona mejor con lo elemental que con lo material y se considera un guerrero ecológico. Está claro que se ve influido por la naturaleza. Lleva plantas de lino trenzadas y entrelazadas con plumas como extensiones de pelo.

EN LA PLAZA DE LA CIUDAD, se escucha un ruido ensordecedor, casi inaguantable. El estruendo y el chirrido del metal, de algo enorme, poderoso, que se acerca cada vez… más y más… CERCA.

La tribu de LOS LOCOS está reunida, ocupando toda la calle. Tienen pinturas de guerra en el rostro, unas rastas salvajes y ropas raídas. Parecen casi unas bestias. Ahora, todos comienzan a ulular un grito frenético.

Y el legendario guerrero, ZOOT, emerge de un gigantesco y deteriorado tanque lleno de grafitis, acompañado por su segunda al mando, EBONY, junto con la MILICIA de la guardia de los Locos.

Este sigue siendo un mundo sin internet, sin electricidad, y MUY primitivo en muchos aspectos. Pero algunos, los poderosos (como ZOOT, con este tanque), han podido comerciar para obtener el combustible con el que alimentar los pocos vehículos que han conseguido incautar.

BRAY observa furtivamente. Escucha a ZOOT dirigirse a los allí reunidos, que sienten una convicción más que maníaca y fanática.

>ZOOT
>Hermanos y hermanas de los Locos. Os traigo noticias importantes. Ha llegado a nuestros oídos que el "dios" Flame y los Privilegiados están consiguiendo apoyos. Podrían estar reuniendo

ZOOT (CONTINÚA)
un ejército. Los Locos
debemos tomarnos esta
amenaza muy en serio. Estar
preparados. Protegernos
contra la invasión.
Hermanos y hermanas,
si los Privilegiados o
cualquier otro quiere ir a
la guerra, decidme, ¡¿qué
conseguirán?! ¡Dejad que
oiga las palabras de Zoot!

Sube los brazos y cruza sus muñecas para indicar a los suyos que es momento de decir sus "palabras". Todos responden al unísono, en un cántico frenético.

LOCOS
¡Poder y Caos! ¡¡Poder y
Caos!! ¡¡¡Poder y Caos!!!

CAPÍTULO NUEVE

DIARIO: OCTUBRE DE 1998

En el vuelo de regreso desde Niza a Londres, Ray volvió a repasar algunas ideas que había anotado mucho antes de comenzar siquiera la fase de desarrollo de su nueva producción.

Quería comprobar si se le había olvidado algo que pudiese estar bien incluir para decírselo a Harry, quien estaba ocupado supervisando el siguiente bloque de guiones que se estaban escribiendo. Ray se había planteado introducir una tribu llamada "los Privilegiados". Pero decidió que sería mejor no hacerlo, pues sentía que lo que tenía en mente sería demasiado provocador y crudo. No pegaba. Siempre podía incluirlos más adelante, claro. Los Locos eran amenaza suficiente.

También se quedó tranquilo al rechazar una de sus primeras ideas: hacer que el líder de los Locos, Zoot, viajase en tanque. Hubiese sido un lío logístico, además de muy caro.

Al llegar a Heathrow, pilló un taxi hasta el centro de Londres para una reunión de junta que habían programado en la oficina central, y se encontró con Bruce Dickinson en los lavabos, donde intercambiaron las últimas noticias, uno junto al otro en los urinarios.

—¿Cómo te va, Bruce? —preguntó Ray, tomando la decisión consciente de no mirar hacia abajo.

—Bien, tío. ¿Tú qué tal? —respondió Bruce, seguramente igual de incómodo y sin querer desviar la mirada. Esa era la etiqueta masculina si se daban ese tipo de encuentros. Si llevabas los ojos a otra parte, podía malinterpretarse.

—Acabo de llegar del MIPCOM, de Cannes.

—¿Has sacado una nueva serie, eh?

—*Un giro en el cuento*, de William Shatner.

—¿Todo bien?

—Muy bien —dijo Ray, acercándose a la pila para lavarse las manos, mientras Bruce seguía en su urinario. Se preguntó cuántos fans de Iron Maiden disfrutarían de una charla con su cantante favorito de manera tan informal (y personal).

—¿Vosotros estáis de gira u os quedáis por aquí una temporada?

—Estaré por aquí, por si quieres que nos pongamos al día —respondió Bruce.

—Me encantaría. Pero vuelvo a Nueva Zelanda en unos días. No puedo quedarme mucho tiempo en Londres. Acabamos de empezar con otra producción. En otro momento, ¿eh?

—Sin problema. No sé cuándo iremos por allí abajo, pero seguro que podremos vernos. Sea en un sitio u en otro.

Además de ser un icono del *heavy metal*, Bruce era un consumado cantante de ópera, esgrimista habilidoso y piloto cualificado, disfrutaba volando y maniobrando él mismo. Tenía un amplio abanico de intereses, incluyendo el cine y la televisión, y ambos charlaban a menudo de la posibilidad de hacer algo juntos.

Ray decidió que ese algo nunca incluiría que Bruce lo llevase a ninguna parte en el *jet* privado de los Iron Maiden. Suficiente le agobiaba volar en vuelos comerciales, sin tener a un *heavy* de pelo largo de piloto.

Volar por todo el mundo era una necesidad para poder hacer negocios, pero seguía siendo algo que nunca haría por elección. Tenía que acostumbrarse a esa incomodidad. Aunque, cada vez que llegaba a algún sitio, siempre lo consumía una abrumadora sensación de alivio, considerando los vuelos y su posterior aterrizaje seguro el equivalente de un intento de suicidio fallido.

El socio de operaciones de Cloud 9 Screen Entertainment Group era una exitosa empresa multimedia con oficinas por todo el mundo, lo que facilitaba trabajar en actividades muy diversas. Principalmente, en varias divisiones de la industria musical, incluyendo discográficas, editoras, agencias y *merchandising*.

Pero su principal dominio giraba en torno a la organización y la gestión, algo en lo que eran muy eficientes y respetados. Trabajaban con parte de la élite de la industria de un modo u otro, desde Elton John a Beyoncé, Led Zeppelin o Robbie Williams. No era raro encontrarse a muchos de los artistas de su catálogo cuando acudían a reuniones en la oficina principal, como le había pasado con Bruce Dickinson.

Ray fundó Cloud 9 en 1994. Poco después, un banco comercial le presentó al presidente de sus futuros socios de operaciones. A su vez, ese banco se lo había recomendado el jefe de finanzas especializado en medios de Coutts. Inmediatamente, Ray quedó impresionado con todas las singulares habilidades, los valores y la ética de la empresa, y la forma tan profesional que tenían de trabajar.

Tuvo la oportunidad de hacer negocios con terceras partes en la industria, pero nunca hubo tanta química como cuando aquel presidente le presentó a Ray al principal equipo ejecutivo. Supo de inmediato que allí era donde quería estar.

La empresa tenía ganas de hacer televisión. Se sintió halagado de que hubiesen mostrado interés en él, y parecían tener fe en lo que estaba intentando conseguir al establecerse como productora independiente.

Acordaron que Ray se quedaría la mayoría de participaciones de la empresa, algo importante para él. No tanto por temas fiscales, sino por tener el control artístico. Como con el resto de artistas con los que trabajaban, nunca interferían en cuestiones creativas y limitaban su implicación a proteger sus intereses comerciales.

—Piensa que nosotros somos los defensas —le dijo el presidente la primera vez que se vieron. Era un fanático del fútbol, y solía usar analogías relacionadas con ese deporte—. Los artistas son los delanteros. Y nosotros los respaldamos en lo que quieran hacer. Pero si, de vez en cuando, no consiguen marcar el gol creativo, entonces nosotros nos aseguramos de que nadie meta el balón en nuestra portería. Para que lo peor que pueda pasar sea un empate.

Todo aquello le sonaba bien. Pero se preguntó si debía hacerle saber al presidente que quizás le costaría marcar algún gol, a juzgar por su continua lucha a la hora de llenar las páginas en blanco y decidir cómo comenzar la historia. Aquello no sería como darle al poste, sería más bien como mandar el balón a tomar por saco. Estaba seguro de su capacidad para no acertar en la portería no solo por unos metros, sino por kilómetros.

—¿Has decidido ya un nombre para la empresa? —le preguntó su familia cuando les contó su ambicioso plan para establecer su propio negocio.

—Aún no —respondió él—. Me lo tengo que pensar. Ahora mismo, hay muchas otras cosas de qué ocuparse. Pero estoy decidido a hacerlo realidad. Si lo consigo, me sentiré en las nubes. En la "novena nube", como dicen.

Fue un momento muy profundo y especial para Ray, mientras su familia y él intercambiaron una mirada larga y silenciosa. No hicieron falta palabras. Por su expresión, podían ver que, sin tener que buscar ni pensárselo más, había encontrado el nombre perfecto.

Se pasó la mayor parte del año 1994 desarrollando posibles títulos a producir y, durante el transcurso, conoció a Gillian Baverstock. Era una de las hijas de Enid Blyton, y administradora de su amplia herencia literaria. Parecía que Ray le había caído en gracia desde la primera vez que se vieron, como ella a él.

Aunque más mayor, le recordaba a la heroína de una de las historias de su madre: rezumaba la confianza tranquila y las cualidades eternas de una aplicada estudiante de internado que siempre hacía lo correcto. Y que llevó a su equipo de hockey a la victoria, superando en cada página cualquiera de los obstáculos que la maravillosa imaginación de Enid pudiese ponerle en su camino, hasta el final.

Ray se preguntó cómo debía haber sido crecer siendo su hija, y que la legendaria decana de la literatura para niños le leyese cuentos para dormir.

Como no era para menos, Gillian estaba muy orgullosa de todos los logros de su madre. Ray notó una chispa de emoción en sus ojos al explicarle que le gustaría comprar los derechos para las series "Aventura" y "Secreto", prometiéndole respetar la integridad creativa del material original en cualquier adaptación que quisiese actualizar, convencido de que satisfaría a la base de fans existente, además de presentar sus obras a un nuevo público contemporáneo y televisivo.

—Sería algo maravilloso —dijo Gillian—. Ay, qué bien. Déjamelo a mí. Yo les comento tu propuesta a mis compañeros y te digo algo.

Ray se hubiese sentido más esperanzado si representase a una empresa como Disney, más a la par con una marca tan grande como la de Enid Blyton. Sabía que no tenía forma de llegar al nivel de las ofertas que debían recibir continuamente, ni acercarse remotamente.

Pero Gillian estaba al tanto de su trabajo en la BBC y parecía estar impresionada con ello. Además de haberle asegurado que haría una adaptación fiel al original. Esperaba que aquel fuese el factor determinante. Los herederos de Blyton no tratarían con una entidad corporativa sin rostro, interesada puramente en el dinero que pudiesen sacar… sino con alguien que se preocupaba enormemente y estaba comprometido con producir productos de calidad.

Siendo escritor él mismo, Ray tenía en muy alta estima a todos sus compañeros de profesión, consciente de toda la atención que requerirían sus obras y de todo lo que habían tenido que superar para que viesen la luz. No obstante, era mucho pedir que Gillian y el resto otorgasen la licencia a una empresa nueva como Cloud 9, que acaba de comenzar y no tenía trayectoria alguna.

Ray creyó que sí existía una mínima posibilidad, o no lo habría intentado siquiera. Aun así, se sorprendió unos días después, al escuchar que habían aceptado su propuesta. Se sintió abrumado porque hubiesen depositado tanta fe en él, y se embarcó en un viaje que resultaría largo y arduo para traer esos títulos a la pequeña pantalla.

A pesar de la supuesta igualdad de condiciones introducida en la televisión británica tras la desregulación, más que una proliferación de empresas independientes realizando encargos para las cadenas, se crearon productoras independientes subsidiarias que pertenecían a esas mismas cadenas. A muchos, les pareció que traicionaba el espíritu de la nueva legislación. A efectos prácticos, las cadenas seguían controlando sus propios encargos.

Ray decidió que necesitaba trabajar en una estrategia totalmente distinta. Así que viajo hasta Alemania para hablar de proyectos con posibles usuarios finales, como la cadena pública ZDF.

A este viaje le siguieron más reuniones en el festival de televisión MIP, primera vez que Ray regresaba a Cannes desde todo aquel fracaso de los lanceros bengalíes. Allí, se reunió con un conglomerado de medios de Luxemburgo con intereses televisivos por toda Europa.

Se sucedieron más reuniones en Londres y Luxemburgo durante los siguientes meses entre ejecutivos senior de ambas empresas, para evaluar en detalle cuán factible era lo que Ray tenía en mente. La idea era un esfuerzo conjunto entre ese conglomerado y Cloud 9 para que Ray pudiese crear, desarrollar y producir un catálogo de programación cuyo objetivo sería un público familiar internacional en *prime time*, cuyo nombre sería la "Colección Clásica".

En vez de esperar a obtener encargos por parte de una cadena que cubriese los costes de producción, el portfolio necesitaría que el conglomerado realizase ciertas inversiones de riesgo. También Cloud 9 y el propio Ray, que se ofreció a renunciar a un salario con tal de obtener un porcentaje mayor más adelante.

Tenía muchas ganas de ponerse a producir, y creía apasionadamente que había un gran hueco en el mercado por llenar con entretenimiento familiar de calidad, que ofrecerían a través de un innovador modelo fiscal.

Normalmente, las emisoras poseían los derechos de cualquier producto que encargaban. Era lo justo, porque eran las que se exponían financieramente y cubrían los enormes costes de producción.

Pero, ahora, si querían emitir cualquiera de los títulos de la Colección Clásica, podían adquirirlos a un precio sustancialmente más bajo a través de una licencia sencilla que les serviría para ciertas repeticiones durante ciertos años. A su conclusión, los derechos volverían a ser de Cloud 9 y del conglomerado, lo que les permitiría volver a licenciarlos.

El riesgo económico ya no correría a cuenta de la cadena de televisión, sino de los inversores. Y Ray no tendría que pasar por el extenso proceso de intentar obtener un encargo. Funcionaría de manera verdaderamente independiente, con un mayor nivel de autonomía y control editorial. Algo que le parecía muy importante para conservar su creatividad.

En cuanto a las cuestiones comerciales, lo bueno de esa propuesta era que, si todo salía bien, tanto el conglomerado como Cloud 9 se beneficiarían de una metodología de capital de alto riesgo a altos beneficios mientras tuviesen propiedad del catálogo de propiedad intelectual, que podían explotar en perpetuidad.

También hablaron sobre la distribución. Cloud 9 y el conglomerado decidieron dividirse los territorios clave. El resultado fue el nacimiento de Cumulus. La empresa haría las veces de distribuidora subsidiaria de Cloud 9, por lo que Ray también podría dar su opinión en lo referente al *marketing* de todos los productos que produjese.

Además, Cumulus tendría participación en todos los derechos secundarios, desde publicación de música a *merchandising*. En general, era una aspiración innovadora y sin precedentes para una pequeña productora independiente. Aquel modo de proceder solía estar limitado a los grandes estudios.

Cuando firmaron los contratos, Ray no sabía si celebrarlo o echar a correr. La tarea que tenía por delante era compleja y excepcionalmente valiente y ambiciosa.

Si funcionaba tan bien como se había imaginado, le ofrecería activos y beneficios valiosos. Si no, si fracasaba, no perdería solo su casa, sino hasta la camisa que llevaba puesta. Se lo estaba jugando todo, incluida su reputación. Fracasar también colocaría a sus socios comerciales en una posición muy vulnerable, tras la gran inversión de riesgo que se disponían a hacer.

Al reflexionar sobre todos esos desafíos, una parte de él deseaba que hubiesen rechazado su propuesta. Sintió una repentina carga de responsabilidad casi insoportable. La presión era inmensa. Y ni siquiera había comenzado. Desde luego, había sido todo un goleador cerrando el trato. Pero, en privado, estaba angustiado, preguntándose si se habría marcado un gol en propia puerta y le esperaba un desastre absoluto.

Contrató a Harry como guionista principal y jefe de desarrollo, pues sentía que no había nadie mejor para supervisar el departamento de guionistas. Harry y Ray se dispusieron a reunir a un equipo de guionistas que respetaban. Ray quedó especialmente contento cuando su mentor, Mervyn Haisman, que le había dado su comienzo en la BBC, aceptó escribir algunos guiones.

La siguiente tarea era buscar una posible base de producciones. Las historias de Enid Blyton requerirían muchos paisajes diferentes: de bosques a montañas, de lagos a pintorescos pueblos pesqueros, incluso alguna zona que hiciese las veces de desierto.

No podrían conseguir todo eso fácilmente en Inglaterra, por tener que estar moviendo las unidades de grabación continuamente entre varios lugares. Siempre era más fácil trabajar cerca del estudio principal. Así que se planteó hacerlo en Gales, incluso en varias regiones de Alemania.

Para cuando se celebró el festival MIPCOM en Cannes, Ray sabía que había encontrado una marca potente con Enid Blyton, y se estaban escribiendo guiones de primera categoría, eran todos como miniaventuras estilo James Bond. Sin embargo, seguía sin poder identificar un plan de producción logística para llevarlo a cabo.

Cumulus aún no había comenzado a funcionar, pues no había nada grabado que mostrar al mercado. El objetivo del

MIPCOM era anunciar que la serie estaba en desarrollo y conocer a posibles cadenas de televisión que quisieran adquirir el proyecto con antelación, a través de una preventa.

Su asistente le organizó también otras reuniones. Sobre todo con terceras partes como editoras, distribuidoras y comerciantes que querían conocer a Ray tras haber leído sobre su nueva empresa. También con representantes de varias comisiones de televisión y cine que buscaban ofrecer sus diversos países como posibles localizaciones, ansiosos de presentarle todo lo que podían ofrecer.

Muchos creen que el cine y la televisión solo tienen relevancia cultural y artística. Por una parte, es totalmente cierto. Pero también emplea a gente de todo tipo: desde carpinteros a electricistas. Y estimula la economía de un país dentro de ámbitos muy importantes. En consecuencia, muchos gobiernos tienen cuerpos oficiales de cine y televisión que asisten a los festivales y buscan atraer producciones (e inversiones de todo tipo) a los países que representan.

Quizás se necesite enviar material, alojar a equipo y reparto en hoteles. También tienen que comer, así que puede ser una buena oportunidad para los servicios de *catering*. Igualmente, se necesita transporte e instalaciones en las diversas localizaciones. Materia bruta para construir los *sets*. El efecto de goteo en la industria hace que todo se multiplique por diez.

En una producción de 10 millones de dólares, se pueden generar automáticamente 100 millones de ingresos adicionales que se van filtrando y extrapolando, estimulando el empleo, aportando más impuestos que vuelven a invertirse en la economía y la nutren más todavía. Como una bola de nieve financiera.

El sector del cine y la televisión es también una importante incubadora para las pequeñas empresas que nacen con el fin de servir a la industria en diversas actividades, como lo son el entrenamiento de animales o las instalaciones y equipo de posproducción.

La guinda del pastel es que, con el alcance y la huella del público internacional en el medio de la televisión y las películas, la cobertura global ayuda a anunciar y mejorar el perfil de cualquier país. Aunque sea, sencillamente, porque un turista decida visitarlo después de haberse quedado impresionado con las localizaciones que vio en la pequeña o gran pantalla.

Ciertamente, en el momento álgido de *Howards' Way*, el éxito de audiencias fue compartido por todos en Solent, la región donde se grababa, precipitando un auge sustancial del turismo, con visitantes que llegaban en masa a aquella zona.

Como resultado de aparecer en la serie, también aumentaron las exportaciones de la industria de la navegación. La influencia de una serie de televisión de máxima audiencia o de una película exitosa es inmensa y abarca muchos ámbitos.

—¿Cuándo comenzaréis con el rodaje? —le preguntó un miembro del equipo de Nueva Zelanda.

—La próxima primavera, esperamos —respondió Ray.

—¿Sobre septiembre u octubre, no?

—No, en abril.

—¿En otoño?

—En primavera.

Ray y su equipo sonrieron ante la confusión. En Nueva Zelanda, situada en el hemisferio sur, quizás fuese otoño. Pero sería primavera en el hemisferio norte. Le gustó mucho aquel equipo y todo lo que le presentaron. Asistieron al MIPCOM para promocionar sus instalaciones en Lower Hutt, un floreciente barrio a las afueras de Wellington.

Se quedó impresionado con su profesionalidad y estilo, y le pareció que eran unos fantásticos representantes de su empresa y muy buenos embajadores de su país. Pero lo que más le impactó fue su entusiasmo. Eran flexibles y de mente abierta. Y tenían las puertas bien abiertas a hacer negocios.

Cloud 9 envió a dos miembros de su recién conformado equipo de producción para viajar a Nueva Zelanda en misión de reconocimiento.

Tras regresar e informar de lo que habían visto, Ray tuvo claro que no encontraría una alternativa mejor. Siempre era arriesgado filmar en el extranjero en vez de en casa, pero Nueva Zelanda parecía ofrecer las localizaciones que necesitaban, además de una buena fuente de trabajadores y actores, así como las instalaciones e infraestructura necesarias para llevar a cabo la serie.

Comenzaron la preproducción en enero de 1995. Aunque, en realidad, ya habían hecho gran parte de la planificación entre el MIPCOM y las vacaciones de Navidad. Ray vivía pegado al teléfono, arreglando cuestiones durante la noche con el equipo de Nueva Zelanda. Pasaba el día planificando los horarios de rodaje, los presupuestos, y revisando con Harry los guiones que les iban entregando.

Al poco tiempo, Ray necesitó viajar al país conocido como "la tierra de la extensa nube blanca" para supervisar los preparativos. Los vuelos entre Londres, Los Ángeles y Auckland parecieron durar una eternidad. Luego, se cambió a la terminal de vuelos nacionales para seguir camino a Wellington.

Aunque no pudo disfrutar demasiado del país más allá de viajar entre el hotel, los estudios y las localizaciones que usarían las semanas siguientes, se quedó impresionado. Era todo lo que podía haber esperado y más.

Trabajaba la mayoría de fines de semana, pero encontró algunas horas libres para dar una vuelta por la capital de Nueva Zelanda y visitar su puerto y muelles. Wellington era espectacular.

Limpio, seguro, multicultural, con buenos teatros, salas de conciertos, restaurantes. Y, al parecer, más cafeterías *per cápita* que cualquier otro lugar del mundo. Muchas de ellas al aire libre, donde la gente podía reunirse a charla durante todo el año, disfrutando de la calidez del sol invernal.

La arquitectura le recordaba a las ciudades escandinavas. Al mismo tiempo, con todas esas casas esparcidas por las colinas que rodeaban la bahía, también le recordaba a San Francisco de muchas maneras. Muy pintoresca. Como descubriría más adelante, Nueva Zelanda era prácticamente todo un mundo dentro de un solo país.

Con fiordos, montañas y lagos impresionantes, y kilómetros de campo deshabitado en la Isla Sur. La Isla Norte también ofrecía colinas inhóspitas, bosques tropicales y más regiones montañosas y lagos, playas de arena blanca que limitaban con el océano Pacífico a un lado del país, y el mar de Tasmania al otro.

Quedó impactado, especialmente, con la población indígena Maorí, y la forma en que todas sus tradiciones (incluidas las de las cercanas islas del Pacífico) eran integradas y respetadas en aquella sociedad, en vez de ignoradas. Dado el legado romaní y gitano de Ray, podía sentir cierta afinidad con esa cultura.

Pero lo que más le chocó fue el espacio. Con una población de solo cuatro millones y la densidad mayormente localizada en las principales ciudades de Auckland, Wellington y Christchurch, en algunas zonas era posible conducir durante kilómetros sin ver otro coche.

Incluso los atascos de la hora punta en la ciudad no eran nada en comparación con lo que acostumbraba a ver en Londres, donde tardabas horas en avanzar unos pocos kilómetros.

Los habitantes de Wellington, como la mayoría de neozelandeses, eran muy majos y simpáticos. Aunque vivían y trabajaban en la ciudad y los alrededores, parecían tener un gran sentido de comunidad. A Ray, Wellington le parecía "un pueblo con rascacielos".

Había una amplia gama de localizaciones a corta distancia de los estudios, a media hora en coche al norte de la ciudad.

Mientras reclutaban al equipo técnico, volvió a sentir el entusiasmo que había sentido al conocer a los representantes en el sur de Francia, en el festival de televisión. Era una sensación que se extendía por todos los departamentos. Todo el equipo emitía una actitud positiva y mucha voluntad.

Podía conseguirse cualquier cosa con el "cable número 8" de los Kiwi. Expresión que debió originarse cuando los granjeros inmigrantes arreglaban verjas (y todo lo demás) con un simple trozo de alambre. Esa costumbre había evolucionado hasta convertirse en una metáfora del espíritu de la nación, representando su ingenio.

Si encontraban un problema, acudían al cable número 8 para arreglarlo. El cable número 8 siempre lo solucionaba todo. Era una forma poco convencional de ofrecer una solución innovadora. Y desde luego, con buena actitud e intención, conseguían solucionarlo.

Convocaron *castings* e informaron a los agentes. Se realizaron también *castings* abiertos que atrajeron a un gran número de personas, con multitudes haciendo colas que se extendían a lo largo de manzanas y padres que acompañaban a sus hijos, esperanzados por conseguir un papel.

A Ray le recordaba, aunque en menor medida, a lo que él mismo había experimentado de adolescente, con la serie estadounidense cancelada.

Contra todo pronóstico, encontraron uno de los papeles principales, el de Dinah, cuando la actriz acudió al *casting* abierto y fue seleccionada. Ray estuvo conforme, pues era lo justo. Estaba agradecido (y ligeramente alucinado) por la cantidad de gente que había aparecido allí ese día, muchos llegados de todos los rincones de Nueva Zelanda.

Los personajes de Philip, Lucy y Jack fueron escogidos a través de agentes. Ray contrató a Malcolm Jameson para interpretar al padre, tras haber trabajado con él en la BBC en

Howards' Way, y la talentosa actriz británica Kirsten Hughes fue escogida para interpretar a la madre.

Arrancaron con el rodaje principal en abril de 1995.

Ray voló a Cannes para asistir al festival MIP durante unos días, pues quería hacer una muestra previa del metraje que habían conseguido grabar con fines promocionales, y también estaba considerando usarlo para los títulos de crédito. Fueron tiempos emocionantes. Poder enseñar el primerísimo título de Cloud 9, que ya había comenzado oficialmente su producción, en el *stand* de la propia distribuidora de la empresa, Cumulus.

Aún no habían contratado al equipo de distribución. Así que Ray y su asistente, junto con parte del equipo administrativo de Londres, se encargaba de atender cualquier consulta.

Los principales estudios tenían decenas de miles de capítulos en sus catálogos. Cloud 9 tenía un solo programa. No había material disponible más que los pocos minutos del vídeo promocional. Pero Ray y su equipo lo enseñaban orgullosos.

Sin un equipo de distribución experimentado y con conocimientos limitados sobre tarifas y términos y condiciones, Ray y su equipo tuvieron que aprender más sobre estos importantes aspectos del negocio sobre la marcha. Eso sí, las reacciones que encontraron en el MIP fueron alentadoras.

Había cadenas interesadas en ver los capítulos conforme los fuesen terminando, y Ray se sintió aliviado. Quizás esa idea de haberse marcado gol en propia puerta fuese absurda, después de todo.

Pues no.

A los dos meses, se encontraba haciendo viajes continuos entre Londres y Wellington, intentando desesperadamente solucionar un problema muy serio. Se habría conformado con marcarse solamente un gol en propia.

Luchaba por asegurarse de que no se le escapaban millones por la portería.

CAPÍTULO DIEZ

DIARIO: ABRIL DE 1995

Parecía que la primera serie de Cloud 9 acabaría en desastre. Aunque el rodaje iba bien y el material tenía buena pinta... andaban también encaminados a pasarse del presupuesto, y mucho.

Todo comenzó con problemas relacionados con un gigantesco depósito de agua que debían guardar en uno de los estudios y utilizar durante varios capítulos. Habían contratado ingenieros de estructura para que calculasen el peso y que los constructores pudiesen fabricar estructuras de soporte adecuadas para los varios miles de litros de agua que debía contener el depósito.

Cuando hicieron descender la gruesa cubierta de cristal sobre el marco, y para sorpresa y horror de todo el equipo de producción... no encajaba. Se salía unos centímetros, debido al grosor de una capa adicional que añadieron al vidrio de seguridad para asegurarse. Algo que nadie había tenido en cuenta a la hora de hacer los cálculos.

El coste de arreglar ese entuerto salió de un fondo de emergencias que habían apartado. Pero, al poco tiempo, lo habían usado todo. Y, a medida que la serie avanzaba con dificultades, se hizo evidente que estaban metidos en un lío, pues había costes inesperados semana tras semana. Iban a pasarse del presupuesto. La cuestión era hasta dónde, y de dónde sacarían el dinero que faltaba.

—Es muy diferente de cuando estaba en la BBC —explicó Ray a su junta—. Allí, al menos, la infraestructura ya era estable. Había sistemas y procedimientos. Nosotros hemos tenido que comenzar de cero e introducir todo eso. Hemos tenido problemas hasta para saber de dónde sacar y cómo costear un sujetapapeles.

Estar rodando en invierno en exteriores, con condiciones meteorológicas inusualmente adversas, también estaba sembrando el caos en la planificación. El equipo de producción perdía luz por las tardes, y no conseguían llegar al minutaje marcado por la agenda para cada día. Alargarse más allá de las 26 semanas que habían acotado para completar las grabaciones supondría más costes.

Ray había reescrito todos los guiones para ver si podía acelerar el proceso grabando algunas de las escenas en interiores. Siempre era mucho más fácil controlar el rodaje en interior que en exterior. Estar a merced de los elementos les suponía un verdadero problema.

No tanto por el frío, sino por la lluvia. Al equipo técnico le estaba costando mucho, viéndose hundidos en el barro durante semanas. Era difícil maniobrar el material y los vehículos entre todas esas localizaciones.

El reparto y el equipo siguieron grabando bajo lluvia ligera, como era costumbre en cine y televisión. La cámara casi nunca capta la lluvia. Para lograr una escena donde la historia pidiese lluvia, el *set* debería quedar empapado, con enormes mangueras echando agua, si tenían la esperanza de que se viese en pantalla.

Pero, hasta la fecha, la producción había experimentado fuertes lluvias casi todos los días, lo que hacía que el reparto y el equipo técnico acabasen calados hasta los huesos. Al terminar de rodar, estaban congelados y agotados, y se iban corriendo a casa para secarse.

Esto se debía a que se estaban quedando sin días con los que compensar el mal tiempo. Si pronosticaban que iba a nevar, o que habría fuertes ráfagas de viento, o que lloverían sapos y culebras, aprovechaban para grabar escenas en interior.

Pero estaban peligrosamente cerca de usar todos esos días de margen. Así que Ray había intentado modificar los guiones. Aunque el espacio del estudio era limitado, porque estaban construyendo nuevos platós para futuros capítulos. Y había escenas que debían grabar en exterior sí o sí. No había otra opción. Por ejemplo, historias que incluían al pony de la serie cabalgando por la montaña.

Ya había repasado ciertos elementos de los guiones, preguntándose si sus aspiraciones creativas habían sido demasiado extravagantes desde el principio dado su presupuesto. Pero no quería recortar mucho más, temiendo que podía afectar de manera negativa al valor del producto final.

Sospechaba que, al final, no tendría más remedio que hacerlo si la producción continuaba cayendo en picado. No podía creer haberse metido en tal lío. Quizás había calculado mal el plan de rodaje. O quizás había demasiadas variables que no había tenido en cuenta.

Fuese por el motivo que fuese, Ray se sentía como atrapado en el Triángulo de las Bermudas, sin saber exactamente dónde estaba ni hacia dónde se dirigía, con una brújula que le daba indicaciones distintas a las coordenadas del mapa. En ocasiones, se sentía completamente solo.

Por si la logística no fuese suficiente, el cambio de libra esterlina a dólar estaba fluctuando más de lo que anticipaban. Habían adquirido las sumas muy por adelantado para fijarlas, teniendo en cuenta que podía haber diferencias y dejando una proporción abierta por si las tasas subían.

Pero ahora estaban bajando. Así que una diferencia de solo un 10 % en un desembolso de 10 millones de dólares significaba un excedente de un millón. Sin tener en cuenta los costes adicionales por los problemas de producción. Luego, si se añadía un 10 % de interés y debían compensar el excedente, eso implicaría otra suma significativa. Los costes se iban sumando unos sobre otros, descontrolados.

—Aparte de eso, va todo muy bien —añadió Ray para concluir su informe, lo que provocó sonrisas involuntarias y desanimadas.

No estaba intentando suavizar el impacto de la gravedad del problema un humor sarcástico: lo decía de verdad. Sentía que, pese a todas las dificultades, el valor de la producción y las actuaciones eran tremendas, y estaba impresionado con la calidad del metraje que estaba consiguiendo el equipo técnico según lo iban grabando. Estaba seguro de que habría un gran mercado para la serie.

La junta apoyó a Ray cuando les pidió firmar la aceptación del excedente fiscal, el cual estaba decidido a contener en vez de dejar que se saliese de madre. El socio de Cloud 9 en Luxemburgo también confirmó su apoyo.

Y, aunque el primer título del portfolio de la Colección Clásica sí se pasó del presupuesto, tal y como habían imaginado (y después de parecer tarea imposible), *La serie Aventura de Enid Blyton* concluyó su rodaje y comenzó la posproducción.

Por suerte, tuvo un buen recibimiento tras su lanzamiento en el MIPCOM y fue adquirida por cadenas televisivas de todo el mundo, lo que ayudó a mitigar los excedentes. Aunque no los eliminó por completo, por el interés que se iba acumulando sobre las cantidades pendientes de pago.

Pero, puesto que los inversores tenían sus miras puestas en el largo plazo respecto a conseguir beneficios y, en línea con la previsión del portfolio, se dio luz verde a la producción de *La serie Secreto de Enid Blyton* (cuyo desarrollo había comenzado en paralelo a la producción del primer título) y el rodaje arrancó en febrero de 1996.

El equipo de producción de Nueva Zelanda se mudó a sus propias instalaciones, teniendo ya puntos de referencia acerca de zonas problemáticas después de la primera producción. Y, tras establecer también la infraestructura e introducir los sistemas y procedimientos esenciales, Ray estaba seguro de que no volverían a repetir los mismos errores.

Habían pagado un alto precio. Pero ese era el coste de ganar una experiencia de valor incalculable.

El equipo pudo usar también parte del atrezo y platós de la producción anterior, así que amortizaron los costes a lo largo de la segunda serie. Y, trabajando con una metodología más clara, el rodaje de *La serie Secreto de Enid Blyton* fue como la seda, concluyendo dentro del presupuesto y en los tiempos planificados, dejando paso a la siguiente producción: *Las aventuras de los Robinsones de los mares del Sur*.

Como Ray pasaba ahora mucho tiempo fuera de Inglaterra, debido a los rodajes en Nueva Zelanda, los contables y abogados de sus socios de operaciones le aconsejaron que, cuando se encontrase en el hemisferio norte, situase su residencia en Guernsey, en las Islas del Canal.

Todo aquello le resultaba difícil de entender, pero muchos de los artistas a los que representaban, así como deportistas o cualquiera que pasase largos periodos de tiempo fuera de su país natal debido a sus viajes por el extranjero, podían beneficiarse de unos impuestos algo distintos.

En su caso, los beneficios no solo lo ayudarían personalmente a largo plazo, sino que también ayudarían a la empresa a corto plazo. Dado que era el mayor accionista y deseaba maximizar los fondos disponibles para seguir invirtiendo en el portfolio de producciones de Cloud 9, estaba dispuesto a hacer lo que fuese necesario.

—¿Puedes reservarme una habitación en el Hotel St. Pierre Park de Guernsey? —le pidió a su asistente, que no tenía idea de lo que se estaba cociendo.

—¿Guernsey? Pensaba que volvías a Nueva Zelanda después del festival MIPCOM.

—Así es —respondió él, intentando cuadrar su agenda—. ¿Por qué no me la reservas para el viernes que viene?

—¿Por cuánto tiempo?, ¿el fin de semana?

—No. Que sean tres años. Pero no voy a quedarme allí. Solo necesito que me reserves la habitación, por si me toca ir —dijo Ray, y su asistente se dio cuenta de que hablaba en serio.

Tenía reputación de ser un tipo excéntrico. Pero reservar una suite de hotel durante tres años sin hospedarse casi nunca era de estar chiflado. Incluso siendo Ray.

Le contó lo que se proponía hacer y, aunque no consiguió explicarlo bien del todo, su asistente pudo entenderlo mejor. Aun así, le daba vergüenza hacer la reserva. Estaba segura de que en la central de reservas pensarían que se trataba de una broma. Y tenía razón.

Cuando confirmó todos los preparativos y pagó el depósito, los del hotel se dieron cuenta de que iba en serio y de que necesitarían mantener su *suite* disponible en todo momento, incluso aunque no se encontrase allí, durante el periodo de tres años.

Las reglas y regulaciones establecían que, para situar su base en Guernsey, no podía quedarse en una casa, o se le consideraría residente de las Islas del Canal a efectos de pagar impuestos. Así que la única opción era el hotel. Para cumplir con lo estipulado por sus contables y abogados, Ray debía permanecer en tránsito. Para ese periodo específico de tres años, era el equivalente a no pagar impuestos en ninguna parte.

Podía quedarse en Reino Unido hasta tres meses en un mismo año y, aparte, podía visitar el país cuando quisiera, siempre que se marchase antes de medianoche. De lo contrario, estaría infringiendo las reglas para exiliados.

Se sentía como Cenicienta. El equipo administrativo de Cloud 9 se mantenía atento a su calendario y apuntaba los días que pasaba en Inglaterra. Y, cuando se pasaba del periodo establecido, se aseguraban de que regresase a Guernsey antes de las doce.

También tenía que fijarse bien en cuánto tiempo pasaba en Nueva Zelanda. Allí podía pasar más tiempo (esencial, dado que era donde filmaban). De vez en cuando, le era necesario viajar hasta Australia para mantener el estado de tránsito, sin residencia fija. No le suponía ningún problema, ya que siempre estaba visitando distintos países.

El personal del hotel St Pierre Park lo hizo sentir como en casa y todos llegaron a conocerlo bien. Aunque no demasiado bien, puesto que apenas hacía acto de presencia. Y, cuando estaba, apenas estaba presente.

—Te hemos echado en falta durante la comida —le dijo un camarero mientras le servía la cena una noche. También lo había visto a primera hora, durante el desayuno.

—Tenía una comida de negocios.

—¿En algún sitio bonito? —quiso saber el camarero. Había restaurantes maravillosos por toda la isla entre los que escoger.

—Lo creas o no —respondió Ray, algo indeciso—, la reunión fue en un... italiano.

—Ah, pues tuvo que ser en el Da Nello's, en St Peter Port.

Ray asintió, sin querer entrar en detalles, consciente de que su persona era todo un enigma en el hotel. No quería alimentar más las especulaciones. Además, era demasiado complicado de explicar.

Sí que había comido en un italiano. Pero no en el centro de la ciudad. Había pillado un vuelo temprano desde Guernsey a Londres, pilló otro vuelo de conexión a Roma y se comió espaguetis a la boloñesa con ejecutivos de la cadena pública italiana Rai. Luego, volvió a Londres para pillar su vuelo de conexión a Guernsey, y acababa de llegar al hotel hacía menos de una hora.

El personal de aquel hotel de cinco estrellas era discreto, y sabían que Ray estaba en la industria del cine y la televisión. Pero a algunos les resultaba confuso que se hospedase allí durante un mes, desapareciese durante otros tantos con la *suite* aún reservada, y apareciese otra vez de la nada.

La Rai estaba interesada en algunos de los títulos que Cloud 9 tenía en desarrollo. Si intentaba arrojar luz sobre adónde había ido ese día, le preocupaba que el camarero pudiese sospechar que, más que tratar de dar un buen golpe y traer un éxito televisivo a Italia, ese "golpe" fuese de otro tipo. Teniendo un estilo de vida tan inusual y misterioso, ¿acaso se quedaba en el hotel para pasar desapercibido? ¿Sería un prófugo de la justicia? ¿Y si, en vez de tener negocios en la televisión, tenía negocios con… la mafia?

En cierta ocasión, Ray voló de Guernsey a Londres para conectar con otro vuelo a Luxemburgo y tener una reunión con los directivos de la empresa asociada con la Colección Clásica.

Al volver a Londres, le informaron de que habían retrasado todos los vuelos a Guernsey por niebla. Eran las ocho de la tarde y estaba cansado. Así que llamó a su mánager por ver si le quedaban días disponibles para quedarse en Inglaterra esa noche y volver a Guernsey al día siguiente.

—Lo hablo con los abogados y te comento —le dijo su mánager.

Se pidió un café, que tuvo que pagar con tarjeta de crédito (rara vez llevaba efectivo, pues no solía necesitarlo). Solía haber chóferes esperándolo en los aeropuertos para transportarlo a los hoteles u oficinas donde mantenía las reuniones, que normalmente eran a la hora de comer (como había hecho horas antes en Luxemburgo).

Cuando su mánager lo llamó diez minutos más tarde, le dijo:

—No te quedan días disponibles, lo siento. Los abogados prefieren que no pases la noche allí. ¿Por qué no esperas a ver si se despeja la niebla y salen los vuelos a Guernsey? Si no, búscate un vuelo a Dublín o cualquier sitio cerca. Y, si no, te llamo a un chófer para que te lleve a Dover y te subes al *ferry* para salir de aguas inglesas.

Aquello no le hizo ninguna gracia. Se le estaba acabando la batería del móvil, así que fue breve y le prometió a su mánager volver a llamarlo tras ver qué opciones tenía.

Fue a preguntar a la compañía de Guernsey para ver si había noticias sobre los vuelos y si se había despejado la niebla. Le aseguraron que la aerolínea se encargaría de llevarlo a un hotel y cubrir todos los costes, y que podría volar a Guernsey a primar hora de la mañana. No hacía falta que se quedase esperando en el aeropuerto.

Ray agradeció la oferta, pero notó que el personal comenzaba a preocuparse (al ver su propia preocupación), sobre todo cuando informó de que eso podía suponerle un problema. Salir por la mañana no era una opción. Tenía que salir de Inglaterra antes de las doce de la noche.

Quiso saber qué otros vuelos había disponibles, y le dijeron que podían apuntarlo en la lista de espera para uno en dirección a Dublín. Se guardó la reserva por si quedaba alguna plaza libre, y le pidió al personal de la aerolínea que le enviasen un mensaje al busca en cuanto supieran algo. Entonces, se puso a deambular por la terminal para ver qué salidas había programadas con otras aerolíneas.

—¿A qué hora sale el último vuelo del día?
—¿Adónde?
—Adonde sea. Solo quiero saber si hay alguno disponible.

El personal miró con recelo a Ray. Iba en pantalones cortos y camiseta. Prefería vestir de forma casual y nunca llevaba traje y corbata a las reuniones a menos que fuese absolutamente necesario.

—Hay uno a las 11 de la noche, a Singapur.

—Eso está muy lejos. ¿Alguno más cerca?

—¿Cuánto tiempo tiene pensado pasar fuera?

—Solo esta noche. ¿No hay ninguno que salga más temprano? —preguntó mientras miraba la pantalla que anunciaba los vuelos—. Ese que va a Riad, por ejemplo.

—Sí, parece que hay asientos disponibles.

—Venga, pues iré en ese. El caso es que estoy en lista de espera para ir a Dublín. Y también tengo un vuelo a Guernsey. Si no me voy ni en uno ni en otro, me tocará ir a Riad. ¿Dónde está, a todo esto?

—En Arabia Saudí —dijo el trabajador, observándolo con incredulidad.

—¿Me lo podrías reservar también? —le pidió Ray—. Es un poco más lejos de lo que yo buscaba. Pero voy a comprobarlo con mi gente, por si me conviene más ir a Nueva Zelanda ya que estoy. En cuyo caso, Singapur me vendría mejor. Así que guárdame ese también.

—¿Lleva algo de… equipaje? —preguntó el trabajador, cada vez más desconfiado.

—No. Acabo de llegar de Luxemburgo. He venido desde Guernsey esta mañana, pero solo me iba unas horas a Luxemburgo, así que no me hacía falta equipaje —trató de explicarle, consciente de que el trabajador se estaba poniendo incómodo.

—Entonces, ¿vive en Guernsey?

—Sí, y no —respondió Ray, intentando no complicarse. Pero, cuanto más lo intentaba, más complicado y raro sonaba todo—. Es difícil de explicar, la verdad. Sí que vivo allí, pero técnicamente no vivo allí. Simplemente me quedo allí. Y también en Nueva Zelanda. A veces, en Australia. Antes vivía en Inglaterra, y en cierto modo aún vivo aquí. Pero solo de día. Porque, bueno… si te digo la verdad, legalmente no vivo en ningún sitio.

El trabajador apretó un botón de emergencia, aparecieron los de seguridad y lo invitaron a responder a algunas preguntas en privado.

No sabían por dónde pillar a ese tipo tan raro que decía ser un exiliado en Guernsey, como si fuese un multimillonario. Pero no llevaba efectivo, ni maletas, y vestía muy informal, con camiseta y pantalones cortos. Decía ser el principal accionista de su empresa, pero no parecía un hombre de negocios. Entonces reveló que, de hecho, no lo era. Era productor y guionista. Y, principalmente, no parecía saber hacia dónde quería viajar y estaba reservando asientos en vuelos hacia todas partes del mundo.

Ray llamó a su mánager, que llegó a Heathrow para aclarar el asunto. En el último momento, la niebla se despejó. Ray pudo salir en su vuelo a Guernsey justo antes de la medianoche, exhausto y agotado por todo lo que había vivido ese día.

A medida que el avión se desplazaba por la pista y ascendía hacia el cielo nocturno, Ray sonrió, pensando que el Big Ben debía haber tocado ya las doce. Se preguntó qué hubiese pasado de estar todavía en el interrogatorio. Quizás se hubiese transformado en una calabaza.

Durante sus estancias en Guernsey, no se pasaba todo el rato a prisas y carreras para pillar vuelos. A menudo, podía pasar algunas semanas en el hotel sin tener que viajar a ningún sitio. Podía hacer negocios por teléfono o correo electrónico. Y la isla le parecía un refugio muy pacífico. El lugar perfecto donde escribir.

Situada a 26 millas náuticas de la costa noroeste de Francia, y con una fuerte influencia de Normandía, Guernsey es la segunda de las Islas del Canal en tamaño. Paradójicamente, solo tiene 13 kilómetros de largo por 8 de ancho.

Rodeada de hermosas playas de arena y una costa repleta de acantilados escarpados, la isla es un destino popular para regatistas. También para turistas, atraídos por el pintoresco encanto, el clima templado y una serie de elegantes *boutiques*, restaurantes y cafeterías que adornan las calles empedradas del centro histórico de St Peter Port, con vistas al puerto.

Guernsey es también uno de los principales paraísos fiscales. Muchas empresas financieras mundiales tienen sedes registradas en la isla, fuera de la jurisdicción de Reino Unido y de la Unión Europea.

Las Islas del Canal le ofrecieron también el refugio que tanto necesitaba cuando se enteró, durante la grabación de *La serie Secreto*, que su madre había muerto repentinamente, en Inglaterra. Le resultó difícil compaginar la producción con sacar tiempo para llorar su muerte y superar su pérdida.

El fallecimiento de su madre tuvo lugar mientras él se encontraba en Disneyland París, preparándose para grabar un segmento promocional para un miembro del reparto que debía llegar a Europa.

Esa misma tarde sintió una sensación extraña, como si algo invisible le estuviese agarrando de la mano. Y pensó que debía ser por los guantes que llevaba, pues la temperatura había descendido ese enero. Entonces, de repente, la sensación desapareció. Eran cerca de las dos y veinte de la tarde.

Cuando volvió a su hotel, le informaron de que debía llamar urgentemente a su hermana. Ella le dio la desgarradora noticia de que su madre había fallecido. Sobre la una y veinte de la tarde. Las dos y veinte en París.

Sus gerentes le informaron de que la baja por duelo no entraba dentro de los motivos para infringir la estructura de tránsito que habían dispuesto. No le quedaban días para pasar la noche en Inglaterra, y no le permitirían quedarse por compasión.

Podía visitar Inglaterra. Pero debía irse a medianoche. Romper el acuerdo antes de que expirase el periodo de tres años le supondría una sanción considerable. Personal y corporativamente.

A él le daban igual las implicaciones financieras. Tan solo deseaba estar con su padre, su hermano y sus dos hermanas. Pero no había vuelos a Inglaterra esa noche. Lo más pronto que podría volar allí para compartir el luto con su familia sería a la mañana siguiente.

En el aeropuerto de Charles De Gaulle, mientras esperaba en la terminal para subir al avión, Ray reparó en un gorrión que volaba libre. El pájaro dejó pasmados a todos los presentes. Pero sobre todo a Ray, cuando descendió y se posó cerca de su asiento.

A su madre siempre le había gustado dar de comer a los gorriones. Decía que, si alguna vez le pasaba algo, seguiría cerca de ellos. Lo único que tenían que hacer era buscar un pájaro. Y sabrían que estaba allí con ellos, cuidándolos.

Ray se vio colmado de emoción. Se le llenaron los ojos de lágrimas mientras observaba al pájaro. Que lo observaba a él, a su vez. ¿Era una simple coincidencia?, ¿o sería algo más profundo? Desde luego, consiguió darle algo de paz en medio de todo el dolor.

El personal del aeropuerto intentó espantar al pájaro. No tenían ni idea de cómo habría entrado en el edificio, no les había pasado nunca. Pero, cada vez que ahuyentaban al pequeño gorrión, este volvía una y otra vez a posarse junto a Ray. Podría haber escogido cualquier otro lugar dentro de la gigantesca terminal.

Se marchó finalmente, tras mirar por última vez a Ray, cuando este desapareció por la puerta de embarque de su vuelo a Londres. A día de hoy, este suceso sigue siendo todo un misterio para él.

Su familia lo convenció para no romper el acuerdo. Su madre no lo habría querido. Así que estuvo viajando todos los días de Guernsey a Londres para poder estar con sus hermanos y su padre.

A todos les resultó difícil aceptar la pérdida, pero insistieron en que Ray debía regresar y completar las grabaciones en Disneyland París. Era importante, pues las cadenas de Disney habían comprado los títulos de Enid Blyton.

Así que Ray se encontró dirigiendo un rodaje en el parque temático donde, hacía menos de una semana, se había enterado de la muerte de su madre. Y dedicó la serie a su memoria.

Fue un homenaje a ella, y a la profunda influencia que había tenido en su vida. Eso le permitió darse cuenta de que tenía que hacer... lo que tenía que hacer. Mucha gente dependía de él.

Su madre era la primera que le había enseñado a nunca dar la espalda a sus responsabilidades, sin importar cuán grande fuese el desafío. Toda su familia estuvo de acuerdo en que ella hubiese sido la primera en decirle a Ray que debía perseguir su sueño y conseguir lo que quería en la vida. Su madre no esperaría nada menos. De lo contrario, se habría quedado decepcionada.

Era una mujer fuerte y vivaz, cuyo mantra era enfrentarse a cualquier obstáculo que la vida pusiese en tu camino. Afrontarlo con la cabeza bien alta. No salir huyendo jamás, sino apretar los dientes y seguir adelante. Que es justo lo que Ray estaba intentando hacer.

Pero, de vez en cuando, deseaba salir corriendo y tomarse tanto tiempo como necesitase para aceptar lo sucedido. Lo estaba pasando mal.

Con una agenda tan apretada y una carga de trabajo tan tremenda, Ray descubrió que una hora de paseo en soledad por las playas de Guernsey lo ayudaba a nutrir el alma, mientras reflexionaba acerca de que nadie podía ignorar el susurro de la mortalidad que habita en cada atardecer. Sabía en el fondo de su corazón que, aunque el tiempo curase, aquella horrorosa sensación de pérdida permanecería. Y duraría para siempre.

Faltaba un elemento vital en su vida, que nunca podría ser remplazado. Era evidencia de la gran capacidad que tenía su madre para ofrecerle amor y cariño, sabiduría y cuidados. Ella siempre había estado allí. Una ancla emocional para la familia. Todos descubrieron durante los años siguientes, como lo hizo Ray, que ella seguía allí en muchos sentidos. Su pura esencia, su gran espíritu e influencia seguían brillando con orgullo sobre todos sus seres queridos. Como la más deslumbrante de las estrellas.

En 1997, Ray visitó otra isla. Esta vez, en Fiyi, que sirvió como la paradisíaca base de Cloud 9 para la producción de *Las aventuras de los Robinsones de los mares del Sur*.

Al mismo tiempo, grabaron *Regreso a la Isla del Tesoro* para amortizar costes. Tratar de grabar dos producciones en paralelo era una tarea ambiciosa. Especialmente un drama histórico en exteriores, con algunas escenas en el mar.

Labor que se complicó aún más por el hecho de que, aunque Ray había encontrado la localización ideal (una isla perfecta de palmeras y arenas blancas, casi desierta), el mismo lugar provocaba otras dificultades logísticas: no había hoteles.

Una vez allí, el equipo técnico y parte del reparto estuvieron encantados de quedarse en dos barcos alquilados por Ray, que dejaron anclados a poca distancia de la isla e hizo las veces de su hogar durante el rodaje.

Pero no era nada glamuroso. Además, estaban grabando escenas de mar con goletas y veleros... en aguas infestadas de tiburones. Y, con la pronta llegada de la temporada de huracanes, Ray no dejaba de pensar en la seguridad del equipo y el reparto. Hasta tal punto que tuvo que dejar helicópteros preparados en caso de que necesitase poner en práctica una evacuación de emergencia.

Aquella isla desierta era un idílico paraíso tropical. Al estar aislada, sin infraestructuras ni instalaciones, debían traer los suministros por mar, desde el puerto más cercano. También hacían uso de las instalaciones autosuficientes de los dos barcos que tenían constantemente amarrados y a la espera de ofrecer sus servicios.

También grabaron otras escenas en Nueva Zelanda, donde se encontraban construyendo platós. Y, por si alguien encuentra el siguiente dato en una pregunta del Trivial, cabe mencionar que, además de la casa del árbol de los Robinson expuesta en los resorts de Disneyland, también construyeron otro exótico ejemplar justo a las afueras de Wellington, a unos veinte minutos en coche de los estudios de Cloud 9.

Ray seleccionó a Richard Thomas para interpretar el papel principal del padre. Richard, conocido y amado por su interpretación de John Boy en la eterna serie familiar *Los Walton*, ofreció una actuación potente y ayudó a asentar la marca y el tono de la serie.

Para Ray, *Las aventuras de los Robinsones de los mares del Sur* era, de muchas maneras, *Los Walton* en una isla desierta. Fue una delicia trabajar con Richard, que viajó al MIP para lanzar y promocionar el programa.

Pronto destacó no solo entre las cadenas de televisión, sino también entre el público de todo el mundo, que respondió favorablemente a todas las aventuras que se iban sucediendo.

La temática subyacente era la celebración de los valores familiares. Con una moralidad, fortaleza e ideales que rendían homenaje, en cierto modo, a lo que Ray tuvo la suerte de experimentar él mismo, al haberse criado con la estructura de apoyo y amor que le ofrecía su propia familia.

Retorno a la Isla del Tesoro también resultó ser un éxito, lo que allanó el camino para la siguiente producción de Cloud 9, un cuento clásico.

En 1998, comenzaron el rodaje principal de *La leyenda de Guillermo Tell*. Para el papel principal, contrataron al mismo actor que había interpretado a Ernst en "los Robinsones", tras haberlos impresionado con su talento y presencia en pantalla.

A menudo, Ray se preguntaba si debía haber cambiado el título al desarrollar la adaptación, pues guardaba poca relación con el héroe nacional suizo. La serie era más bien como una *Star Wars* en el planeta Tierra. Con mitología y fantasía, magos y elfos, espadas y brujería. Pero su preocupación resultó ser infundada.

La serie se convirtió en un programa de culto, conectando con el público internacional de manera muy profunda. Aunque sigue creyendo que el nombre no ilustra de qué trata realmente esa imaginativa serie en su totalidad.

Con *Un giro en el cuento, de William Shatner* casi completada y estrenada con éxito en el festival MIPCOM de Cannes, la junta de Cloud 9 le dio la enhorabuena a Ray y a su equipo por los increíbles logros que habían tenido lugar desde que se fundara la empresa.

En solo cinco años habían producido casi ciento cuarenta capítulos, repartidos entre cinco series y 20 especiales. Eran muy prolíficos y, según algunos, un resultado sin precedentes para una productora independiente (ni qué decir que contasen además con su propia distribuidora subsidiaria, Cumulus, explotando los derechos).

Un giro en el cuento concluyó también la colaboración con el conglomerado de Luxemburgo, que ahora pasaría a compartir el catálogo de títulos clásicos destinados a entretener a un público familiar en horario de máxima audiencia en perpetuidad.

El siguiente proyecto, cuyo rodaje había comenzado hacía nada, usó fondos exclusivamente internos de la empresa. Así que, de nuevo (aparte de Channel 5 en Reino unido, que apoyaba a Cloud 9 y se comprometió con su portfolio de proyectos como cadena principal), la empresa buscaba cubrir costes de formas innovadoras, resultando en la retención de los derechos. En contraposición, supondría un gran nivel de riesgo, dada la inversión sustancial que sería necesaria.

Sin haber hecho siquiera un pase del capítulo piloto, Ray estaba decidido a producir 52 capítulos. Por suerte, su junta lo aprobó.

—*Manteniendo el sueño vivo* —reflexionaron—. Parece buen título.

—A los de Cumulus les pareció que define más la temática —respondió él—. Y estoy de acuerdo con ellos. Así que es un título provisional. He intentado buscar alternativas. Como *Poder y Caos*, o *Ciudad de Niños*. Pero no me acaban de gustar.

—Bueno, buena suerte. Tú dinos qué decides finalmente y prepararemos el comunicado de prensa.

—Tiene que ser algo sencillo. Que ilustre sobre lo que va realmente: sobre una tribu.

Ray intercambió miradas con su junta. Lo que tanto lo había torturado durante los meses anteriores, incluso durante años (desde que se le ocurrió la idea), ahora parecía muy obvio.

Un segundo después de decir eso, supo que *La Tribu* era el nombre perfecto.

CAPÍTULO ONCE

DIARIO: OCTUBRE DE 1998

Cuando regresó a los estudios de producción de Cloud 9 después del festival de televisión MIPCOM en Cannes, le pareció haber estado fuera durante una eternidad, en vez de solamente diez días.

El equipo se quedó sorprendido cuando se fue directo a la oficina desde el aeropuerto, pero Ray había descubierto que los viajes cortos al extranjero le provocaban menos *jet lag*. A su reloj biológico le costaba menos adaptarse a una nueva zona horaria.

No haber podido dormir mucho mientras estuvo en el sur de Francia (para estar encima de la caótica agenda de la semana) significaba que, pese al enorme cansancio, había permanecido en horario neozelandés, y ahora se sentía descansado al sentarse en su oficina para ponerse al día con todo lo que habían grabado mientras estaba fuera.

—No sé cómo lo haces —le dijo su asistente. Ella también había acudido al festival y apenas podía mantenerse en pie.

—Supongo que me he acostumbrado —respondió Ray.

Y así era. Durante los últimos años, viajaba entre las oficinas de Nueva Zelanda y Londres cada seis o siete semanas de media.

Estaba agradecido de no tener otro viaje programado hasta dentro de cinco meses. Quería mantener la agenda despejada para centrarse en la producción de *La Tribu*, sin visitas al extranjero hasta el festival MIP a finales de marzo, cuando presentarían oficialmente la serie al mercado televisivo mundial.

Comenzarían a retransmitir los primeros capítulos en abril en Reino Unido, así que sentían la presión de ir por delante y tenerlos acabados por adelantado. De lo contrario, en Channel 5 se quedarían sin capítulos que emitir. Una idea alarmante… y comercialmente desastrosa.

Concluirían el último bloque de capítulos poco antes de que comenzasen a emitir los primeros. Eso quería decir que irían muy justos para cumplir con las fechas de retransmisión. Un elemento clave era trabajar en la posproducción a la vez, para poder tener los capítulos a tiempo.

Terminaron los guiones de la primera temporada de *La Tribu* a principios de 1998. Y, aunque comenzaron la preproducción oficial en junio de ese mismo año, la planificación había ocurrido en paralelo con la producción y posproducción de *Un giro en el cuento, de William Shatner*.

El rodaje de *La Tribu* comenzó a finales de agosto y continuaría durante seis meses. Con otros seis meses de posproducción para editar los capítulos, añadir y mezclar música y efectos de sonido, y tratar la coloración del metraje. Tras esto, darían por completados los capítulos y enviarían las copias maestras, listas para su emisión.

Había una importantísima línea temporal fijada a la pared del despacho de Ray, sobre su escritorio. Pero no necesitaba recordatorios. Como siempre, su vida giraba en torno a cumplir fechas límite.

Antes incluso de volver a la oficina, Ray decidió que sería prudente aprovechar el tiempo y repasar el metraje que ya habían grabado mientras estaba en el extranjero. No había hueco en la agenda para el *jet lag*. Suponía un riesgo laboral para un guionista y productor ejecutivo.

—¿Por qué no te vas a casa? —dijo Ray, instando a su asistente a que se fuese a deshacer las maletas y descansar—. Si necesito algo, tengo más gente a la que llamar.

No se refería solo al equipo de producción. La asistente de Ram tenía otros dos asistentes que, a su vez, tenían secretarios trabajando para ellos. Y, con gente para los recados, chóferes y personal de seguridad, siempre lo tenían todo más que cubierto.

Si ninguno de ellos estuviese disponible, siempre había un gran equipo administrativo para respaldar al reparto y equipo de producción de Cloud 9 a los que Ray tenía acceso. Estaban fuera del susodicho "círculo íntimo", el personal contratado para ofrecer una infraestructura adecuada que acomodase la amplia gama de tareas diarias y deberes que debían llevarse a cabo en la oficina principal.

Ray aparecía como productor ejecutivo en todos los títulos producidos por la empresa. De forma corporativa, también era el capitán del barco que era Cloud 9, y el principal accionista de las empresas subsidiarias del grupo. Pero no era ningún director ejecutivo al uso.

Aunque tenía varios cientos de personas trabajando para él por todo el mundo, ya fuese en Nueva Zelanda, Londres o en las oficinas satélite de representación en ciudades clave como Nueva York, Ray no era nada ceremonioso. Se consideraba otro de los trabajadores, e intentaba reunirse con tantos miembros del grupo como podía, cuando podía y donde podía, para conocer por su nombre hasta a los limpiadores del turno de noche.

Su despacho ejecutivo era como una gran suite de hotel. Con mesas y lámparas auxiliares a ambos lados de tres grandes sofás y un sillón situado frente a una enorme televisión donde veía trozos editados o capítulos completos. También le servía de monitor, pues estaba conectado al plató del estudio, para poder ver cómo grababan el material en tiempo real.

Al otro lado del despacho, conforme a sus excentricidades y rituales, tenía el escritorio colocado sobre marcas hechas con cinta adhesiva en el suelo, para asegurarse de que siempre estuviese mirando al sur. Y el piano de la esquina miraba al norte. De no ser así, y por algún motivo inexplicable, creía no poder ponerse en modo creativo.

Durante la grabación de *La leyenda de Guillermo Tell*, trasladaron la sala de música del departamento de posproducción a una zona impresionante y con un mobiliario más lujoso. Aquello no le hizo ninguna gracia. No era capaz de funcionar en ese nuevo entorno. Los chicos de los recados se volvieron locos comprando calcetines de todos los colores.

Le gustaba llevar calcetines azules cuando estaba componiendo, grabando o revisando música. Pero su ritual parecía no conseguir el efecto deseado. Era un problema muy serio, y entró en pánico. Los calcetines nunca antes le habían fallado. Se quedó sentado durante horas, bloqueado. Incapaz de averiguar dónde debía colocar la música, cómo debía editarla para que encajase y resaltase el metraje que aparecía en pantalla. Nada parecía fluir. Era como si le hubiesen cortado el flujo creativo, como si una fuerza desconocida lo estuviese estrangulando.

En un primer momento culpó el tono de los calcetines. Luego, se le ocurrió que quizás era por estar en esa nueva sala de música. Echaba de menos los olores, la iluminación, los otros muebles, la decoración de la otra sala donde solía trabajar. La nueva tenía algo que no le gustaba. No era normal. Era como si le faltase corazón, o alma.

Horas después de cambiarse de vuelta a la antigua sala de música, sintió como si se hubiese reunido y abrazado con un viejo amigo de confianza. De repente, estaba relajado, y su energía creativa regresó al poco tiempo. Ya no se sentía bloqueado. Y, por fin, pudo identificar qué tipo de música necesitaba cada escena.

En sintonía con la naturaleza, la oficina tenía muchas fuentes y zonas de agua para ofrecer un ambiente pacífico. Aquello venía por su interés en el sintoísmo, pero también había aspectos del feng shui en la manera de diseñar, decorar y disponer el despacho.

Al terminar con "los Robinsones", Ray utilizó muchas de las palmeras del *set* para decorar el despacho, alrededor de una barra de mimbre. Colgada del techo, el departamento de arte situó una estructura de bambú llena de una masa de hojas verdes y palmas. En cierto modo, evocaba el aspecto del propio *set*, y parecía más un oasis paradisiaco y tropical que una *suite* ejecutiva.

Lo cierto es que sí era como un oasis. Allí, Ray podía refugiarse con paz y tranquilidad de su caótico estilo de vida, para centrarse en las muchas tareas que debía llevar a cabo cada día.

La *suite* del despacho estaba bien integrada y protegida por oficinas exteriores, ocupadas por su asistente y el equipo de esta, que se aseguraban de que nadie molestase a Ray, si él no lo quería. A menos que fuese alguna cuestión urgente.

Muchas veces, apartaba algo de tiempo para no estar disponible cuando se encontraba escribiendo o componiendo. O incluso echándose la siesta en su hamaca durante media hora (algo que hacía de vez en cuando), para intentar recobrar energías, si sentía que tenía los chakras mal alineados.

Muchos miembros del equipo podían ver claramente de dónde habían salido las características y filosofías de Tai San. Y, en temporadas posteriores de *La Tribu*, incluso el personaje de Ram, por las obsesiones de Ray con los gérmenes.

Se quedó satisfecho con los cortes previos al verlos. La mayoría era metraje grabado en el *set* principal del centro comercial y pintaba bien. Rebobinó la cinta para volver a verla, y reflexionó que el centro comercial Phoenix podía acabar siendo uno de los más famosos del mundo si la serie tenía éxito. Uno que nadie podría visitar nunca, aparte del reparto y el equipo.

Era un *set* enorme situado en el Estudio A. Lo construyeron con una estructura sólida de vigas de acero para incluir dos plantas de tiendas y negocios, fabricado por cientos de contratistas y artesanos que trabajaron día y noche para tenerlo completado antes de comenzar el rodaje.

Por lo que veía en los *clips*, el reparto también se estaba integrando bien. Se quedó muy contento con todas las interpretaciones, y con el hecho de que estuviesen encontrando a sus personajes.

Siempre llamaba a los miembros del reparto de cualquiera de las producciones por el nombre de su personaje, en vez de por el real. Así que era difícil pensar en "Amber" como Amber, en vez de la princesa Vara, nombre al que se había acostumbrado durante *La leyenda de Guillermo Tell*. Allí consiguió encontrar también el papel de Jack, otro actor con talento que había hecho su debut en Cloud 9 en esa serie.

Un giro en el cuento resultó ser la principal fuente de donde escoger otros papeles principales. Como Bray y Zandra, que aparecieron en "El diario de Jessica"; Salene y Ryan, de "Los duelistas"; Trudy, de "Una grieta en el tiempo"; y una talentosa jovencita de "El mago" que Ray sabía sería perfecta para Patsy. Amber también lo había vuelto a impresionar con su reciente interpretación en el capítulo "El vestido verde".

Lex, Ebony, Paul, Tai San, KC y Cloe, así como miembros del reparto secundario necesarios para el primer bloque del rodaje, llegaron a través de agentes y *castings*.

Ya había encontrado también al Zoot perfecto. El carismático actor le llamó la atención en la primera producción de Cloud 9, *La serie Aventura de Enid Blyton*, cuando estuvo a punto de conseguir un papel.

Al final, el papel se lo dieron a otro actor que también aparecería más adelante en *La Tribu*, Sasha. Además, las dos series de Blyton también contaban con otra habitual de *La Tribu,* Ellie.

Sin embargo, nunca se olvidó de aquel jovencito que se había quedado a las puertas de la primera producción de Cloud 9. Lo contrataron para la continuación, *La serie Secreto de Enid Blyton*. Y Ray sabía que sería totalmente perfecto para interpretar a Zoot en *La Tribu*.

Él, como el resto del reparto, poseía una presencia única en pantalla, algo realmente especial, que muchos en la industria describían como el escurridizo "Factor X". A Ray también le impresionaban las cualidades de todos ellos como seres humanos. Además de ser artistas con mucho talento, eran personas encantadoras, y eso era igualmente importante.

Hacer un *casting* siempre era un proceso complejo. Odiaba tener que decepcionar a los que terminaban no siendo escogidos, pues sabía que se quedarían decepcionados, que podían sentirse rechazados. La mayoría de actores y actrices eran sensibles por naturaleza. Era un recurso esencial y natural que alimentaba esa necesidad de expresarse a través de la actuación. Y un derivado de esa cualidad era la vulnerabilidad.

Fuera de la industria, muchos creen que los actores y actrices deben estar todos muy seguros de sí mismos para poder subirse a un escenario o ponerse frente a la cámara y actuar.

A menudo sucede lo contrario. Muchos son vergonzosos. Desde los nombres más famosos a los jóvenes que terminan de hacer su debut en pantalla, Ray siempre había observado que no solo poseían sensibilidad, sino también una fragilidad, cierta baja autoestima que a él siempre le resultaba entrañable y lo llenaba de la necesidad de tranquilizarlos, apoyarlos y protegerlos.

Quizás eran espíritus afines en ese sentido, y simplemente reconocía en todos ellos un reflejo de sí mismo. Ese mismo anhelo por expresarse creativamente, desde lo más profundo del ser. En contraposición, esas mismas emociones también podían dejarlo a uno indefenso ante el dolor y la decepción. Era el ying y el yang. Pero no siempre en igual medida.

Era parte del motivo por el que Ray apenas leía las *reviews*. Una positiva podía hacerlo sentir exaltado. Por su parte, una negativa podía hacerlo desesperar.

Quienes abogan por el pensamiento positivo siempre lo han considerado una fuerza muy potente. Pero, de igual forma, lo negativo puede llegar a superar a lo positivo.

Al comenzar a trabajar en la industria, Ray se dio cuenta de que se obsesionaba con una sola mala opinión. E ignoraba cientos de buenas. Daba igual que una serie consiguiese una gran audiencia, con 15 millones de espectadores disfrutando del capítulo: un único crítico de un periódico podía quitarle importancia a todo ello con un artículo cínico o negativo sobre la serie.

Era consciente de que había algo en la condición humana que nos hacía centrarnos en lo negativo más que en lo positivo, si uno no tenía cuidado. Como le pasaba a él, lamentándose por ese crítico que parecía odiar la serie, en vez de pensar en los 15 millones de espectadores que la amaban.

Nunca pudo llegar a entender por qué alguien querría dedicarse a ser crítico. Y ganarse la vida con ello. No podía comprender a ese tipo de personas, ni cómo podían obtener satisfacción en su trabajo, o una sensación de logro personal, pasándose el día criticando los esfuerzos de otros.

No hacía falta talento para apuntar con el dedo y criticar. Cualquiera podía hacerlo. Sentía cierta pena por ellos. Quizás se habían vuelto tan negativos que eran inmunes a los empeños positivos de los demás y sentían un placer extraño e indirecto siendo extremadamente críticos con cualquiera que intentase hacer un buen trabajo.

Así que, en cuanto a sus aspiraciones creativas, decidió no prestarle mucha atención ni a los comentarios positivos, ni a los negativos. Sino seguir simplemente sus instintos y serles fiel a ellos (y a sí mismo), con la esperanza de que la mayoría de gente respondiese favorablemente.

Con el paso de los años, desarrolló también una intolerancia para con cualquiera que fuese demasiado crítico, y no se limitaba a los susodichos cínicos profesionales. Nunca tenía un problema si alguien expresaba una opinión sincera, y apoyaba la libertad de expresión, pues era un derecho humano fundamental. Y tampoco se aplicaba eso de ver el vaso medio vacío, en vez de medio lleno.

Todo venía a raíz de haber observado que, algunos (por suerte, los menos), parecían quejarse porque sí y no estar nunca satisfechos. El tipo de gente que, si hay un concurso con un premio principal, se quejaría de que no hubiese dos premios en vez de uno. O que, si ganaban un millón en la lotería, estarían decepcionados por no haber ganado dos. O se quejarían por tener que pagar un producto con un 30 % de descuento en las rebajas, sintiendo que no era suficiente. Tendría que haber estado al 50 %.

Al final, quizás se había dado cuenta de que los afectados por la negatividad, la envidia o la amargura veían disminuida su capacidad para aplaudir a los demás, y su alma acababa envenenada. Eso daba lugar a esa mentalidad de "lo creeré cuando lo vea", en vez de creerlo primero (algo que Ray estaba convencido era el primer paso para verlo, y para alcanzar cualquier meta).

Recibía muchas cartas de jóvenes pidiéndole consejo sobre cómo entrar en la industria. Aparte de tener paciencia y persistencia como principales virtudes, la actitud era lo más importante, en su opinión. Desde actuar a escribir, maquillaje o vestuario, editar o ser incluso un recadero, que es el puesto más bajo al que acceder en una producción. La actitud se nota casi tan rápido como el talento. Y, a menudo, es el factor decisivo a la hora de contratar a alguien.

Parte del motivo de que nunca se olvidase de Zoot fue que, aparte del talento y carisma del chico, vio al joven actor recogiendo algo que estaba tirado en el suelo cuando se marchó de la sala de *casting*. Eso le decía mucho. No era del tipo negativo que pensaba, "¿Por qué debería recoger algo que no he tirado yo?". Simplemente lo hizo. Encajaba en el perfil de jugar en equipo. Algo importante en cualquier industria.

Una vez, invitaron a Ray a dar una pequeña charla motivacional a los miembros de los All Blacks (la selección neozelandesa de rugby) que jugaban para sus equipos de la liga NPC. Para cada partido, Ray escogió una temática. Y, para la final del campeonato, le sugirió a su amigo, que era también el capitán, que les metiese en la cabeza a los jugadores la idea de que alguien negativo siempre vería y atraería lo negativo. Alguien positivo, atraería lo positivo.

El equipo no estaba entre los favoritos para ganar el título del campeonato. Se creía que llevaban las de perder. Si ellos también lo creían así, Ray sentía que la profecía se acabaría volviendo una realidad.

Les recomendó tener en cuenta que poseer habilidad no era el único elemento importante. El corazón y el deseo eran probablemente las fuerzas más potentes. Como lo son en cualquier cosa que uno hace en su vida diaria, fuera del campo de rugby.

El mantra de Ray era que, si alguien caía, había que levantarlo en vez de pasarle por encima. No criticar con demasiada dureza, sino animar. Nunca prestar atención a quienes dudan de uno. De igual forma, ignorar a quienes etiquetan algo o a alguien como "el mejor". En vez de eso, buscar ser el mejor para uno mismo.

Y recordar que nadie necesita ser "el mejor" para conseguir el resultado deseado. Ray, más que nadie, era un buen ejemplo de ello. Los logros se manifestaban solamente a partir del deseo. Y ese deseo, una vez lo descubrías y canalizabas, podía suponer el triunfo ante las adversidades. Los sueños están hechos para quienes van realmente a por ellos. En la forma que sea. Incluso si es recoger basura para mantener el suelo limpio.

El equipo ganó el campeonato, en contra de lo esperado. Y Ray comparte la medalla con el capitán, que se convirtió en un buen amigo suyo.

Ray atribuye el éxito a que el equipo comenzase a verse a sí mismos como campeones, en vez de perdedores. Pero no de manera arrogante: seguían centrados en el presente. No se preocupaban del futuro ni se arrepentían del pasado.

Y, sobre todo, intentaban ver las cosas tal y como eran. Pero según su punto de vista. Al hacerlo, la presión desapareció. Celebraron el campeonato, pero también haber aprendido una valiosa habilidad para la vida…

Saber que nunca podrían perder si lo hacían lo mejor posible. Aunque perdiesen el partido, habrían ganado de otros modos. Pero, si no lo daban todo y ganaban, en realidad, en esencia… habrían perdido. Y se habrían decepcionado a sí mismos y a sus compañeros.

El mismo espíritu de equipo y actitud es importante para cualquier producción. Hay que hacer las cosas con mucho mimo y estar bien atentos a todos los detalles en cada fase. Así que, durante el *casting*, Ray tuvo cuidado de no disuadir a nadie de perseguir sus sueños, y animaba a quienes lo habían dado todo y habían hecho un buen intento.

Sentía empatía por quienes estaban a punto de conseguir un papel y, finalmente, no eran escogidos. Esperaba que aquello no los hiciese sentirse rechazados. A menudo, la elección final no se debía solo al talento, sino también al aspecto del personaje, la altura, la personalidad…

Otras veces, solía suceder en la industria que aquellos con el talento más natural no eran ideales para trabajar, si se los consideraba temperamentales o difíciles, si el estudio creía no poder hacer espacio para tanto ego. O si eran personas negativas que echaban por tierra las aspiraciones de la gente de su alrededor y, por tanto, eran incompatibles con la meta que se disponían a conseguir.

Por suerte, Ray y el equipo de Cloud 9 habían tenido suerte y no habían sufrido ese tipo de problemas. En todas sus producciones contaron con un reparto y equipo técnico compuesto por individuos de un gran talento, pero también con grandes atributos y cualidades como seres humanos. Eran todos muy sensatos, equilibrados, con los pies en la tierra. Jugaban en equipo y nunca iban de estrella.

El reparto y equipo de *La Tribu* no era ninguna excepción. Ray reconocía en ellos integridad y pasión creativa. Sabía que se comprometerían a trabajar codo con codo para dar a luz a un programa que no solo fuese un éxito comercial, sino algo realmente especial. Algo que los hiciese a todos estar orgullosos de ver sus nombres en los créditos, sabiendo que habían contribuido para asegurar que la serie conectaba emocionalmente con su público meta de manera profunda.

El único miembro del reparto que no era consciente de todo ello era Bob, el perro. Pero era tan peculiar que quizás no ignoraba completamente lo que se traían entre manos, como cualquiera podría haber pensado.

Bob era el perro compañero de Ray, y también había aparecido en el capítulo "Cuestión de tiempo" de *Un giro en el tiempo*. Ray pensó que sería la mascota perfecta para la tribu. Sin embargo, los entrenadores de animales pensaban que le costaría responder al nombre que le habían dado en los guiones, Sherbert.

Así que, para facilitarles las cosas a todos (sobre todo, a su especial amigo canino), Ray decidió cambiar el nombre. Y Sherbert se convirtió en Bob el perro. Que era su nombre habitual, ya estuviese frente a la cámara o haciendo lo que hacía fuera del estudio: ser un perro.

Pero Bob el perro era más que eso. Era un enigma. El rumor decía que los entrenadores de animales lo habían encontrado por una vía de ferrocarril. Al parecer, no tenía hogar. No tenía collar ni chapa, y parecía tener unos dos años, pero los entrenadores no lo tenían claro. Había un gran misterio en torno a su procedencia y qué estaría haciendo en las vías.

Preocupados por su seguridad, los entrenadores se llevaron al perro y lo nombraron Bob. Tras cierto tiempo en que nadie lo hubo reclamado ni informado de su desaparición, Bob se convirtió en residente fijo. Se llevaba bien con el resto de animales con los que trabajaban los formadores: gatos, cerdos, gallinas, vacas, ovejas, pájaros, otros perros, caballos… Cualquier especie animal que estuviese disponible para una producción, incluyendo insectos y arañas.

Parecía que le encantaba entrenar, y se le daba muy bien. Así que, para cuando pasó a ser la mascota de Ray, Bob el perro era capaz de hacer todo tipo de trucos y maniobras. Desde saltar de tejados a hacerse el muerto, abrir puertas, ventanas y encontrar su marca de posición frente a las cámaras. Si tenía hambre, era capaz de abrir la puerta de una nevera y hacer un asalto no autorizado. Y, a menudo, lo hacía.

Cuando se metía en líos, era difícil saber si estaba actuando o si de verdad sentía remordimiento. Podía derretirle el corazón a cualquiera que intentase reñirlo. Lo único que debía hacer era poner cara de abatido, acentuada por unos grandes ojos tristes, y lo perdonaban en un santiamén.

Ray sonreía siempre que veía a Bob en los cortes previos. Ciertamente, tenía carisma en pantalla. Y parecía saberlo. Era un don que activaba según fuese necesario. Solo le hacía falta ver una cámara, y adoptaba una pose. Ray podría haber jurado que el perro sabía hasta cuál era su perfil más fotogénico.

Manteniendo el sueño vivo

Pero además de ser un actor canino muy consumado (él quizás se considerase una estrella), Bob ejemplificaba a la perfección el dicho de que el perro era el mejor amigo del hombre. Era todo lealtad, amor incondicional, y tenía mucha empatía y entendimiento. Parecía decirte, "Puede que no sepa hablar, pero sé exactamente quién eres y por lo que estás pasando. Y puedes estar seguro, amigo mío, que yo soy tu amigo especial y siempre estaré a tu lado, haré todo lo posible, sin importar qué pase. Hasta el final".

Cuando Bob no estaba en plató, hacía el vago en el despacho de Ray o se iba a dar un paseo por el resto de oficinas para llamar la atención y que le diesen comida en la cafetería del estudio, Take 9. Todo el mundo lo adoraba tanto como él a ellos.

La mayoría de jefes de departamento en Nueva Zelanda trabajaban para el ejecutivo a cargo de la producción, que informaba a Ray, así como al director de finanzas. El director gerente de Cloud 9 en Londres supervisaba el resto de aspectos legales y empresariales, así como la mayoría de tareas administrativas. Él, junto con el jefe de *marketing* y ventas, trabajaban para Ray. Como también lo hacía Harry en su papel de jefe de desarrollo.

Harry vivía en Londres (y, más tarde, en España), y hablaba directamente con Ray casi todos los días para cuestiones de guion, ya fuese por teléfono o correo electrónico.

Pero, aparte de quienes eran responsables de informar directamente a Ray, el flujo de comunicación del equipo era a través de los jefes de departamento, estructurado así para asegurar un protocolo estricto. Algo importante para que Ray pudiese centrarse en sus tareas creativas como productor ejecutivo, y que había implementado su socio corporativo.

Por supuesto, él hablaba con todos los miembros del equipo. Pero delegar las actividades de todos los departamentos significaba que podía mantener la supervisión sin verse inundado de minucias innecesarias o detalles irrelevantes. Así, casi nunca lo molestarían o distraerían con problemas menores. Ni tampoco con buenas noticias. Solo si había un problema de los gordos. Y, durante los rodajes, ese tipo de problemas aparecían día sí, día también.

Podía tener que ver con que las tramas para el siguiente bloque de guiones eran imposibles de realizar logísticamente, lo que significaba tener que volver a escribirlos. O si no habían grabado material suficientemente diverso, lo que causaba dificultades a los editores, que no podían terminar de montar el metraje.

No había dos días iguales. Pero, con la misma certeza de que el sol sale por el este y se pone por el oeste, cada día traía algún tipo de problema inesperado que solucionar, necesitando que Ray tomase decisiones para que el barco de Cloud 9 pudiese alterar su dirección y siguiese aun así manteniendo su rumbo.

La definición de locura, según Albert Einstein, era "hacer las cosas del mismo modo y esperar resultados distintos". Ray siempre pensó que, en vez de ser físico, debió dedicarse a la producción. Como en la vida, cuando uno está metido en rodaje, la única forma de solucionar un problema es definirlo y, entonces, alterar la forma de funcionar para aportar una solución que se manifieste tras examinar todas las opciones. Y, luego, hacer algo distinto, que traiga un resultado diferente.

El rodaje de *La Tribu* prosiguió sin contratiempos durante casi dos semanas desde que Ray regresase de Cannes. Pensó que era algo inusual. Y estaba agradecido de no tener ningún gran problema que solucionar, aparte de ir algo atrasados con los minutos de grabación que debían grabar a diario para seguir cumpliendo con lo programado. Pero eso era normal.

No era lo bastante serio como para que Ray o su equipo se preocupasen, pues la segunda unidad de grabación podía completar el material según fuese necesario. Eso sí, siempre debían estar atentos a cómo avanzaba la situación, para no retrasarse demasiado. Si no, se meterían en una espiral de intentar ponerse al día.

Entonces, sin venir a cuento, le pidieron asistir a una reunión urgente con su equipo de producción.

CAPÍTULO DOCE

DIARIO: NOVIEMBRE DE 1998

—Creemos que Paul no está muy contento —le informó el ejecutivo a cargo de la producción.

—¿Ha pasado algo? —preguntó Ray. En el fondo, sabía el tipo de dificultades que debía tener, algo que su equipo le confirmó. Semanas antes, en Cannes, le alertaron de que Paul sentía mucha morriña. Pero, entonces, había temas más importantes que tratar.

Para mucha gente ajena al negocio, el del cine y la televisión es un mundo glamuroso. Sin embargo, detrás de la alfombra roja y los focos existe un largo y arduo proceso para todos los involucrados a la hora de llevar películas y series a las pantallas.

El reparto y equipo trabajan unas doce horas al día de media. En ocasiones, el rodaje podía alcanzar las catorce horas. Algo que dejaba molido a cualquier adulto en una producción de seis meses, pero que resultaba especialmente agotador para los jóvenes actores. Necesitaban acudir bien temprano al estudio para ir a maquillaje y vestuario antes de entrar en plató.

Cuando tenían tomas de exterior, debían levantarse todavía más pronto, para tener tiempo de desplazarse.

Entre grabaciones, el reparto ensayaba las escenas que debían filmar, o pasaban tiempo con el *coach* de diálogos, o hacían deberes en el aula escolar de Cloud 9, situada en el propio estudio. En exteriores, este tipo de actividades las llevaban a cabo en los autobuses y caravanas del reparto.

La pausa para comer tanto en exteriores como en el estudio era normalmente de 45 minutos. Más allá de eso, no había parones oficiales. Dada la naturaleza de un rodaje, puede haber muchos momentos de pasar el rato y esperar a que el equipo prepare el *set* entre tomas. Ya sea para perfeccionar la iluminación de una escena o situar vías de cámara para grabar tomas en un ángulo distinto (lo que podía significar un cambio en la dirección de la cámara y tener que retirar o recolocar los fondos).

Esa espera constante y esa rutina de comenzar-parar-comenzar-parar también resultan agotadoras para un miembro del elenco que está intentando seguir concentrado y metido en el personaje. Algo que se puede diluir aún más si se necesitan filmar varias tomas. Muchas veces, la primera o segunda toma es la mejor de todas, porque todos están más frescos. Pero quizás no sirva por un problema técnico, como que la cámara se haya desenfocado.

Quizás la siguiente toma funcione en lo técnico, pero no en lo artístico. Intentar obtener una mejor actuación podría resultar contraproducente, porque las frases acabarían pareciendo menos convincentes cuantas más tomas se llevasen a cabo. Eso resultaría en un ciclo de beneficios decrecientes en el que cualquier intento de obtener algo mejor, tanto artística como técnicamente, puede producir el efecto opuesto: una toma peor.

La perfección no existe. Pero quienes tienen una vena creativa o artística la persiguen en cualquiera de sus producciones, hora tras hora, día tras día, semana tras semana.

Se situó siempre un sistema de apoyo alrededor del elenco. Los miembros más jóvenes tenían siempre a su disposición acompañantes adultos, padres de acogida, tutores, dietistas. Había incluso psicólogos a su disposición, para supervisar cómo se estaba tomando cada uno de ellos el estar lejos de casa y para asegurar que aquellas tramas postapocalípticas y la interacción entre los personajes no les suponía ningún efecto negativo.

Había temas difíciles de digerir. Desde una tentativa de violación, al embarazo adolescente y la depresión posparto, al intento de tener justicia social en una sociedad anárquica y sin leyes. También enfrentarse a la idea de la mortalidad, con el peligro continuo de verse infectado por el virus mortal.

El impacto de todo ello podría haber tenido un efecto traumático sobre cualquier joven viendo la serie en casa, tanto como sobre el reparto involucrado tras las cámaras.

A Ray le parecía importante que Amber y Salene ofreciesen elementos de confort y cariño para con los personajes más jóvenes, como lo haría una madre de acogida o una hermana mayor. Siempre ofreciendo consuelo.

Introducir el personaje de Tai San era vital para inyectar espiritualidad y añadir otra dimensión. Incluso el matón, Lex, y su secuaz, Ryan, poseían cualidades redentoras para evocar una sensación de esperanza. De lo contrario, corrían el peligro de que todo se volviese demasiado sombrío y oscuro.

Bray y Amber eran esenciales como fuerzas del bien. Pero también se sentían atormentados por dentro. Así que Jack ofrecía elementos de humor e ingenio, para contrarrestar las penurias que vivían en su misión por sobrevivir y construir un mundo mejor.

Se cocían a fuego lento romances ficticios, con jóvenes muy atractivos interpretando tramas cargadas de sexualidad. Así que era importante asegurar que aquello no salía del *set*. Cualquier encaprichamiento entre los adolescentes podía desaparecer tan pronto como había aparecido, haciéndoles difícil mantener un tono profesional si la relación se había vuelto amarga. Eso siempre provocaría conflictos y pondría en peligro la moral de un grupo de jóvenes que no solo trabajaban juntos, sino que vivían muy cerca unos de otros.

Siempre estaban atentos a la dinámica de grupo. Delante y detrás de la pantalla. El cuidado y la seguridad eran siempre primordiales para cualquier miembro del equipo, en cualquier producción, sin importar su edad. Pero se prestó especial atención en todo este tipo de cosas, para asegurar que el tiempo que pasaban grabando la serie resultase una experiencia gratificante y satisfactoria para todo el joven reparto, en vez de un calvario frustrante e infeliz.

El propio equipo técnico se volvió muy protector y alentador. Y, rápidamente, todo el equipo hizo miga y se cuidaban unos a otros como si fueran una familia (una tribu), unidos ante la adversidad y trabajando juntos para conseguir una meta común.

No obstante, para el elenco era como un cruce entre unirse al ejército y estar en un internado. Mucha estructura. Mucha disciplina. Y eso no iba con todos.

Siempre había momentos de morriña. La agenda les apartaba tiempo para hacer viajes ocasionales y visitar a la familia, y para actividades sociales como barbacoas o salidas a la bolera, programadas con regularidad.

La mayoría de tiempo libre y fines de semana los pasaban aprendiendo y memorizando sus frases de los guiones, eso sí. O haciendo los deberes. O haciendo entrevistas para comunicados de prensa. Y, si la serie se convertía en un éxito, la carga de trabajo solo se vería aumentada, con viajes promocionales y metraje que necesitarían grabar, además de contestar a las cartas de los fans.

Así que Ray conocía de sobra las innumerables dificultades que podía experimentar un joven actor, y simpatizaba con ellos. No solo en los rodajes, sino en la industria en general. Era un entorno muy competitivo. Como en los deportes, se necesitaba dedicación para seguir en la cima y rendir al más alto nivel profesional. La carga de trabajo nunca tenía fin.

Cualquiera que escogiese seguir una carrera en las artes creativas como forma de expresión artística necesitaba sentir una verdadera pasión por todo ello, si deseaba sobrevivir en el campo de batalla profesional. Hacerlo como pasatiempo era otra cosa.

Pero nadie podía (ni debería) pasar por los obstáculos emocionales y el abrumador esfuerzo requerido si solamente le gustaba la industria o el proceso creativo. Debían amarlo. Y, más que "querer" hacerlo, debía ser una necesidad. Sobre todas las cosas. Una necesidad, casi como una llamada, que alimente la determinación para continuar e ir navegando entre la infinidad de complejas vulnerabilidades y dificultades.

Paul había aportado una gran interpretación y era muy valioso para la serie, pero no tenía sentido intentar obligar a nadie a mantener sus obligaciones contractuales (menos aún a alguien tan joven) para quedarse y seguir haciendo algo que no lo hacía feliz. Eso sería contraproducente, no solo para el bien del proyecto sino para el bienestar del jovencito. Quien tenía deficiencia auditiva, como su personaje.

Lo surrealista era que Paul disfrutaba ciertos momentos. Y no es que quisiera irse como tal. Pero, en general, habían notado que le costaba. Y, con el extenuante plan de rodaje que les quedaba por delante, aquello no mejoraría, sino que iría a peor.

—Seguramente, el problema es que el rodaje no es lo que Paul se esperaba y echa de menos a su familia, sus amigos y su rutina. Podemos enviarlo de vuelta a casa. Ya nos las apañaremos —informó Ray a su equipo de producción.

Admiraba que Paul se hubiese esforzado al máximo, y no quería que se sintiese alterado o desilusionado de ninguna de las maneras. Después de todo, se había comprometido a interpretar un papel en una serie de televisión. No era una sentencia de cárcel. Pero tampoco eran todo juegos y diversión.

Quedaba la pregunta de cómo explicar su repentina desaparición en la historia. Así que Ray se pasó algunos días valorando las opciones.

Escribían los guiones en bloques. Significaba que, si habían escrito doce capítulos en un bloque, ya habían grabado partes de este. Así que sería muy confuso sacar a Paul de la serie y explicar por qué había desaparecido, para que luego apareciese en una escena posterior. O que su hermana estuviese preocupada por su desaparición en algunas escenas, pero aparentemente en otras, no. Existiría un gran problema de continuidad.

El rodaje también se hacía en bloques. Las escenas no se grababan en orden, sino según fuese más práctico en lo económico y lo logístico, para maximizar los momentos más productivos en los que filmar. Significaba que la mayoría, sino todo el material de un *set* o localización particular se agrupaba y programaba para grabarse durante los mismos días, en vez de ir haciendo *zigzag*, yendo y viniendo entre *sets* y localizaciones.

Las escenas que tenían lugar en el depósito de trenes se agrupaban y grababan a la vez. Aunque algunas de las escenas no fuesen a aparecer hasta mucho más adelante, dentro de ese mismo bloque. Nuevas escenas que revelasen la desaparición de un personaje podían dar paso a escenas donde el personaje apareciese de nuevo aún estando desaparecido, porque ya se había grabado material antes.

Al final, Ray acabó introduciendo algunas frases para dar a entender que Paul se había cansado de que el matón, Lex, se metiese con él, y se había fugado. Consiguieron editar el problema de continuidad tanto en los guiones, como en la posproducción de ese bloque, decidiendo que sería mejor hacer que el personaje desapareciese en vez de tratar de dar una explicación definitiva sobre lo sucedido.

Después de todo, quizás pudiesen introducir a Paul de nuevo en otra temporada. Así que tenía sentido mantener su historia abierta, en vez de cerrarla de golpe con una muerte ficticia. La muerte de Zoot ya sería lo suficientemente traumática.

En cuanto a Patsy, la hermana de Paul, a Ray le parecía necesario que hiciese referencia a su hermano desaparecido. Pero, de igual forma, era enteramente posible que ella y el resto de la tribu no se obsesionasen con el hecho de que Paul se hubiese ido un día de allí y no hubiese vuelto.

Esto resaltaba las actitudes cambiantes de los personajes y el hecho de que se hubiesen vuelto insensibilizados a lo que ocurría en aquel nuevo mundo que habitaban, que era tan distinto del mundo real.

Había vagabundos por las calles y por el campo, que en cualquier momento podían ser capturados y vendidos como esclavos. Con la muerte de los adultos y el reloj dejando sin tiempo a los más mayores, que podían ser vulnerables a contraer el virus, la santidad de la vida (y la forma de vivir cada día) tendría un significado completamente distinto.

Sobrevivir en un mundo postapocalíptico generaría prioridades, puntos de vista y puntos de referencia diferentes a como uno reaccionaría en el mundo real. Además, no había más opción que hacer desaparecer a Paul y que su hermana y compañeros tribales siguiesen adelante, enfrentándose a problemas y desafíos para seguir vivos un día más.

Aunque parecían haber solucionado el problema de continuidad que traía consigo la desaparición de Paul, apareció otro unas semanas después, cuando los editores entregaron el borrador de los primeros capítulos montados.

Manteniendo el sueño vivo

Ray había estado revisando la música encargada a un compositor, y le gustaban mucho todas las pistas, incluida la canción de apertura, "The Dream Must Stay Alive", que evocaba el sentimiento exacto que tenía en mente para *La Tribu*.

Estaba interesado en supervisar dónde se colocaría la música durante los primeros capítulos, para que pudiesen fijarla. Hacía falta "refinar" la edición, que se refiere al proceso posterior al borrador, cuando los editores implementaban sus notas.

Las notas eran ideas y sugerencias que Ray le daba al editor. Quizás le parecía que un capítulo podía reforzarse un poco más, o que podía reestructurarse para darle más ritmo, por ejemplo. O que hacía falta una escena de unión. O quizás, incluso, que una escena se vería mejor insertando tomas de reacción. A menudo, el drama era más potente cuando había un corte y pasábamos a observar cómo reaccionaba el otro personaje a lo que se estaba diciendo.

El problema era que sentía por instinto que algo no funcionaba en los primeros capítulos. Y le harían falta acciones inmediatas para corregirlo, más allá de sus notas habituales, que suponían unos cien ajustes de media para veinte minutos de material.

No conseguía averiguar qué fallaba. Se preguntó si su fobia a los comienzos, la que sufría a la hora de escribir, se estaba trasladando a la pantalla. Los primeros guiones siempre habían sido potentes, con una estructura fuerte.

Pero, ahora, tras haber visto el metraje montado, le parecía un poco confuso. La geografía fícticia, el paisaje y los trasfondos no estaban muy claros.

La historia comenzaba en la ciudad, con el joven personaje de Cloe siendo salvada por Dal y Amber, mientras la amenazante tribu de los Locos y su líder, Zoot, patrullaban la ciudad.

Luego pasaba al depósito de trenes, donde Zoot intercambiaba bienes con Lex, su chica, Zandra, y el guardaespaldas, Ryan.

Unas pocas escenas después, Lex, Zandra y Ryan se cruzaban con Amber, Dal y Cloe, quienes habían conocido también a Patsy y Paul en un parque de juegos, acompañados por la afectuosa Salene y por su perro, Sherbert, ahora conocido como Bob.

Lex decía ser dueño del sector. Pero, entonces, Zoot y los Locos aparecían de nuevo y perseguían a Lex, Zandra y Ryan. Esto se planteó para que el resto de personajes también tuviesen que salir corriendo y descubriesen el centro comercial donde vivía el solitario Jack, otro personaje clave. Lex, Zandra y Ryan llegarían poco después a aquellos almacenes saqueados.

La estructura de los guiones se centraba en cómo los personajes entraban en contacto en el desmantelado Centro (que era el núcleo de la serie, donde pasaba gran parte de la acción, en torno a la interacción entre los personajes). Así, el público los vería rápidamente tomar la decisión de vivir juntos, unidos como una tribu. Y entenderían el planteamiento: que el Centro se convertiría en su hogar, en una fortaleza-ciudadela para protegerlos contra los peligros del mundo exterior.

Los personajes clave de Bray y Trudy llegarían también al Centro buscando un refugio seguro, pues Trudy estaba embarazada y a punto de dar a luz. Pero, según estaba estructurado, esto no ocurriría hasta mucho después.

Aunque no había protagonista "principal" en la serie, pues era un elenco coral, a Ray le parecía importante que Trudy y Bray apareciesen antes, desde el primer capítulo. Pues, si el público llegaba a considerar alguien "el héroe", ese sería seguramente Bray. Él era también una importante yuxtaposición a Amber como líder natural tras formar la tribu.

Bray y Amber no estarían destinados a unirse con su romance hasta mucho después, pero era importante introducir a Bray cuanto antes, según su punto de vista, pues también ofrecía un contraste esencial al matón, Lex.

Quitando todo esto, su principal preocupación era la premisa. No quedaba muy clara. El tema de un mundo sin adultos y todo lo que había sucedido realmente se vería más claro según avanzase la serie, pero, tras ver los primeros borradores, Ray sentía que faltaban algunos elementos esenciales.

Así que escribió varias escenas de enlace para que la escenografía funcionase mejor, presentando el viaje de Trudy y Bray a la ciudad, así como material en el interior de la ciudad del resto de personajes llegando hasta el Centro. Creía que eso ayudaría a que el paisaje y trasfondo quedase un poco más claro.

También le pareció buena idea recalcar la premisa en los créditos de apertura, grabando algunas tomas de una misteriosa figura vestida con traje de descontaminación sacando un archivo marcado como "alto secreto" de un armario archivador. Además de un presentador de televisión anunciando que las autoridades "apelan a la calma durante todo el proceso de evacuación".

Esto, a su vez, lo llevó a pensar que valdría la pena enlazar al presentador con una escena en una casa, anunciando que se daría prioridad a los niños menores de dieciocho años. Y ver a unos padres despidiéndose de su hijo, a punto de ser evacuado.

De grabar esta toma, tenía sentido que la hija de esos padres fuese Trudy, en una escena de *flashback*. Significaba que, así, podría presentarlos a Bray y a ella todavía antes, en cuyo caso podrían mostrar información esencial desde el mismo comienzo. No tendrían que explicar nada, solo algunos elementos importantes.

Entonces pensó que, si introducía tomas de un periódico quemado dando vueltas por la ciudad, con un titular que declaraba que la pandemia había alcanzado proporciones sin precedentes, se insinuaría que había pasado algo malo. Todo esto, unido a los títulos de apertura, haría que la premisa básica fuese mucho más fácil de entender. Ya que iban a mandar a una unidad de cámara a garbar el material, podían de paso filmar otra escena para ayudar a ilustrar el mundo que habitaban los personajes.

Que es lo que llevó a la primerísima escena que aparece en *La Tribu*, la de un siniestro vehículo oficial con cristales tintados para ocultar a sus ocupantes, patrullando por un barrio residencial con una voz resonando por los altavoces, que instaba a la gente a quedarse encerrados porque el código 9 había entrado en vigor.

Rodar este material adicional había solucionado un problema, pero se dio cuenta de que podía crear otros si no terminaban los capítulos para cuando llegasen las vacaciones de Navidad, y no quedaba ya mucho. Pararían la producción durante tres semanas. Ray no quería llegar a esa situación. Pues retrasarse significaría que la posproducción tendría también tiempos de espera, aguardando a que se grabase nuevo material.

Una opción era adelantar episodios posteriores y esperar poder pasarlos a la posproducción, si convertían el segundo bloque en el primero, lo que compensaría la espera de metraje adicional.

Aunque eso podía poner en peligro el flujo de entrega para las emisiones de los primeros capítulos, que ya estaba bien ajustado. No había forma de que Channel 5 en Reino Unido moviese las fechas en las que debían retransmitir la serie.

Grabar escenas adicionales también podía poner en peligro el plan de rodaje que comprendía muchos capítulos, grabados fuera de secuencia, en bloques. Si el equipo paraba y perdía algunos día grabando el material nuevo, significaba que retrasarían la grabación del metraje necesario para que el plan de rodaje siguiese en pie.

Ya había una segunda unidad obteniendo material en paralelo, y no se los podía molestar si querían conseguir la cantidad necesaria de metraje cada día, unos doce minutos de media al día. O una hora a la semana. Para terminar teniendo los 52 capítulos de media hora en los seis meses de rodaje.

Era un complejo laberinto logístico. También había temas financieros a tener en cuenta, como el presupuesto necesario para buscar sonido, iluminación y cámaras según fuese necesario. Además de otro director y equipo técnico para filmar el material adicional.

El equipo podía utilizar el maquillaje y vestuario existente en los estudios, pero el segundo grupo de elenco y equipo técnico deberían ser transportados a nuevas localizaciones, comer y beber. Significaba encontrar un mánager de localización que lo gestionase todo, una tarea complicada hasta en el mejor de los días. Y tampoco es que tuviesen el tiempo de su parte a la hora de identificar las localizaciones específicas, necesarias para obtener los permisos y seguros requeridos.

Tras varias horas repasando sus opciones, Ray decidió que la única forma era formar una pequeña unidad de rodaje durante el tiempo que durase la filmación de los créditos de apertura. Eso eliminaría la presión y preocupación de que el plan de rodaje principal se viese afectado. El equipo podía nutrirse de la unidad principal si lo dirigía él mismo, grabando el material nuevo en su casa y en los alrededores.

Así que la secuencia de apertura de *La Tribu*, en el primer capítulo de la primera temporada, la de un vehículo oficial avanzando por un barrio residencial, está grabada en el camino que lleva a la casa de Ray en Nueva Zelanda.

La escena del *flashback* y presentación de Trudy y Bray, se grabó en su cuarto de estar. Y las tomas en las que Bray y Trudy viajan por el exterior y se refugian de los Gallos fueron realizadas en los alrededores de su propiedad.

El resto de material y tomas de enlace viajando por el exterior las hicieron pillando a los miembros del reparto que necesitaban, y yendo de una localización a otra de la ciudad, durante un mismo día.

La persona vestida con traje de descontaminación y el presentador de noticias las grabaron como escenas adicionales en una esquina del estudio al finalizar el segundo día. El tráfico de vehículos abandonando la ciudad lo obtuvo la segunda unidad, la pequeña, el mismo día que grabaron a los Mall Rats paseando por la playa.

Ray trabajó con los editores para insertar el nuevo material en los primeros capítulos. Había conseguido rectificar todos los problemas. La estructura era ahora más coherente, como el contexto geográfico. Y la premisa de la serie sería más fácil de comprender. Además, tenía el plus añadido de presentar antes a Bray y Trudy.

Disfrutaba mucho el proceso de posproducción. A menudo, le parecía como pulir un coche nuevo antes de hacer la entrega. O decorar una casa antes de venderla. Era el momento de añadir todos los toques importantes. Como la música y los efectos de sonido, que se entremezclan antes de pasar a la última fase, la de la corrección de color, seguida del control de calidad técnico final y culminando con la entrega a las cadenas.

En las películas, el director normalmente trabaja con los editores para ajustar la edición final. Los ejecutivos del estudio pueden pedir cambios, pues tienen el control editorial definitivo. Por eso, al público le intriga ver el montaje del director, disponible tiempo después del lanzamiento de la película, pues puede ser distinto de la versión mostrada inicialmente, que contaba con todas las notas de los ejecutivos o los distribuidores.

En Cloud 9, Ray estaba en la posición inusual de tener control editorial completo sobre el montaje definitivo. Le parecía importante, para asegurar que la marca y mensaje que había visualizado permaneciesen intactos. La fase de posproducción, aunque suponía un desafío, era un momento especial durante el que podía ver los resultados finales tras, en ocasiones, años de trabajo.

Siempre había tenido grandes esperanzas para *La Tribu*, y se sintió animado con la consecución de la posproducción y la llegada del último bloque de metraje en bruto desde el estudio.

Estaba funcionando muy bien. No debería hacer grandes cambios. Aparte de decidir que intercalaría un satélite girando alrededor de la Tierra, revelando a la voz de un adulto que le daría un mensaje a la tribu tras su llegada al misterioso observatorio de la Montaña del Águila, informando a quien escuchase la transmisión que no perdiesen la esperanza, algo crucial para la supervivencia de toda la especie humana.

Ray estaba convencido de que sería un *cliffhanger* tremendo. Y tenía muchas ideas sobre cómo continuar si llegaban a grabar la segunda temporada. Todo dependía de cómo reaccionasen los espectadores una vez estrenasen la serie en Reino Unido, en Channel 5. Así como el mercado de la industria, y si otras cadenas compraban la serie en el festival de televisión MIP.

Durante la fiesta de fin de rodaje de la temporada, aunque aún quedaba por completar parte de la posproducción, el reparto y equipo celebraron haber terminado las grabaciones principales.

Ray ofreció un discurso para agradecerles a todos su compromiso y máximo esfuerzo. Todos aplaudieron y vitorearon cuando dijo que *La Tribu* era especial y se convertiría en su serie estrella.

Con bebidas para todos los asistentes adultos, y animado por la exuberante atmósfera de bailes y festejos durante la noche, Ray se subió al escenario para una sesión de improvisada de *jam* con Lex, que demostró ser un músico experto.

Se acercaba el final de febrero de 1999.

Mientras Ray tocaba la guitarra y cantaba con otros miembros del reparto y del equipo, que se animaron y se unieron a ellos, pudo sentir que se había formado un lazo único entre todos los presentes. En todas las producciones, los miembros del equipo llegaban siendo casi desconocidos y se iban como amigos.

Pero era como si este equipo se hubiese vuelto casi una familia. Como una tribu dentro de la tribu, replicando el tema de un grupo de personas unidas para afrontar un largo y arduo viaje, superando los obstáculos y adversidades en el camino, decididos a alcanzar la cima de su meta común.

Parecía que no había pasado nada de tiempo desde la fiesta de bienvenida. Ahora, todos los presentes estaban celebrando el final del rodaje.

Ray se preguntó qué les depararía el futuro. Tenía la sensación de que, más que ser el final, estaba a punto de comenzar una nueva y emocionante aventura.

CURIOSIDADES DE LA TRIBU, PRIMERA TEMPORADA

Con una media de 5 borradores por guion, y unas 90 páginas por guion, ¡se utilizaron el equivalente de 23 400 páginas para contar la historia de la primera temporada de *La Tribu*!

Cada uno de los guiones contenía aproximadamente 9540 palabras. 106 palabras por página. O 496 000 para los 52 capítulos. ¡¡Qué manera de hablar!!

Si alguien leyese los guiones en voz alta (a una velocidad de 3 o 4 palabras por segundo), ¡tardaría en terminar unas 25 horas! ¡Y eso sin parar ni para respirar!

Hubo aproximadamente 500 personas involucradas en el rodaje de la primera temporada de *La Tribu*. Incluyendo guionistas, diseñadores de arte y *set*, diseñadores de vestuario, maquillaje, iluminación, cámara, directores, equipo de producción, editores, supervisores de música, efectos de sonido, acompañantes adultos, profesores, equipo de *catering*, *coaches* de diálogo, fotógrafos, artistas de fondos, conductores, enfermeros, limpiadores, personal de seguridad y equipo administrativo.

La primera temporada representa un total de 1352 minutos de tiempo en pantalla. O unas 13-14 películas. Pero el equivalente de otras 2-3 películas acabó en el suelo de la sala de edición: cerca del 15 % del metraje no llegó al montaje final.

Cada minuto en pantalla tardó el equivalente de 11 094 minutos para completarse, si contamos las horas trabajadas entre todos. Son 185 horas trabajadas por minuto de pantalla… ¡y mucho trabajo duro!

250 000 horas de trabajo… ¡es suficiente tiempo para ver 576 923 capítulos de media hora de *La Tribu*!

Si una persona produjese *La Tribu* por sí misma y trabajase 10 horas al día, 5 días a la semana, con el número de horas de trabajo necesarias, tardaría más de 96 AÑOS en hacer la primera temporada. ¡Imaginaos la espera para saber qué hubiese pasado en la segunda temporada!

Se compraron 85 000 litros de combustible para los vehículos usados para transportar gente y equipamiento de trabajo.

Con tal cantidad de gasolina, se podrían conducir 970 000 kilómetros, suficiente para ir a la luna y volver.

Esta cantidad de líquido es equivalente a unas 220 000 latas de refresco. 220 000 latas apiladas una sobre otra mediría 28 kilómetros de altura.

Eso son casi tres veces el tamaño del Everest. Para hacer la comparación con leche, daría para 130 000 botellas. O 1,3 millones de tubos de pasta de dientes. Y, si alguien gastase un tubo al mes, esa cantidad le duraría 108 000 años.

En el estudio y escenas de interior (pero también para exterior) se usaban grandes plataformas de iluminación que permitían tener la cantidad de luz requerida por las cámaras.

Cada una de las torres de iluminación tienen una capacidad de 12 000 vatios de energía eléctrica. El equivalente a tener más de 200 bombillas por torre, ¡o 1 500 luces de Navidad!

Además, el equipo de producción usaba potentes generadores eléctricos en exterior para dar energía a las luces, cámaras, sonido, muestra de vídeo, *catering* y equipo de comunicaciones.

Estos generadores emiten más de 65 000 vatios de energía eléctrica. ¡Suficiente electricidad para alimentar 800 televisores!

Si alguien tuvo la sensación de que lo había alcanzado un rayo mientras veía la serie, seguramente tenía razón. Se utilizaba todavía más energía en la realización de la serie.

Los ordenadores usados en posproducción (para editar e introducir los efectos de música y sonido) también eran muy potentes. Todos tenían una memoria interna 1,5 millones de veces superior a la memoria de un ordenador normal de hace 25 años (¿Alguien quiere pedirse uno para reyes?).

Se utilizaron tantos clavos en el set del Phoenix Mall, ¡que formaría una fila de clavos de 120 kilómetros!

Cada semana se utilizaban 520 metros de cinta adhesiva por la oficina y el estudio. ¡El equivalente a 13 520 metros de cinta por temporada. ¡¡Casi 14 000 metros!!

El entrenador de animales podría colar una fila con 3000 elefantes para recorrer esos 14 000 metros.

14 000 metros es la distancia de 90 000 perritos calientes. (Los del *catering* necesitarían una barbacoa bien grande).

Cloud 9 recibía una media de 4000 llamadas telefónicas al mes. Son un total de 24 000 llamadas relacionadas solo con la producción (sin tener en cuenta todo lo demás).

Si la duración media de las llamadas fuese de un minuto, entonces se habló por teléfono durante 24 000 minutos, o 400 horas, en la primera temporada. Serían tres semanas sin parar de hablar.

24 000 es tanto tiempo como 200 obras de Shakespeare. En 24 000 minutos, se podría decir la palabra "tribu" 1,6 millones de veces.

En el tiempo que se tardó en grabar la primera temporada de *La Tribu*, se tomaron más de 230 000 tazas de café y té entre todos los encargados de hacer la serie.

Es el equivalente de 2 500 jarras de café (con 40 tazas) y 2 500 paquetes de bolsitas de té (con 40 bolsitas).

Es suficiente café y té para que le dure a una persona que se bebe 4 tazas al día… ¡casi 158 años!

Solamente para las fotografías promocionales, el fotógrafo usaba semanalmente una media de 10 carretes. Son 260 carretes para conseguir las 9000 fotos que se tomaron a lo largo de la primera temporada.

Si alguien colocase todas estas fotos formando un cuadrado, cubriría 2,5 kilómetros cuadrados.

El otro tipo de fotografías utilizadas fueron las Polaroid, para facilitar la continuidad. Una media de 600 fotografías al mes. Son 3600 fotos Polaroid durante la temporada.

Se usaron cerca de 275 metros de film para cada capítulo de media hora de *La Tribu*. El equivalente a casi 15 000 metros de film durante los 52 capítulos.

O casi 15 kilómetros de film… ¡Tan largo como un atasco con más de 2200 coches en fila!

La serie se grabó con relación de aspecto tanto 4:3 como 16:9. Significa que los fans de todo el mundo podían disfrutar de la serie en las pantallas de entonces y en los modernos televisores más anchos de la actualidad.

Las copias máster pueden adaptarse para retransmitirlas en alta definición.

A lo largo de los seis meses de producción, se sirvieron 30 000 comidas al reparto y equipo. ¡Imaginaos para lavar los platos!

Las 30 000 comidas pesaban casi 14 000 kilos, ¡o 13,6 toneladas!

¡Como cuatro hipopótamos muy pesados!

Las oficinas de producción de Cloud 9 usaban 5000 clips de papel durante los seis meses de grabación.

Si alguien uniese todos los clips, se podría formar una fila de casi 130 metros... ¡una fila tan extensa como 28 coches familiares, o 60 personas!

Se tardarían unas 6 horas sin parar para unir los 5000 clips de papel y formar una cadena larga (contando con que se tardasen 4 segundos por cada clip).

Si alguien trepase a la cima de la famosa Pirámide de Guiza en Egipto (de unos 140 metros de alto) y deslizase la cadena de clips hasta abajo, ¡se quedaría a punto de tocar el suelo!

¡Los 130 metros de clips de papel serían también más largos que 6 dinosaurios diplodocus o 12 serpientes boa constrictor gigantes!

El departamento de maquillaje utilizó 164 latas de laca, 75 botes de gel, 160 tubos de colorante y casi 40 000 bastoncillos de algodón.

El departamento de música incluyó una media de 15 minutos de música en cada capítulo de media hora. O 780 minutos de media para cada temporada, lo que equivale a 13,9 horas.

Se tardaban 5 días en situar y unir la música a la imagen por capítulo, un proceso largo y muy laborioso para hacer encajar los tiempos de entrada con los fotogramas.

En total, se utilizaron 250 piezas musicales diferentes.

Desde el momento en que se comenzó a trabajar en la última versión de la premisa y formato, Cloud 9 tardó aproximadamente tres años en desarrollar la serie, antes de comenzar siguiera el rodaje de la primera temporada de *La Tribu*.

En cuanto a Ray, tardó unos 38 años en traer la primera temporada de *La Tribu* a las pantallas (desde el momento en que tuvo la idea básica, no la premisa en sí).

Eso es MUCHO tiempo antes de salir del infierno del desarrollo.

¡O antes de comenzar a escribir la primera página de una historia!

A menudo, dicen que *La Tribu* fue un éxito de la noche a la mañana.

Nadie le había dicho eso a Ray jamás.

Quienes lo conocían sabían que, si alguien se lo decía en serio a la cara, tardaría 1 segundo en darse cuenta de que no saldría con vida de su despacho.

Decir que *La Tribu* fue un éxito de la noche a la mañana era una forma segura de enfadar a Ray.

Regalarle un par de calcetines azules era una forma segura de que te perdonase.

Ver *La Tribu* (y mantener vuestros sueños vivos) es la forma más fácil de hacer feliz a Ray.

Además de decirle que parece más joven de lo que es.

CAPÍTULO TRECE

DIARIO: ABRIL DE 1999

Era difícil evaluar la reacción del público tras el lanzamiento oficial de la primera temporada de *La Tribu* en el festival de televisión MIP de Cannes.

Habían invitado a las cadenas clave, así como a la prensa. Al principio, Ray se sintió emocionado por el interés que despertaba, a medida que socializaba y charlaba informalmente de su última producción durante el cóctel de bienvenida, antes de enseñar el tráiler que habían montado. Después de mostrarlo, estaría en el *stand* para responder preguntas.

Con un aire de inquietud y anticipación, las luces se apagaron y el tráiler comenzó. Por la expresión de todos los presentes, Ray pudo ver que aquella serie no era lo que nadie se esperaba.

Confiaba en que quizás fuese cosa suya, que estuviese malinterpretando las reacciones al estar cansado. Se sentía con mucho *jet lag* tras haber llegado al sur de Francia esa misma mañana.

Como siempre, el viaje de Nueva Zelanda a Cannes había sido muy largo. Pero el viaje para producir la serie había sido aún más largo. Los últimos de los 52 capítulos estaban a punto de completar la posproducción. Y Ray se mantuvo despierto hasta tarde muchas noches en los días previos a su partida, trabajando con su equipo para dejar el tráiler listo para el festival.

No había tenido oportunidad de comentar con el equipo de Cumulus cómo se había recibido el tráiler en el *stand* de distribución. Se perdió los primeros días del festival, incapaz de asistir de principio a fin, porque necesitaba pasar tanto tiempo como pudiese asistiendo a reuniones con su junta en Londres mientras estuviese en el hemisferio norte. Tenía también una conferencia con Harry para charlar sobre otra serie que había creado: *Atlantis High*. Además de hablar sobre una posible segunda temporada de *La Tribu*. Pero todo dependía de cómo se recibiera la primera temporada, y estaba decidido a presentarse en el MIP para asistir al lanzamiento oficial.

Volvieron a encender las luces de la elegante *suite* de banquetes del hotel una vez finalizó el tráiler. Y recibió una educada ronda de aplausos de todos los presentes. Pero sin ningún entusiasmo.

Ray se sintió un poco como los personajes de Zero Mostel y Gene Wilder en la película original de *Los Productores*. La historia iba de dos productores que habían preparado una elaborada treta financiera con el fin de crear el peor musical de Broadway de la historia, que les asegurase perder dinero. Así, podrían pedir un reembolso de impuestos y seguros.

Ambos estuvieron encantados cuando el público se quedó boquiabierto, sin poder creerse lo que estaban viendo en pantalla: un coro de nazis bailando y cantando la canción "Primavera para Hitler y Alemania, otoño para Polonia y Francia". Era de muy mal gusto. Un despropósito. Y estaba destinado a fracasar. Lo que sería todo un éxito para los dos protagonistas.

Ray empatizaba con cualquier alemán que viese la cinta. Esperaba que se percatasen (y disfrutasen, incluso) de aquel sutil humor negro. Estaba seguro de que nunca pretendieron que fuese un insulto a una nación que tanto había sufrido durante un tiempo oscuro y devastador para la historia de la humanidad.

La película la escribió y dirigió el genio de la comedia Mel Brooks. Con un giro brillante. Pese a intentar sabotear la producción musical, público y crítica terminaron por estallar en una salva de aplausos bestial, entendiendo la producción como algo muy diferente de lo que era realmente. Así que los responsables tuvieron éxito. Y, por tener éxito, fracasaron.

El problema para Ray, sin embargo, es que los escasos aplausos recibidos por el tráiler de *La Tribu* no se volvieron más enérgicos, sino que se desvanecieron. Cuando se plantó ante todos para responder preguntas, supo que estaba metido en un lío.

Las preguntas estaban cargadas de subtexto, cuando le preguntaron que por qué había querido hacer aquella serie. Era como si le estuviesen diciendo, "¿Estás loco?". Otros quisieron saber cómo creía que el público respondería a unos *looks* tan extraños de vestuario y maquillaje. Por su tono, sabía que los que hacían las preguntas no habían quedado entusiasmados. También hubo quienes hicieron comentarios sobre la temática postapocalíptica, que parecía ser "demasiado sombría y oscura".

Seguramente estarían pensando que, como en *Los Productores*, Ray había tramado un plan para perder el dinero invertido. Pero, al contrario que ellos, que fracasaron por haber tenido éxito… su producción fracasaría directamente.

No le dieron oportunidad de hacer ningún comentario relevante sobre los personajes o la trama, o por qué creía que la serie conectaría emocionalmente con el público.

O por qué pensaba que el tema de construir un nuevo mundo de la devastación y penurias del antiguo era algo positivo e inspirador. A pocos parecía interesarles todo eso. Prefirieron pasar a preguntarle por sus producciones anteriores, y por las futuras producciones de Cloud 9.

Ray ofreció un resumen muy general de *Atlantis High*. Nunca entraba en detalles sobre ninguna serie hasta lanzarla oficialmente, además de que esa ni siquiera habían comenzado a desarrollarla aún. Así que decidió no revelar demasiado, e intentó volver a dirigir la conversación hacia *La Tribu*. Anunció, para sorpresa de todos los presentes (incluido él mismo) que tenía pensado producir otros 52 capítulos. Antes de haberse emitido siquiera uno solo de la primera temporada.

—¿Te parece sensato, Ray? —le preguntó el director del socio corporativo durante la reunión de la junta en la oficina principal de Cloud 9 en Londres.

—Si te digo la verdad, no —respondió él—. No me parece nada sensato. Tendría que estar ido de la cabeza para hacer lo que sugiero.

Podía ver que los miembros de la junta estaban más que confundidos por lo que estaba diciendo, además de preocupados. Algunos no pudieron evitar sonreír ante la contradicción, al continuar diciendo:

—Pero eso nunca nos ha detenido. También fue un gran riesgo hacer la Colección Clásica. Incluso producir los primeros 52 capítulos de *La Tribu*. Fue como saltar de la planta 52 de un edificio. Yo solo digo que podemos seguir subiendo algunas plantas más.

—¿Y...? —inquirió la junta.

—Da igual si nos caemos de la planta 52 o de la 104. Nos haríamos daño igualmente. Si no funciona, seremos comercialmente vulnerables en ambos casos. Pero yo confío en que funcionará. Con todas mis fuerzas. Estoy convencido. Y si funciona y no tenemos la siguiente temporada preparada, nos arrepentiremos y sí que nos chocaremos contra el suelo sin necesidad, y con fuerza. Sería como habernos dejado caer porque sí.

No estaba hablando por hablar. Según él, llevar a cabo una producción audiovisual sin haberla puesto a prueba era algo sin precedentes. En vez de grabar un capítulo piloto, habían corrido el riesgo de grabar 52 capítulos. Hacer otros 52 era un riesgo calculado, uno que debían correr. No tenían otra opción, según su punto de vista. Y no le entraba en la cabeza cómo los demás no podían entender eso. Le parecía obvio.

No podían tirar abajo el *set* del centro comercial. Tendrían que dejarlo allí, vacío. Lo que suponía costes en seguridad y seguros.

Tirarlo abajo para luego tener que reconstruirlo de nuevo no tenía ningún sentido. Ya habían gastado dinero en su construcción durante la primera temporada y estaba todo pagado, así que podrían amortizarlo durante la segunda.

Lo mismo con el vestuario, el atrezo y el equipo de posproducción en que habían invertido. Además, había gastos generales por estar en aquellos estudios que tendrían que pagar estuviesen en producción o no. Había una flota de vehículos que mantener. Casas que se habían alquilado. Tenían prioridad sobre la disponibilidad del reparto y el equipo técnico. Y, si no hacían nada con ellos en cierto tiempo, algunos quizás no estarían ya disponibles.

Y, si querían asegurar su disponibilidad, tendrían que pagar el salario de los miembros principales del equipo, para que pudiesen seguir trabajando en la producción.

Cloud 9 siempre podía llevar a cabo una producción diferente para no dejar la infraestructura que habían montado en dique seco, por así decirlo. Pero existía el riesgo de que no fuese un éxito en el mercado. Como podía pasar con una segunda temporada de *La Tribu*. El riesgo no era mayor con esta. Ray no estaba desanimado por la tibia acogida durante el lanzamiento en el MIP. Las cadenas no eran los consumidores reales. Los espectadores, sí.

La Tribu era diferente. Las cadenas preferían seguir las tendencias seguras. Lo sabía por todo el tiempo que había pasado en la BBC. Si los espectadores respondían favorablemente a la primera temporada, como Ray estaba convencido de que harían, otras cadenas se subirían al barco.

Al trabajar fuera del sistema de modo independiente, sentía que era un peligro comercial seguir las tendencias (y también sería limitarse a ellos mismos). Le parecía que, si alguien sigue las modas, termina perdiendo. Los productos repetitivos rara vez llegaban a ser más que mediocres. Ray aspiraba a marcar tendencia, nunca a seguirla.

No estaba diciendo que *La Tribu* fuese la mejor serie jamás creada. El equipo había hecho un gran trabajo teniendo el cuenta su presupuesto y restricciones de tiempo. Pero de ninguna manera era poco original. Ni estéril. Ni floja.

Se había propuesto mostrar de manera fiel el mundo de los jóvenes, examinando todo tipo de temas relevantes. Incluido el sueño de construir un mundo mejor. Y los sueños le parecían importantes. No solo para él, sino también para los espectadores. Estaba convencido de que conectarían con la serie. El público siempre podía notar (y pasar por alto) las restricciones en el presupuesto y en el tiempo, si el producto se había hecho con convicción e integridad. Y, desde luego, así habían trabajado durante la primera temporada de *La Tribu*. Y el resto de programas producidos por la empresa hasta la fecha.

Sobre todo, tenía el instinto de que era vital alimentar el ímpetu de la primera temporada teniendo la segunda disponible. De lo contrario, cualquier retraso podía socavar la expansión de la marca que pretendía desarrollar.

—¿Puedo haceros una pregunta a todos los que estáis sentados a la mesa antes de terminar? —les preguntó a los miembros de la junta.

—Por supuesto —respondió el director.

—Las inversiones de riesgos ofrecen beneficios y pueden considerarse una contribución a cualquier presupuesto. O un compromiso. Así que, ¿vosotros diríais que sois cerdos? ¿O gallinas?

Todos se quedaron en blanco. Agitando la cabeza, uno de ellos dijo, desconcertado:

—No sé si lo pillo, Ray. Y, aunque así sea, ¿qué tendrá que ver?

—¿Qué tiene que ver *La Tribu* con el desayuno? —respondió Ray.

Todos se encogieron de hombros, cada vez más confusos, preguntándose hacia dónde iba todo eso.

—Pensad en el beicon y los huevos. La gallina hace su contribución. Pero el cerdo ofrece su compromiso. Para mí, esta serie no es ninguna gallina. *La Tribu*, y yo mismo, somos un cerdo. Y estoy comprometido hasta el final. Espero que vosotros también lo estéis.

—Bueno, siempre podemos contar contigo para aportar otra forma de ver las cosas —el director sonrió, como hicieron todos los demás en la junta.

Y Ray supo que no era necesario decir nada más. Contaba con el apoyo de todos ellos. Oficialmente, había luz verde para la segunda temporada de *La Tribu*.

La primera temporada hizo su debut en Reino Unido el 24 de abril. La audiencia del estreno del primer capítulo fue bastante decente, más que espectacular. Por entonces, Ray había regresado a Nueva Zelanda y había comenzado con la preproducción, planificando la siguiente temporada. Aquel resultado inicial lo decepcionó, preguntándose, una vez más, si se habría metido un gol en propia.

Pero *La Tribu* llamó la atención de la prensa popular. La consideraban una serie de referencia, que nadie podía perderse. Ray no hizo caso a las *reviews*, ni a lo que tuviese que decir ningún crítico de la prensa especializada. Eso sí, era importante que las revistas y periódicos de entretenimiento y televisión le hubiesen prestado atención, recomendando la serie como "lo mejor del día" e incluso "lo mejor de la semana" en varias de las principales publicaciones. Eso animaría al público a sintonizar el canal y decidir por sí mismos si les gustaba la serie o no.

Además, el equipo de Cumulus comenzaba a recibir peticiones de cadenas que querían ver algunos capítulos. Dada la recepción en el MIP, era difícil saber si se debía a un interés real. O si, como cierta parte de la población que conducen más despacio para ver bien un accidente de coche, aquel interés partía de una necesidad de ser testigos de lo que percibían como un desastre multimillonario. Toda una catástrofe.

El boca a boca positivo se esparció por Reino Unido durante las semanas siguientes, y el índice de audiencia aumentó. Así como el interés creciente de las cadenas extranjeras, muy atentas al rendimiento de la serie en Channel 5. Al poco tiempo, vendieron la serie en Finlandia. Luego, en Noruega. A Cumulus Distribution le llegaban cada día más peticiones para ver las cintas. Parecía que, poco a poco, el mundo se estaba volviendo tribal.

CAPÍTULO CATORCE

DIARIO: SEPTIEMBRE DE 1999

Para cuando se emitió el octavo capítulo de la primera temporada en Reino Unido, Ray se sentía más seguro de que *La Tribu* estaba logrando encontrar a su público. Los sondeos indicaban que, aunque los espectadores estaban algo sorprendidos por las tramas oscuras, también se sentían atraídos por ellas y por la temática general de la serie.

Sin embargo, casi todos se quedaron desconcertados por la muerte de Zoot. Ray sabía que Zoot tenía el potencial de convertirse en un icono dentro de la mitología de *La Tribu*, y que muchos pensarían que era un error (y un poco raro) matar al personaje tan pronto. O matarlo, en general.

Su instinto le decía que era esencial. Tenía pensado un arco con el que traer de vuelta al personaje más adelante. Para la siguiente temporada, la historia de Zoot serviría como combustible para la interacción entre los personajes y el conflicto.

Durante su tiempo como jefe de desarrollo en la BBC, descubrió que muchos productores y guionistas pensaban en las partes, en vez de en la totalidad. Como había hecho él de vez en cuando. Estar al otro lado de la mesa le ofreció un punto de vista distinto.

Un productor o guionista podía hacer una propuesta, convencido de que su idea o formato podría convertirse en una serie de largo recorrido, sabiendo que era lo que la mayoría de cadenas buscaban. Pero, cuando Ray les preguntaba qué sucedería en temporadas posteriores, solían quedarse en blanco, y los invitaba a que fuesen a pensárselo, para que pudiesen narrar con detalle cómo avanzaría la historia.

La primera regla que aprende un escritor, a menudo cuando comienza a rellenar las páginas en blanco, es que una historia (en el formato que sea) está estructurada, básicamente, en tres actos. O tres partes. Planteamiento, nudo y desenlace.

Cada parte es esencial para las demás. Prácticamente en igual medida. Para ofrecer conflicto a los personajes durante el transcurso de la evolución de la historia. Para que, así, el público comparta el viaje narrativo, desarrollándose con giros de guion que no fuesen predecibles ni forzados. Y culminando en la resolución o revelación (y, con suerte, la comprensión) de que el personaje es diferente al final de cómo era a la mitad o al principio.

No en su personalidad o en sus rasgos, sino por haber obtenido cierto conocimiento. Algo que haya aprendido o conseguido a lo largo del camino, fundamental para la temática o para lo que trata la historia. No es exactamente lo mismo a lo que sucede narrativamente. Esto también necesita una estructura. Idealmente, de tres actos. Ya se trate de un solo capítulo, o de toda una temporada.

Si una historia trata sobre la felicidad, el personaje debía sentirse triste primero. Quizás no pueda conocer la felicidad sin estar triste. No tiene nada con qué compararla, ni forma de definirla. Parece obvio, pero no siempre lo es. Una estructura de tres actos podría ser: uno, felicidad; dos, infelicidad; tres, felicidad de nuevo. Pero con un nuevo conocimiento en la resolución. Por ejemplo, que para ser feliz se debe haber conocido la tristeza. Por simplista que parezca, es una buena ilustración de cómo deben evolucionar idealmente los puntos de vista.

No puede haber drama sin conflicto, heroísmo sin adversidad, bien sin mal, redención sin aprendizaje, emoción son movimiento. Los temas y las historias necesitan de contrarios, de fuerzas opuestas, para poder desarrollarse.

Pensad en una historia sobre el crimen organizado. E imaginaos que el guionista decide retratar a la mafia de manera heroica. La mafia no se gana la vida así. Nunca se los considera de "los buenos". Y el público general siempre necesita un héroe al que apoyar o un villano al que odiar, en el núcleo de cualquier historia. De lo contrario, no podrán conectar emocionalmente. Así que es posible retratar a alguien "malo" como el "bueno", si introducimos a otra persona que sea "muy mala" en comparación, como ocurría en las películas de *El Padrino*.

Los aspectos redentores del protagonista se mostraban de tal manera que el público, aunque no aprobase las actividades de la mafia, podía empatizar con él y entender que había algo mucho peor y más peligroso que contrarrestaba con las acciones de los personajes centrales.

Y acabaron implicándose y apoyando al que hubiese sido el estereotipo de "malo" en cualquier otra historia, pero que ahora era heroico y "bueno" en cierto sentido.

Dentro del marco de la estructura narrativa, y pese a todos los defectos y horrores de los sicarios, de la extorsión y de colocar la cabeza cortada de un caballo en una cama, hasta la mafia puede ser heroica.

Cuando Ray comenzó en televisión, se quedó asombrado de que muchos productores le dijesen que el diálogo de los primeros borradores les parecía flojo. O que los personajes necesitaban una mayor profundidad. También, que la historia tenía ciertos fallos. Aquello le hacía dar el guion por perdido y pensar que no podría mejorarlo con un segundo borrador. Pero, entonces, le decían que los elementos escogidos eran sólidos y que, simplemente, debía desarrollarlos más. ¿Resulta confuso? Él también lo estaba.

Sin embargo, comenzó a darse cuenta de que esos "elementos escogidos" eran el combustible de ciertos aspectos clave. No se limitaba a qué sucedía, sino también sobre qué iba la historia.

En una serie de policías, la historia sobre la desaparición de un niño podía ser lo suficientemente fascinante para el primer acto. Introduciendo otra dimensión en la estructura del segundo acto, con el descubrimiento de que el niño se había fugado, la historia daba un giro cautivador. Y podía terminar en el tercer acto de manera temática, tratando el abuso infantil, introduciendo la explicación de por qué ese niño se había fugado de casa.

El representante de una cadena que leyó los primeros guiones de *La Tribu* le preguntó si era posible dejar vivo a Zoot. Estaba seguro de que el personaje se convertiría en un antihéroe de culto. Y, sí, era posible. Pero, entonces, sería una serie distinta a la que Ray imaginaba y tenía planeada. Que Zoot muriese era un catalizador esencial en el primer acto, motivación de todo lo que tenía pensado para temporadas posteriores.

Desde luego, hubiese sido posible hacer que Zoot se dedicase a pasearse en su coche de policía, cubierto de grafitis, liderando a la tribu de los Locos y dispuesto a dominar la ciudad con su ideología anárquica del Poder y Caos. Pero le pareció que aquello podía quedarse pronto sin fuelle y volverse repetitivo. Si no en la primera temporada, sí en la segunda. Faltaría ese elemento de frescura.

Podría haber visto la luz, y convertirse en una fuerza del bien. Pero ya había suficientes personajes con esa capa en los

Mall Rats. Lo cual significaba que, si no podía evolucionar, debía seguir siendo malvado.

Eso habría sido difícil de estructurar, pues se había planificado cierta redención para añadirle otra dimensión, cuando sujetó a su pequeña en brazos y se preguntó qué le depararía el futuro.

En sí mismo, esto sembró la semilla de las escenas de *flashback* que mostrarían cómo Martin se convirtió en Zoot, para arrojar luz sobre por qué había escogido el camino de la oscuridad.

A Ray siempre le fascinó explorar cómo se habrían distanciado los dos hermanos, cómo se habrían vuelto tan diferentes pese a recibir la misma influencia de sus padres. Y se planteó la idea de que, quizás, compartiesen la misma madre pero de padres distintos, algo que siempre le interesó examinar. Sin embargo, no había tiempo para meter eso en la serie, tendría que esperar a una posible novela.

Zoot, como el hermano incontrolable de Bray, ayudó a personificar la eterna lucha del hombre, desde el principio de los tiempos, entre las fuerzas opuestas del bien y el mal. No obstante, tal y cómo se había planteado, Zoot no era más que un joven que había perdido su camino.

Por cómo había estructurado la historia, Ray sentía que la muerte de Zoot alimentaría tramas y temas esenciales, además de aportar un conflicto interesante entre los personajes.

Incluso desde la primera temporada. Lex se pavoneaba ante la idea de ganarse la reputación de haber sido él quien acabó con el legendario Zoot. Pero, luego, se sintió nervioso por el precio que tendría su cabeza en las calles, pues los Locos buscarían venganza. Eso los ponía a él y al resto de Mall Rats en una posición vulnerable. Ebony se alzó hasta tomar el liderazgo de los Locos, lo que ayudó al personaje a evolucionar. Bray pasó por un conflicto interno tras la muerte de su hermano, como sucedió con Trudy. Y, en general, tuvieron la oportunidad de generar un material mucho más rico y dramático, que no habrían podido explorar de haber vivido Zoot.

Este también fue un elemento central para recalcar la temática subyacente de jóvenes que buscan construir un nuevo orden mundial a su manera, fuese esta la que fuese. Algo avivado por un subtexto intrigante: ¿La conciencia determina la existencia?, ¿o es la forma en que existimos la que determina nuestra conciencia?

Esto no solo estaba confinado a los personajes de la serie, sino que también podía aplicarse a la empatía del público. Algunos podían simpatizar con los Mall Rats. Otros, con los Locos. Y otros, con ambos. O con alguna de las otras tribus. Había muchos personajes con los que conectar. Pero debían introducir situaciones nuevas para mantener la frescura, pues los dramas de larga duración tenían un apetito incansable y estaban ávidos de historias.

En la segunda temporada, la muerte de Zoot hizo posible la introducción del fanático Guardián. Y que Trudy se viese convertida en la Madre Suprema, y su pequeña en la niña elegida. De nuevo, si Zoot hubiese seguido vivo, esta trama habría sido imposible.

Ray contrató a un impresionante actor con un registro tremendo, y supo que sería perfecto para el papel. El Guardián y su tribu, los Elegidos, seguían la palabra de Zoot con una convicción obsesiva y fanática, resueltos a que su ideología siguiese viva y a vengar su muerte. Así, reemplazaron a los Locos como principal amenaza.

También era la metáfora ideal para explorar temas de devoción, religión y dictaduras. Cómo una secta podía resultar tentadora y liberadora para quienes deseaban pertenecer a ella. Pero también peligrosa, bajo la manipulación de cualquiera que estuviese impulsado por una convicción obsesa y maníaca nacida de un idealismo equívoco.

El rodaje de la segunda temporada de *La Tribu* comenzó el 9 de agosto de 1999.

Ray estuvo encantado de recuperar a la joven actriz con la que había trabajado en los títulos de Blyton para el nuevo personaje de Ellie, convencido de que su divertido romance con Jack añadiría otro elemento entrañable.

Y la hermana mayor de Ellie, Alice, fue interpretada por una talentosa joven que Ray creía aportaría humor y cualidades especiales a la interacción entre personajes. Tras haberse fijado en otra recién llegada al rebaño de Cloud 9 en *Choice*, una producción de la subsidiaria Little White Cloud, Ray supo que tenía a la May perfecta, y que sería otro personaje muy bien recibido.

La introducción de Alice y Ellie abriría la serie con la exploración del entorno agrícola para poder incluir zonas clave que reflejasen la autosuficiencia de la tribu mediante cultivos. Por su parte, el público sería testigo de la peligrosidad de las calles a través del punto de vista de May.

Y, dado que necesitaba retirar a Amber de la serie, para facilitar cuestiones educativas a la actriz, Ray estaba seguro de que la peleona y decidida Danni aportaría un elemento interesante, con su cruzada para conseguir reformas sociales a través de la introducción de una declaración de derechos.

La investigación para arrojar luz sobre los misterios del virus, así como un posible antídoto y cura, también era vital para impulsar la narrativa y varias de las tramas. Y, en general, Ray estaba convencido de que la segunda temporada tenía suficientes elementos en su estructura para alimentar una amplia gama de cautivador drama humano.

Los nuevos personajes parecieron encajar bien durante la "muestra previa", momento anterior a las grabaciones en que todo el reparto desfilaba con su maquillaje y vestuario ante Ray y el ejecutivo a cargo de la producción.

Era un foro donde hablar de posibles ajustes sobre elementos del diseño de vestuario, importante para asegurarse de que estilo de la serie seguía intacto. Todos los elementos del vestuario y el maquillaje debían ser fieles a la guía de estilo que habían creado. Las marcas tribales de todos los personajes habían sido pensadas cuidadosamente y tenían distintos significados.

Por ejemplo, el vestuario de Bray, con su extensión de pelo trenzada con plantas, recalcaba que estaba en sintonía con la naturaleza y el sintoísmo. El maquillaje rojo de Ebony en la frente, una llama roja, lo habían colocado como pista de un personaje que aparecería mucho más adelante. Y el tatuaje de "Abe Messiah" en su brazo también reflejaría tramas posteriores. El hombre palo dibujado en la manga de una de las camisetas de *hockey* de Ryan representaba el símbolo de un santo, y lo habían sacado de una popular serie (llamada precisamente Santo) que Ray veía en Inglaterra durante su niñez, en los sesenta.

No todos los elementos de maquillaje y vestuario tenían un significado particular. Pero había una continuidad de marca que Ray quería preservar en toda aquella moda estilo *grunge*. Desde el *look* futurista y metálico de los Perros Salvajes a las retorcidas extensiones de metal que podía llevar un Loco con casco de soldadura o de *hockey*. Así, se ilustraba que todo elemento encontrado, lo adaptaban y se lo ponían para reforzar su identidad a través de la moda. Para demostrar su actitud.

Maquillaje y vestuario eran siempre aspectos esenciales en cualquier producción. Hasta en la vida real la gente se viste de cierta manera, como un uniforme. Por supuesto, hay excepciones a la regla, pero, en general, una contable tiene pinta de contable, igual que un motero tiene pinta de motero.

Por algún motivo, un escritor tiene pinta de escritor, igual que una profesora tiene pinta de profesora. En pantalla (como en la vida real), sería algo discordante entrar en un banco y ver a un gerente con el pelo largo, vaqueros y chupa hablando sobre un préstamo. Igual que lo sería ver a alguien con traje y corbata montado en una Harley-Davidson.

Un roquero entrado en años sigue vistiendo como un roquero, y parece poseer la misma actitud por mucho que sea el abuelo de alguien. Estar sentado junto a la chimenea, ataviado con una chaqueta de punto y zapatillas de andar por casa da una imagen muy distinta a la que puede ofrecer Sir Mick Jagger, que sigue pavoneándose en el escenario tantos años después. Su uniforme y su actitud lo ayudan a tener aspecto de lo que es, un Rolling Stone.

Así que Ray siempre era minucioso con el vestuario y su diseño, pues se daba cuenta de la importancia que tenía en todas sus producciones. Y *La Tribu* no era ninguna excepción. El aspecto de todos los personajes debía quedar bien integrado, debían usar la moda como una forma de expresarse, al vivir en un mundo postapocalíptico.

Se grabaron partes de la muestra de vestuario realizada durante la primera temporada para enseñárselo a las cadenas, y el metraje contenía maquillaje y vestuario en desarrollo. Se está planificando lanzarlo en una próxima edición limitada en DVD, pues se considera un artículo de coleccionista para los fans interesados en todo el material de *La Tribu*. La muestra la grabaron en el mismo estudio donde se produjo la secuela de *Worzel Gummidge* (*Nuestro amigo el espantapájaros*) en 1987, con Jon Pertwee en el papel principal. Este también ocupó un lugar en el folclore de Doctor Who, tras interpretar a la tercera versión del personaje.

Ray echó de menos a Zoot en el pase de vestuario de la segunda temporada. Le tenía mucho cariño al actor, y también al personaje. Con una carga de trabajo cada vez mayor, vio la necesidad de reclutar a otra persona para el círculo íntimo de su oficina ejecutiva. Así que Zoot permaneció en la producción como recadero personal de Ray durante la segunda temporada.

En la industria del cine y la televisión existen recaderos en todos los departamentos, desde el departamento de arte a la producción. Este puesto es una buena manera de comenzar para alguien que quiera meter un pie dentro y ganar experiencia. Como su nombre indica, un recadero se encarga de hacer recados, que incluyen todo tipo de tareas, dependiendo del departamento.

En el caso de Ray, significaba que el recadero podría tener acceso a todos los departamentos, así como otras áreas en las que estaban involucrados el productor ejecutivo y el jefe ejecutivo.

En una ocasión, una recadera anterior a Zoot tuvo un día muy ajetreado y lleno de tareas, encargadas por la asistente de Ray. La jovencita tenía muchas ganas de comenzar en la industria y estuvo encantada de aceptar aquel puesto.

Aquel día, sus deberes de recadera incluían comprar calcetines nuevos, pues Ray estaba en modo guionista. Luego, tenía que recoger su coche del taller, seguido de tomar algunas notas que él le dictaría en la sala de montaje, cuando revisase el material. Por la tarde, debía ir a la ciudad para recoger un visado de la oficina de pasaportes, necesario para un viaje a Japón que Ray tenía planificado para unos meses después.

Y, por último, también tendría que ir a entregar una cinta con un tráiler.

—¿Adónde? —preguntó, mientras anotaba todas sus obligaciones en una libreta.

—A Cannes —respondió la asistente de Ray.

—¿Cannes?, ¿eso dónde está? —quiso saber la recadera. No era de Wellington, y no se conocía bien los alrededores. Pero aquel recado no tenía nada que ver con las afueras de la ciudad.

—En el sur de Francia. Tendrás que salir esta noche.

—¡¿Va en serio?!

—Te he reservado un vuelo desde Auckland, pasando por Los Ángeles y Londres, para conectar con un vuelo a Niza. Uno de los chóferes irá a recogerte y podrás pasar la noche allí. Para la vuelta, solo he podido encontrar un vuelo desde Londres pasando por Singapur y Christchurch hasta Wellington.

—Oye, yo encantada —dijo la recadera, asombrada y abrumada por la emoción. No había viajado mucho en su vida—. ¡Creo que esto del cine y la televisión va a gustarme mucho!

Ray iba con retraso para entregar un tráiler al MIP y no podía arriesgarse a que llegase más tarde de la cuenta si lo enviaba por mensajería. Él mismo no se marcharía hasta unos días después, y quería que el tráiler llegase con antelación para poder revisarlo y probarlo en el *stand* antes de dar comienzo el festival. La única forma de saber que llegaría sano y salvo (y a tiempo) era que la recadera lo llevase en persona.

Tan solo treinta horas después, la chica se encontró por sorpresa en el sur de Francia y, además, su viaje de vuelta estaba programado para unos días después. Así que se quedó ayudando en el *stand* de Cumulus Distribution.

Ray se quedó satisfecho con el resultado de los primeros borradores y ediciones rápidas a medida que iba llegando el metraje de la segunda temporada. Los nuevos miembros del reparto aportaron frescura. Pero estos no fueron las únicas incorporaciones al equipo de Cloud 9: habían contratado gente para cuidar su presencia en internet.

Habían registrado el nombre "Tribeworld.com" el octubre anterior. De hecho, no hacía ni un año que se había creado y puesto en funcionamiento Google. Ahora, los fans estaban comenzando a usar la página web para interactuar. Al poco tiempo se expandió para integrar más funciones, lo que a su vez necesitaba de más personal con las habilidades técnicas para cubrir la creciente demanda, pues estaban actualizando muchas partes de Tribeworld.

Con todo, el foro que albergaba la web a menudo se caía, algo que dejaba frustrados a los fans y, especialmente, a Ray, ya que le gustaba visitarlo de vez en cuando para leer los comentarios.

Aunque no tenía mucho tiempo para ello, dada su apretada agenda, que consistía en supervisar la producción, así como Cumulus y Cloud 9. Y necesitaba apartar una hora siempre que podía para bosquejar ideas sobre Atlantis High, la serie que estaba desarrollando. Aparte, el compositor musical John Williams y su equipo estaban en Nueva Zelanda grabando un álbum para *La Tribu*. Así que la carga de trabajo no hacía más que aumentar.

Ray recibió de buen grado la oportunidad de tomarse unas semanas de descanso para desconectar en la tranquilidad de la Isla Sur, en un aislado resort a las afueras de Queenstown, durante las vacaciones de Navidad y Año Nuevo.

Queenstown era un destino popular a lo largo de todo el año. Los turistas acudían en masa para disfrutas de deportes de aventura, *rafting* en aguas blancas, puénting o paseos en lancha. En invierno, la pequeña población está a rebosar, pues aquella región alpina atrae a un montón de amantes del esquí y el *snowboard*. En verano, hay todo un surtido de campos de golf, caminos por donde ir a caballo o hacer senderismo y estupendas zonas de pesca.

Ray no tenía nada especial preparado para la llegada del nuevo milenio. Disfrutó de una tranquila cena con amigos y, luego, regresó a la suite de su hotel, decidiendo esperar allí la llegada del nuevo año. Como se había criado en Escocia y era de cumplir con las tradiciones, le gustaba celebrar el Hogmanay (la Nochevieja escocesa con fuegos, cánticos y *whisky*), pero quería retirarse temprano.

Cuando el reloj dio la medianoche, hizo un brindis con una copa de whisky de malta que sujetaba en una mano. Lo que lo hizo derramar la taza de chocolate caliente que tenía agarrada con la otra. Se la había encargado al servicio de habitaciones, y había terminado desparramada por la blanca alfombra de pelo largo (ahora manchada de marrón y hecha un desastre).

Se pasó los primeros segundos del año 2000 cubierto de chocolate ardiendo y dando saltitos para aliviar el dolor.

Y se preguntó, dado aquel comienzo tan favorable, qué le traería ese próximo año… y ese nuevo milenio.

ARGUMENTO DE ATLANTIS HIGH
BORRADOR "BORROSO"

Giles Gordon, un estudiante adolescente bastante friki, se muda a Sunset Cove con su excéntrica madre, Dorothy, y su chiflado abuelo.

Sunset Cove parece ser el lugar perfecto: un idílico pueblo costero donde siempre hay una playa cerca, el sol brilla eternamente sobre infinitas arenas doradas y el surf siempre va hacia arriba y nunca hacia abajo.

Los habitantes de aquel pueblo son guapísimos. Todos. Cada uno de ellos. Después de todo, es un mundo de ensueño donde todo parece perfecto. Pero, como Giles no tarda en descubrir al comenzar en su nuevo instituto, el Atlantis High, no es oro todo lo que reluce en Sunset Cove.

Los estudiantes del nuevo instituto parecen un poco... raros. Muy raros. Igual que los profesores. ¿Podría aquel instituto, supuestamente construido sobre la ciudad perdida de la Atlántida, tener algo que ver con eso?

Pronto, Giles se enamora de una compañera de clase, Octavia Vermont, una chica preciosa y muy inteligente. Sin embargo, Giles encuentra a un rival al que enfrentarse por el afecto de Olivia: Josh Montana, el rico y atractivo chico malo de Atlantis High.

Lo que Giles no sabe es que, en realidad, Olivia es una agente secreta. Y que, por las noches, el propio Josh Montana se pone un traje de superhéroe para luchar contra el crimen.

Y eso no es todo. Giles se hace amigo de Beanie, un chico con orejas muy grandes y puntiagudas, que está fascinado con los platillos volantes. Beanie no conoce sus orígenes… ¿podría ser un extraterrestre?

Giles también se hace amigo de Jet Marigold, una enérgica chica de pelo azul con mucha actitud y una firme creencia en teorías conspirativas de lo más locas. ¿Y si algunas de sus insólitas conjeturas resultasen ser realidad?

El profesor de ciencias de Atlantis High, el Sr. Dorsey, tiene un acento extraño y le fascinan los roedores. Además de haber desarrollado un apetito por los ratones.

O, al menos, Giles está seguro de que fue eso lo que vio cuando la punta de una cola pareció desaparecer por la boca del Sr. Dorsey (había desaparecido un ratón de su jaula ese día en el aula).

El Sr. Dorsey se suele quedar mirando a las estrellas y le habla a una flor. Será que solo es extravagante, ¿o es un alienígena en una misión secreta?

Jet está segura de que es eso. Así que Giles, Octavia y Beanie se disponen a ayudarla para desentrañar el misterio.

Ese, y algunos más.

¿Qué secreto guarda la madre de Giles? ¿Hay algo oculto en su pasado? Y ¿para quién trabaja en realidad?

¿Por qué su abuelo parece estar siempre escondiendo algo?

Desde luego, parece que el ejército sí que oculta algo. Liderados por el Comandante Vermont, se los suele ver alrededor de Atlantis High y de Sunset Cove. Pero ¿qué están buscando?

Descubran lo que descubran, una cosa está clara: Giles y sus amigos siempre se encontrarán viviendo aventuras con más de una sorpresa inesperada.

Desde un viaje en autobús recorriendo las maravillas del mundo, a encontrarse con ninjas y agentes secretos, un conejo de juguete con conciencia propia y volverse amigos de un trío de intrépidos viajeros del espacio.

¡Ah! Y hay un par de *poltergeists*, supervillanos y superhéroes, y un melodrama que podría cambiar el mundo (y el universo entero) para siempre.

Esta serie hay que verla para creerla. Y mantendrá entretenida a toda la familia. Echadle un vistazo. Si os atrevéis.

CAPÍTULO QUINCE

DIARIO: 2000-2001

Ray estaba sentado en el *stand* de Cumulus, absorto, escuchando a medias lo que decían los compradores en cada una de las reuniones.

Le interesaban más sus inflexiones vocales. Y no podía evitar echar el ocasional vistazo hacia otro lado para observar a la gente que pasaba. O, específicamente, su forma de caminar.

Era una costumbre que había adquirido en sus primeros años como músico. Se quedaba fascinado por el ritmo en la forma de hablar o caminar de una persona. Creía, fuese cierto o no, que revelaban mucho sobre una persona. Como el equivalente musical del lenguaje corporal.

No solamente respecto a su personalidad, sino también a su estado emocional. Había descubierto que alguien bien equilibrado caminaba a un tiempo de 4/4, por ejemplo. Otros, quizás acostumbraban a usar otro ritmo. Como 3/4, si estaban estresados o lo estaban pasando mal.

Desde que dejase la música a un lado para centrarse en su carrera como guionista y productor, la costumbre había desaparecido. Seguía amando la música y le dedicaba tiempo, claro, al integrar la banda sonora de sus producciones junto con los editores. Y disfrutaba tocando la guitarra o el piano para relajarse. Pero no tenía ganas de componer, al tener demasiado trabajo y demasiado poco tiempo. Eso sí, tenía claro que quería volver a ponerse con ello algún día. La música había sido su primer amor.

Mientras estaba sentado junto a una cadena de Alemania, Ray oía lo que decía el representante, pero su voz parecía escucharse de fondo. En otra dimensión. En primera línea estaban solamente la inflexión y el ritmo de su voz.

—Nos interesa mucho traer *La Tribu* a Alemania. ¿Nos podrías dejar las cintas maestras gratis para el doblaje?

Ray contempló ausente al representante de la cadena. Tras estar trabajando en la historia de *Atlantis High* y con John Williams en el álbum de *La Tribu*, estaba en otro modo. Un modo que no le resultaba familiar. Una mezcla entre música… y aliens.

Algo lo acababa de dejar intrigado: se había dado cuenta de que el representante hablaba siguiendo los tiempos de un vals.

—¿Estás contento? —pregunto Ray, examinando el rostro del otro hombre, buscando la alegría en sus ojos. De repente, llevó la mirada hacia los pasos de alguien que caminaba a ritmo de música latina. Como la salsa. Era diferente.

Aquella mujer parecía muy extrovertida. O, quizás, ese ritmo pretendía enmascarar que se sentía un escalón social por debajo. No era capaz de detectar si escondía cierta agresividad. O si se trataba de inseguridad bajo una superficie extremadamente segura. Igual no tenía nada que ver con todo eso, y resultaba que era una alienígena de otro planeta.

Ray volvió a mirar al representante al darse cuenta de que lo estaba mirando algo molesto y confundido.

—¿Quieres decir, contento por llevar la serie a Alemania?

—Por supuesto —respondió Ray—. Es justo a lo que me refería. Sí. Precisamente. No tiene nada que ver con alienígenas. Ni con música. Bueno, en cierto modo, sí.

Consiguió arreglarlo, explicando que se refería a la nueva serie que iban a producir, *Atlantis High*, y también al álbum de *La Tribu* que habían grabado. Tenía muchas ganas de saber qué opinaba la cadena de *La Tribu*, y haría que un miembro de Cumulus realizase un seguimiento.

Tomó nota mental de que debía tratar de concentrarse más en las reuniones y no dejar vagar su mente. Y, sobre todo, no decir sus pensamientos en voz alta. Aunque no pudo evitar fijarse en el caminar del representante de la cadena alemana al marcharse.

Era justo como se esperaba: un, dos, tres. Como un vals de Strauss. Arrastraba los pies con lentitud, como si estuviese esquiando. Bien relajado, sin prisas. Totalmente despreocupado.

Durante un encuentro en festivales como el MIP, todo el mundo es educado y amistoso. Pero la calidez de aquel hombre era auténtica. Ray estaba seguro de que estaba contento y equilibrado, feliz en todos los aspectos de su vida. Y esperaba que las negociaciones en torno a *La Tribu* saliesen bien. Le caía bien ese representante y disfrutaría trabajando con él.

Sería el último festival de televisión al que asistiría en mucho tiempo, y no tendría oportunidad de hablar con compradores ni de absorber los comentarios de la industria.

Pero no tenía otra opción. La junta estaba de acuerdo: necesitaban reclutar más personal en Cumulus, dada la expansión del catálogo de programación que pretendían distribuir. Y él mismo necesitaba vía libre para centrarse en sus prioridades, todas del ámbito creativo.

Había más y más cadenas comprando la primera temporada de *La Tribu* (ahora, junto a la segunda). Asimismo, el resto de títulos del catálogo de la empresa estaban funcionando tan bien que dieron luz verde a la tercera temporada de *La Tribu*, cuyo rodaje daría comienzo el 4 de julio.

Era algo más pronto de lo habitual, y significaría que los primeros bloques los grabarían durante el invierno de Nueva Zelanda. No era lo ideal, pero sí lo necesario según la planificación. Habían escrito ya todos los guiones teniendo en cuenta el posible mal tiempo, así que tenían alternativas preparadas.

La preproducción de *Atlantis High* estaba programada para septiembre, y el rodaje comenzaría tres meses después, en enero de 2001.

Para entonces ya habrían completado la mayor parte del trabajo de la tercera temporada de *La Tribu*. Pero, para cuando empezasen con la nueva serie, seguirían con la postproducción. Logísticamente, esto era mucho más fácil de conseguir que tratar de grabar dos series completamente distintas al mismo tiempo.

Producir un proyecto ya era lo bastante difícil. Pero hacer dos en paralelo no haría más que traer problemas, dados los límites de Cloud 9 en infraestructura e instalaciones.

Para algunos, la empresa tenía pinta de multinacional. En términos relativos, pese a ser una productora independiente, ciertamente sí lo era, debido a toda una serie de subsidiarias encargadas de la distribución y derechos internacionales. Sin embargo, aunque Cloud 9 tenía su propio centro de producción, no llegaba ni de lejos al tamaño de un estudio de Hollywood, muchos de los cuales sí eran como conglomerados de multinacionales.

Durante el vuelo de vuelta a Nueva Zelanda tras el festival MIP, solamente pensar en todo el trabajo que tenían por delante le resultaba agotador y difícil de equilibrar sin tener delante la agenda.

La tercera temporada de *La Tribu* estaría compuesta de otros 52 capítulos de media hora. Junto a los 26 de *Atlantis High*, habría un total de 78 guiones que supervisar.

Además, algunos miembros del reparto de *La Tribu* se iban de gira. Ray disfrutó mucho trabajando con John Williams y con el reparto en las sesiones de grabación. Ahora, estaban preparando *tours* promocionales para la primera y segunda temporada junto con el álbum de música. Más trabajo a tener en cuenta. No había forma de estirar más el tiempo.

Estaba seguro de que todos los miembros del reparto serían grandes embajadores para *La Tribu*, Cloud 9 y Nueva Zelanda. Eran todos muy humildes, se comportarían muy bien y disfrutarían conociendo a su público tanto como los fans disfrutarían viendo a sus miembros favoritos del reparto.

La gira contaría con entrevistas en prensa y apariciones en radio y televisión. Algunas de estas serían actuaciones en directo, así que había mucho por organizar. Desde ensayar coreografías a establecer un equipo de seguridad e itinerarios, e informar al reparto de cómo tratar con ciertas situaciones.

Si llegaban al aeropuerto y se encontraban con fans gritando, a todos les afectaba tan poco tener el estatus de famosos que, seguramente, se darían la vuelta y se pondrían a buscar qué otra persona debía estar provocando tal reacción. Nunca se considerarían a sí mismos famosos ni estrellas.

No obstante, sus rostros adornaban ahora las salas de estar de la gente en las pantallas de sus televisores (y, sin duda, en pósters pegados a las paredes). Ray quería asegurarse de que recibían la formación necesaria para lidiar con cualquiera de las situaciones que pueden darse al verse en el ojo público.

Una vez, durante un vuelo de Niza a Londres, Ray reparó en un rostro familiar en el asiento de delante. Era Ringo Starr, que viajaba con su mujer, la actriz Barbara Bach.

—No me lo puedo creer —dijo un joven miembro de la familia de Ray—. Yo conozco a ese hombre.

—Yo también —respondió Ray en voz baja—. Pero no te lo quedes mirando. Deja que disfrute de su viaje en paz.

—Me pregunto qué estará haciendo Thomas el tren en nuestro vuelo.

Ray se quedó mirando al pequeño y reflexionó sobre por qué aquella referencia le era familiar. Y, no, no porque estuviese viajando con alguien de su familia. Para el niño, Ringo Starr era la voz de Thomas el tren. Para Ray, era el batería de los icónicos Beatles.

En la terminal, Ray estuvo de pie junto a Ringo a la hora de recoger las maletas de la cinta transportadora. Se quedó asombrado cuando Ringo asintió con la cabeza e intercambió una larga mirada con él, como si lo reconociese. En vez de ser al contrario. Fue una sensación extraña y desconcertante.

Quizás hubiese leído un artículo y visto su foto en uno de los periódicos del MIPCOM, lugar al que seguramente había asistido. Él sí sabía a ciencia cierta dónde había visto la cara de Ringo. Había venerado a los Beatles casi como héroes desde la primera vez que escuchase un disco suyo.

Pero, en ese momento, no sentía ningún interés por hablar con Ringo, por si en la vida real no era como él se esperaba. Sentía un miedo abrumador a quedarse decepcionado si el relajado y divertido integrante de los "cuatro fabulosos" que él tanto había idolatrado de adolescente, resultaba ser una superestrella malhumorada y temperamental.

No obstante, se quedó emocionado (y algo apenado) al ver a Ringo rodeado de otros viajeros en el aeropuerto que le sacaban fotos y le pedían autógrafos. Ringo fue muy generoso y accedió, pero tenía la suficiente experiencia como para saber dónde establecer un límite. De lo contrario, hubiese sido una experiencia sin final y se habría pasado allí todo el día.

La primera lección para su tribu fue ser siempre atentos con los fans que acudiesen allí por *La Tribu*. Y nunca decepcionar a nadie que les pidiese un autógrafo. Eso podría resultar devastador. De todas formas, ninguno de los actores se comportaría así, tenían todos una naturaleza muy cercana. Pero, durante la gira, deberían aprender también a establecer límites y seguir a lo suyo, o no serían capaces de completar todas las tareas en su apretada agenda.

Estaban escribiendo los guiones teniendo en cuenta los tours y también para permitir a algunos de los personajes tomarse tiempo para seguir con sus compromisos educativos. Durante la producción de *La Tribu*, también necesitaban hacer hueco para comenzar la de *Atlantis High*.

Esta sería una serie muy extravagante. Tanto que, para cuando Ray informó al compositor de todos los complejos temas y elementos musicales que incorporar en cada escena, a este le pareció mejor que fuese el propio Ray quien trabajase en la música, pues sabía exactamente lo que quería.

De lo contrario, si el tono y las sensaciones no encajaban con lo que Ray tenía en mente, no había ventana de tiempo para correcciones. Algunos de los que habían leído la sinopsis creyeron que era una historia bastante rara. Desde luego, era diferente. Se podría tardar una eternidad para intentar describir de qué iba. Más aún para tratar de informar a un compositor, que podía perderse, incapaz de entender o asimilar todos los matices de una premisa tan poco convencional.

En mitad del Pacífico, en su vuelo de regreso desde Cannes, Ray trabajó en la letra de la canción principal, e incluso se le ocurrió una melodía.

También anotó algunas ideas para la tercera temporada de *La Tribu*, que estaba tomando forma. Nuevos personajes, como Luke, Ned, Tally y Andy aportarían una dimensión interesante a las tramas.

Y, especialmente, tenía que idear el regreso de Amber. O su resurrección, más bien. Supuestamente, el personaje había fallecido, así que Ray sabía que al público le depararía una gran sorpresa.

Anteriormente, los guionistas también se habían quedado más que sorprendidos durante una conferencia sobre las posibles historias, cuando Ray les explicó lo que se estaba cociendo. Algunos pensaron que sería poco creíble sugerir que, en realidad, Amber había sobrevivido a la explosión en la Montaña del Águila. Según se lo estaba imaginando él, se podría explicar de manera plausible.

Incluso en la vida real, había gente que fingía su propia muerte por todo tipo de razones. La exposición podía revelarse fácilmente a través de *flashbacks* que mostrasen que, al verse enredada en un complejo triángulo amoroso (y una lucha por el poder), Ebony estaba más que motivada para hacerle creer a Bray y a todos los demás que Amber había muerto.

A Ray nunca le gustaba imponer sus ideas y obligar a los guionistas a seguir cierta trama. Sentía mucho respeto hacia todos los involucrados en ese arte, y siempre estaba abierto a ideas y sugerencias. Pero, en un trabajo como *La Tribu*, todos debían seguir la dirección escogida por él. Tenía una visión general para la historia, y tenía muy claro hacia dónde desembocaría todo. Para bien o para mal.

Si un guionista trabajaba en una obra original, o incluso una adaptación cuyo material original fuese una novela, era posible aportar más cosas. Pero, en una serie de larga duración, lo normal era que los escritores se ciñesen a una guía muy estricta. De lo contrario, la caracterización de los personajes sería inconsistente y no se los retrataría correctamente. O las tramas podrían acabar yendo en una dirección totalmente diferente. Además, todo lo que escribían debía encajar, también, dentro de sus capacidades logísticas y presupuestarias.

Ser guionista de televisión requería talento y una habilidad única para hacer una contribución creativa dentro de un equipo que trabajaba de forma colaborativa. No obstante, lo principal era mantenerse dentro del marco establecido. Y, esa, no era una tarea fácil.

Había que mantener una imagen incluso si se trataba de una serie con capítulos autoconclusivos. Para obtener un encargo, un escritor necesitaría escribir y enviar la historia de un capítulo. Y, si lo contrataban, debería trabajar en el tratamiento, que es un desglose escena por escena.

Luego, le darían aproximadamente dos semanas para delimitar la estructura. Si funcionaba, esa es la etapa en la que se le encarga escribir el primer borrador. Para un capítulo de una hora de duración, quizás tenga un mes de tiempo para hacer la entrega. Para un capítulo de media hora, serían dos semanas.

Si se acepta el primer borrador, la práctica habitual es que el productor, editor o asesor de guiones aporte una serie de notas y revisiones necesarias, que formarían las bases del segundo borrador.

Si el primer o segundo borrador son rechazados, descartarían el guion. De vez en cuando, si hay elementos que funcionan parcialmente, un editor podría reescribir las partes que no funcionan para integrarlo todo en la continuidad de la serie.

En cuanto a *La Tribu*, dado que no era una serie episódica, los guionistas no debían entregar su "historia de la semana", sino que se les daba el resumen de la narrativa que sucedería en su capítulo. Y pasaban por el mismo proceso de hacer un resumen detallado, escena por escena, de la estructura propuesta sobre la que se establecería la narrativa.

Harry, en su papel de asesor de guiones, reescribía algunos guiones de vez en cuando para integrar sus propias notas y, obviamente, cualquier nota que pudiera tener Ray. Y él mismo le echaba un ojo por si algo no funcionaba, ya fuese logística o creativamente, pues tenía la máxima responsabilidad y el control editorial, al tener la forma en que avanzaría la historia grabada a fuego en su cabeza.

Amber era un personaje importante. Y Ray tenía muchas ganas de presentarla de vuelta dentro de la tribu de los Ecos, tras haber estado interesado desde hacía mucho en la antigua mitología griega y en la titánide Gaia, que personificaba la Tierra.

También le interesaba la teoría ecológica de Gaia, que afirma que los componentes de todas las formas de vida (incluyendo humanos, animales y plantas) están interconectados y evolucionan para adaptarse al entorno siempre cambiante del planeta.

Esta hipótesis no era nada nuevo, ni puramente científica. Culturas indígenas como las de los nativos americanos (que siempre le habían parecido interesantes), estaban conectados espiritualmente con todos los aspectos de la Madre Tierra. Probablemente, desde el comienzo de los tiempos. Siempre le había fascinado todo lo relacionado con la naturaleza. Se sentía conectado a ella y pensaba que el público respondería favorablemente a ese tipo de temática y a la exploración de una cultura diferente.

La tribu de los Ecos les daría la oportunidad de introducir más elementos de la naturaleza y el entorno, y también de rendir homenaje a los principios del sintoísmo.

Utilizarían el campamento y la casa del árbol de "Los Robinsones" y, así, permitirían que el entorno tribal tuviese otra dimensión más al proporcionar otro paisaje. En contraste con el paisaje urbano, y bien lejos de él.

Ray estaba especialmente encantado de poder, finalmente, darle a un personaje un nombre que había querido utilizar desde la primera vez que se le ocurrió la serie: Pride.

CAPÍTULO DIECISÉIS

DIARIO: 2001

Al principio, el nombre de Bray iba a ser Pride. Pero a Ray le parecía mejor que los Mall Rats tuviesen nombres más normales. A fin de cuentas, eran la tribu protagonista y representaban una visión algo más convencional y estable en un mundo inestable.

Habría conflictos entre los miembros de la tribu, como sucedía en cualquier familia o grupo de gente que viviesen y trabajasen juntos. Pero formaban el núcleo alrededor de lo que giraba todo lo demás, y eran los personajes con los que el público seguramente más se identificaría.

Muchos se habrían encontrado a un matón que les recordase a Lex. Igual sucedería con el resto de personajes que integraban los Mall Rats. Algunos quizás eran hasta ese amigo que tenían o deseaban tener.

Eso no quiere decir que nadie se sentiría atraído ni sentiría cierta afinidad hacia otras tribus e ideologías. Pero los Elegidos, los Locos, e incluso los Ecos, representaban unos valores poco convencionales.

Dentro de un lienzo tan distópico y anárquico, a Ray le parecía importante tener un marco familiar y estable para contrarrestar todo lo que ocurriría en aquel entorno postapocalíptico. Uno que reflejase, sobre todo, una dinámica emocional reconocible. Por los ideales y valores expresados, los amores y los miedos, los sueños y los deseos. También era vital que hubiese grandes dosis de humor.

Así que los Mall Rats necesitaban tener nombres bastante corrientes, para mostrar el punto de vista que uno esperaría en un grupo de jóvenes dentro de una sociedad civil y cariñosa que aspirase a construir un mundo mejor.

En consecuencia, nunca se sintió cómodo llamando Pride ("Orgullo") a Bray. Una vez estaba convencido de este tipo de cuestiones, podía volver loco a todos los que tenía a su alrededor, incluido él mismo. Se lanzaba a una misión minuciosa y casi obsesiva para darle sentido a lo que fuera, analizando cada detalle microscópico.

¿Podría "Pride" haber sido un nombre de pila en el viejo mundo? Y, de ser así, ¿por qué escogerían los padres un nombre tan raro y poco común? Quizás se sentían orgullosos de tener un hijo, de ahí el hecho de llamarlo Pride. Pero ¿no se sentían orgullosos de su segundo hijo? ¿Por qué no le daban un nombre grandioso a este? Quizás eran propensos a usar el lenguaje florido solo en momentos puntuales, nombrando a un hijo Pride y al otro, Martin.

Bray era el tipo de persona que podría haberse cambiado de nombre y haberse llamado Pride en el nuevo mundo. Como su hermano Martin se había cambiado el nombre a su *alter ego*, Zoot, cuando desató toda la furia que se cocía a fuego lento en su interior para rebelarse y liberar el Poder y Caos.

Pero, si Bray se cambiaba de nombre, ¿por qué no lo iban a hacer el resto de miembros de los Mall Rats? Si todos hacían lo mismo, pronto podía complicarse todo y llevarlos a un terreno poco familiar.

¿De qué habría estado orgulloso Bray? ¿Dónde podía encontrar ese "orgullo"? Desde luego, no podía ser en el mundo que habitaban. Era un auténtico desastre. Tampoco en sí mismo. No había conseguido nada. No podía sentir orgullo por algo que hubiese creado, porque no había creado nada. Al menos, de momento.

Quizás estaba orgulloso de ser un "buen tipo", algo que ciertamente era. Pero habría resultado algo egoísta tomar este concepto e ir presentándose como Pride. Con las mismas, podía haberse llamado "Héroe". Al menos, según consideró Ray.

Pride era el nombre ideal para el líder de los Ecos (o colíder, con la llegada de Amber como "Eagle"). Encajaba. Ray no tenía ninguna duda. Era lo correcto. Desde la primera vez que lo vio, supo que sería perfecto.

Ray podía imaginarse que la tranquila seguridad de aquel gentil y atractivo joven que vivía con su tribu en conexión con la naturaleza aportaría una gran sensación de paz interior. Y de orgullo.

Esta tribu tendría muchas cosas por las que estar orgullosa. Se respetaban unos a otros, y a ellos mismos. Además de respetar su entorno. Otros personajes secundarios que amaban la naturaleza, como Moon y Hawk, emitían también una cualidad especial.

Eran uno con el mundo natural, conscientes del poder y de las maravillas y belleza de nuestra Madre Tierra, lo que transmitiría una dignidad entrañable y un sentido de sosiego interno. Estaban en armonía cada amanecer, y cada atardecer.

Cuando Ray vio los primeros *clips* de Amber viviendo como Eagle con los Ecos e interactuando con Pride, supo que había hecho bien en seguir su instinto. Y estuvo igual de encantado con los resultados del resto de metraje. La tercera temporada estaba tomando buena forma.

Pocas semanas después de comenzar el rodaje, Cloud 9 celebró una jornada de puertas abiertas en el estudio a la que asistieron más de 20 000 personas, ansiosas por echar un vistazo detrás de las cámaras.

Aquello tuvo su origen en un lujoso evento formal. Uno importante en el calendario social y empresarial de Nueva Zelanda. Los premios Wellington Gold Awards celebraban los éxitos conseguidos en todos los ámbitos de la industria. Cloud 9 había estado nominada a menudo, y había ganado premios en dos ocasiones distintas dentro del sector creativo.

Ray se quedó entusiasmado al recibir otro premio para Cloud 9 que reconocía su innovación. Pero, hacia el final de la velada, cuando se abrió el sobre de manera dramática para anunciar al receptor de otro premio, el prestigioso y deseado Supreme Gold Award, se quedó estupefacto al anunciarse que Cloud 9 era la ganadora.

Se subió al escenario, entre un barullo de gritos y aplausos, y se sintió muy honrado porque los logros obtenidos por la empresa que hubo fundado, además de distinguirse en el sector creativo, incluyesen también ahora el reconocimiento por mostrar la más alta excelencia en el terreno comercial.

—En nombre del equipo de Cloud 9, es un inmenso honor para todos haber ganado este premio —dijo Ray, pestañeando a causa del brillo de tantos *flashes* de cámara iluminando el estrado—. Para mí, personalmente, Nueva Zelanda abrió las puertas para acoger a Cloud 9 con los brazos abiertos, y significa mucho que todos nuestros sueños y empeños se vean reconocidos de esta manera. Así que quizás sea momento de celebrar un día de puertas abiertas en Cloud 9.

Ray creyó que, como mucho, igual se presentaban 1000 personas llegado ese día, que tendría una temática tribal. Y que podrían celebrar una recaudación de fondos para su beneficencia, la Fundación Infantil Cloud 9. Habían planeado subastas, desfiles de vestuario y competiciones de grafiti, así como *tours* por el estudio.

Además, el reparto haría una aparición sorpresa. A Ray le pareció interesante que hiciesen su coreografía en directo, como práctica para la inminente gira europea. Así, verían si conectaba con el público a la hora de la verdad.

Ray había contratado a una talentosa coreógrafa para trabajar con el reparto, quien también formaba parte de un grupo local de vocalistas. Se quedó tan impresionado con ellas que las introdujo en la serie durante algunos capítulos para interpretar al siniestro conjunto femenino de La Sonrisa.

A medida que los detalles sobre la jornada de puertas abiertas se iban filtrando o difundiendo en la prensa nacional, Ray supo que cabía la posibilidad de que la asistencia aumentase de manera sustancial.

Así que, como una bola de nieve, el propio evento comenzó a evolucionar y cobró vida propia. Especialmente cuando algunos amigos de Ray del mundo del rugby le mostraron su interés por acudir. Así como dignatarios y políticos, y una serie de celebridades salidas de otras series de Cloud 9, encantados de mostrar su apoyo.

Él pensó que lo apropiado sería hacer una apertura oficial y plantar un "árbol de la esperanza" para los niños. Además de recibir a tan distinguidos invitados con un *powhiri*, una ceremonia de bienvenida tradicional en la cultura Maorí para recibir a los invitados en aquella tierra.

Ray estaba bastante involucrado con los Maorí, apoyando como podía sus aspiraciones para mantener la cultura, el idioma y la herencia, empapada de un maravilloso folclore, música y baile.

Lo cierto es que había recibido una capa de plumas, que le presentaron durante una ceremonia tradicional en el *marae* local, lugar sagrado de los Maorí donde se realizan eventos religiosos y sociales.

Se rinde homenaje a los ancestros, también presentes durante la ceremonia, presentando sus respetos hacia las generaciones que ya se han marchado, a las que invitan a participar. Y, si alguien ha tenido la suerte de presenciar un *haka* en directo durante un partido de rugby de los All Black, no tiene que imaginarse la energía y atmósfera vibrante que se genera, y que parece poner la piel de gallina a todos los presentes en la ceremonia. La capa levantó el viento cuando se la colocaron a los hombros del mismo modo en que había sido honrado el gran explorador James Cook.

Ray era consciente de la espiritualidad de todo aquello. Como era habitual en toda cultura indígena. Y le resultaba más fácil verse reflejado de muchas maneras, quizás por el ADN de su linaje romaní-gitano. La capa, y el honor que simbolizaba, se convertiría en uno de los tesoros más preciados de toda su vida.

A partir de entonces, Ray pudo visitar el *marae* como cualquier otro miembro de la tribu. Y sintió que era un gesto apropiado invitar a los mayores y tenerlos a su lado mientras recibía a los invitados en su propio *marae*, los estudios de Cloud 9.

Para seguir demostrando su apoyo y reconocimiento hacia todo lo que la capa y su amistad significaban para todos en el *marae*, en la ceremonia de bienvenida de la jornada de puertas abiertas, Ray habló tanto en inglés como en maorí. Se trabó un poco al hablar en una lengua que no era la suya, pero apreciaron y aplaudieron el gesto.

Una multitud inundó el estudio, con equipos de prensa y televisión también presentes. La policía tuvo incluso que cortar las calles durante el evento. Había un embotellamiento enorme, hasta el punto de estar convencidos de que la asistencia superaba por mucho los 20 000 asistentes que esperaban. Pero era difícil saber con exactitud cuánta gente había, pues no se cobraron entradas que pudiesen ayudarlos a cuantificarlos en número: la entrada era gratuita.

Consiguieron recaudar bastante dinero para la beneficencia, y todos mostraron muy buena voluntad. Eso le parecía importante. Siempre mantenía una conciencia social, además de comercial, y consideraba aquel día un momento de devolver algo a la comunidad.

Con la llegada de los guiones de *Atlantis High* y la tercera temporada de *La Tribu*, además de ponerse a bosquejar todo lo que les depararía los próximos años para que el equipo de producción pudiese adelantarse en términos de planificación, la carga de trabajo se estaba volviendo demasiado grande, por no decir otra cosa. Dado que Ray también se encargaba de componer y grabar la música, ahora su asistente necesitaba también sus propios asistentes para que no perdiese el rumbo, y para poder conseguir que Ray siguiese atento a todas las tareas que necesitaba llevar a cabo.

El resto de series del catálogo estaban siendo licenciadas de nuevo en otras partes del mundo, lo que significaba que, para la prensa, eran nuevas producciones, y le pedían entrevistas.

Le parecía raro volver a casa tras un largo día en el estudio y ponerse a responder a tantos periodistas por teléfono, de tantos países distintos, sobre producciones antiguas como si fueran nuevas.

Uno igual le preguntaba por *La serie Aventura de Enid Blyton*, a punto de estrenarse en alguna parte del mundo. De nuevo. Otros le hacían preguntas sobre las demás series, desde *Los robinsones de los mares del Sur* a *Guillermo Tell*, *Regreso a la Isla del Tesoro* o *Un giro en el cuento*. Y, muy a menudo, con respecto a *La Tribu*, Ray se ponía a hablar de lo que estaba sucediendo en la tercera temporada, cuando en realidad iban a emitir la primera o la segunda.

Otras publicaciones de prensa especializada tenían ganas de saber qué vendría más adelante. Esto significaba que, en unos pocos segundos, Ray tenía que pasar de una llamada donde hablaba del inminente *tour* de *La Tribu*, a la llegada de *Atlantis High*. Luego, en otra llamada, se ponía de nuevo a comentar cómo había sido trabajar con William Shatner.

Sin contar con lo confusas que le resultaban las preguntas sobre moda, pues creía que hacían referencia a *La Tribu* cuando, quizás, tenía que ver con la búsqueda del vestuario perfecto para sus dramas de época. Invariablemente, también aparecían en la conversación sus primeras series en la BBC, además de su opinión sobre la educación y las escuelas.

Tribeworld.com comenzaba a ser una página web tan popular que las escuelas hacían referencia a *La Tribu* para estudiar temas sociales de relevancia. Así que, cuando Ray decía que él mismo no lo pasaba bien en el colegio, el reportero se ponía a indagar sobre si pensaba crear una división educativa.

En algún rincón de su mente, recordó que se acercaron a la oficina central de Londres para ver si sería posible preparar un módulo educativo sobre *La Tribu* en 7000 colegios de Reino Unido.

Algunas entrevistas trataban más sobre su regreso a sus raíces musicales, pues sabían que estaba trabajando en bandas sonoras, además de terminando una sinfonía que comenzó a componer en su juventud y que había abandonado.

Otras tenían que ver con su relación con la organización benéfica infantil UNICEF, con quienes Cloud 9 tenía pensado colaborar. Y siempre había interés por saber más sobre el síndrome de Asperger, que respaldaba la propia organización benéfica de Ray.

Todo ello se entremezclaba y se volvía borroso. Le daba la sensación de ser un fregadero que había rebalsado por tener el grifo constantemente abierto. Y, con todo lo que había planeado, no haría más que empeorar.

Recibió de buen grado la oportunidad de salir de su despacho y del estudio para dirigir los primeros tres capítulos de *Atlantis High*, con lo que ayudar a asentar el tono. El plan de rodaje era muy ajustado pero, considerando el resto de cosas que tenía en marcha en su caótica vida, le parecía todo un descanso estar por ahí, rodando en *sets* y exteriores. Le resultaba "fácil" trabajar solamente 12 horas al día. Como si hubiese levantado el pie del acelerador.

Tras la primera toma, comenzó a reírse descontroladamente. Era una serie graciosa, y las interpretaciones y situaciones de la historia conseguían sacar una sonrisa a todos, la mayoría de días. Pero aquel día, Ray era incapaz de parar de reír. Lo que provocó también la risa del reparto y el equipo técnica. Tuvieron que interrumpir toma tras toma. Pensó que, o bien la serie era desternillante, o se le estaba yendo la cabeza debido a todo el trabajo acumulado.

Disfrutaba trabajando tan cerca de su reparto y equipo. Y poder reunirse con algunos actores de producciones anteriores. En muchos sentidos, Cloud 9 era como una compañía de teatro con repertorio propio. Y no dejaba de impresionarle que, sin importar qué papel les ofrecieran, los actores siempre cumplían con su interpretación.

Era toda una revelación ver a algunos de los miembros de *La Tribu*, que Ray había querido traer a *Atlantis High*, exhibir unos dones y un registro tan amplio. Jack interpretaba a Giles Gordon. May, a Jet Marigold. Salene, el particular dúo de personajes Anthony y Antonia. Y algunos de los personajes secundarios de *La Tribu* también hacían apariciones, como Moz interpretando a Vita, Spike como Josh Montana, Sombrero de Copa como un alienígena e incluso Joker, el personaje que más tarde le lanzaría acertijos a Lex en la quinta temporada, en el papel de Beanie.

Sin excepción, todos superaron las expectativas que tenía para con aquella serie tan radical que se estrenaría el año siguiente.

Tras completar sus tareas como director, estuvo encantado de regresar a sus otras labores y, especialmente, a la posproducción de la tercera temporada de *La Tribu*.

El último día de grabación tuvo lugar en una localización de alto secreto. La base aérea de Ohakea, con un equipo de grabación reducido hasta los huesos que tuvo que firmar cláusulas de confidencialidad.

Ningún miembro del reparto estuvo presente. Solamente miembros senior de la Royal New Zealand Air Force, las fuerzas aéreas neozelandesas.

Y una unidad de fuerzas especiales que se lanzaría desde un avión militar en pleno vuelo.

La cuarta temporada de *La Tribu* contaría con una fuerza invasora venida desde tierras lejanas. Los adultos estaban a punto de regresar.

Si es que eran ellos.

CAPÍTULO DIECISIETE

DIARIO: 2001

La decisión sobre si introducir adultos o no en *La Tribu* lo mantenía despierto casi todas las noches. Era lo que faltaba. Tenía ya demasiado trabajo de por sí, y necesitaba poder descansar sin que lo torturase una de las tramas.

Se había pasado toda una semana dando vueltas en la cama, antes de levantarse en mitad de la noche para ir a su estudio y examinar las diversas opciones y escenarios que daban vueltas por su cabeza continuamente. Hasta altas horas de la madrugada.

Para entonces, ya no tenía sentido volver a acostarse. Así que usaba ese tiempo extra para seguir trabajando en las bandas sonoras. Había adaptado parte de su sinfonía, que por fin había conseguido completar.

La base de la estructura melódica de dos de los movimientos había visto la luz cuando era un jovencito. Ahora, tantos años después, por fin pudo poner el punto y final sobre un conjunto que bautizó como *The Spirit Symphony*. Debía estrenarse en el Centro Michael Fowler en Wellington, interpretada por la

Orquesta Sinfónica y el Coro Orfeo de Nueva Zelanda el 13 de abril del 2001.

Mientras, seguían con la producción de *Atlantis High*. Las tres primeras temporadas de *La Tribu* estaban siendo emitidas en varios países, así como otros títulos del portfolio de la empresa.

Y otra serie más que Ray estaba planificando pronto comenzaría su fase de desarrollo: *Revelaciones*. Pero el rodaje no comenzaría hasta el año siguiente, entorno a febrero de 2002.

Esto mantendría el centro de producciones en activo, mientras algunos miembros clave de *La Tribu* salían a hacer más giras. Estaban emitiendo la serie en varios países, y había cada vez más fans descubriendo el significado de volverse tribal. O ser un "tribee", como se habían bautizado los propios fans, aquellos que ya se habían vuelto auténticos devotos, que visitaban Tribeworld con asiduidad o se habían unido al club de fans.

Los chats con el reparto en el foro habían demostrado ser populares, y todos parecían disfrutar de la interacción con amigos de todo el mundo, cuya distancia cultural se había reducido gracias a *La Tribu*. Contrataron a un equipo de doce personas para administrar y supervisar todo aquello.

También se estaba planificando una versión alemana de la página web. Con la tecnología disponible por aquel entonces, Tribeworld tenía dificultades para alojar el enorme tráfico que aumentaba semana tras semana, así que creyeron que otra web para albergar al vasto mercado alemán ayudaría a aliviar la carga.

Muchos fans de todo el mundo, inspirados por el maquillaje y vestuario de la serie, utilizaban una moda similar para expresarse. Otros, utilizaban los temas explorados en la serie como tema de estudio. Cloud 9 abrió una división educativa en Londres, y se estaba probando un módulo de aprendizaje sobre *La Tribu* en las escuelas.

La cuarta temporada comenzaría su preproducción en mayo, y Ray debía decidir hacia dónde iría la historia. Habían escrito los primeros bloques de guiones en enero. Seguirían incluyendo a los Tecnos, pero ya estaban en mayo. Si quería revelar que los líderes supremos de la nueva tribu eran, en realidad, adultos a quienes Ram informaba en su tierra natal, entonces debería actuar ya para virar las tramas en consecuencia.

Lo que lo torturaba era su preocupación por el hecho de que introducir adultos sería, precisamente, traicionar la integridad del tema de un mundo sin adultos, con jóvenes abandonados a su suerte para reconstruir un nuevo orden mundial.

Pero era consciente de que el joven reparto crecía más cada año, y pronto ellos mismos serían considerados adultos. Si no por el público, ciertamente sí por las cadenas. Y existía el peligro de que *La Tribu* pudiese quedarse a medio camino entre lo juvenil y lo adulto en la parrilla de programación, lo cual supondría un problema. Así que creyó que sería buena idea abordarlo ya, mientras podía, e intentar que el equipo de Cumulus recomendase a las cadenas introducir *La Tribu* en otra franja horaria. Eso aseguraría su longevidad.

Además, Ray estaba desesperado por dar explicaciones sobre el mensaje que dio aquella misteriosa voz aparecida del satélite en el último capítulo de la primera temporada.

En cierto momento, muchos años antes de que *La Tribu* existiese siquiera en su encarnación real, en uno de los primeros borradores del formato, los niños de aquel mundo habían sido evacuados por los adultos a un nuevo planeta. Para sobrevivir. La historia tenía más elementos de ciencia ficción por aquel entonces.

Pero evolucionó. Ray desechó la idea de introducir adultos, y le pareció que a la serie le vendría mejor un entorno contemporáneo, aunque sí mantuvo ciertos elementos cercanos a la ciencia ficción.

Los fans de todo el mundo tenían muchas teorías acerca de qué había sucedido realmente y de dónde había salido el virus durante las primeras tres temporadas. Y, además de la "resurrección" de Amber tras la explosión en la Montaña del Águila, Ray tenía aún más giros sorprendentes que quería incluir y revelar.

Tenía toda una mitología tribal planificada en términos generales. Tan solo era cuestión de cuándo y cómo introducir todos los elementos. No obstante, una serie como *La Tribu* también funcionaba de manera orgánica, y quería dejarla respirar, que creciese y se expandiese de forma natural.

Así que, finalmente, decidió que los Tecnos se quedarían como estaban, sin introducir a los adultos ni mezclar demasiadas cosas, pues solo conseguiría complicarlo todo. Siempre podía volver a lo que tenía en mente en otras temporadas, si fuese necesario. O incluso contar la historia a través de novelas.

Había material más que suficiente con los Tecnos para alimentar las tramas de la cuarta temporada. Y, seguramente, también sobrarían de cara a la quinta.

Ray tenía ganas de meter una ubicación que recordase al lejano Oeste, con la peleona propietaria de una cantina, y un cazarrecompensas que llegase al pueblo. En cierto momento pensó incluso en adelantar aquella historia, pues ya tenían el decorado de un pueblo en la parte trasera del estudio, y podían adaptarlo fácilmente para encajar con la localización.

Pero, logísticamente, debía ser cuidadoso. También necesitaría usar el pueblo de la parte trasera para completar la producción de *Revelaciones* primero. Y, luego, cambiarlo todo para lo que tenía en mente con *La Tribu* e introducirlo en la quinta temporada.

Las fuerzas invasoras darían pie a que se examinasen temas relacionados con la tecnología. A Ray nunca se le había dado bien la tecnología, y le costaba hasta cambiar una bombilla. Ni qué decir ya de entender todo lo que podía conseguirse con un microchip.

La primera vez que se interesó por el mundo de los ordenadores fue tras ver el clásico de Stanley Kubrick *2001: Una odisea del espacio*, donde el ordenador H.A.L. cobra voluntad propia.

Pero él mismo se resistió a utilizar ordenadores durante varios años, hasta su época en la BBC, cuando su asistente lo convenció, diciendo que un procesador de texto le resultaría más beneficioso que su vieja máquina de escribir Underwood.

Obsesionado con la tradición, Ray sintió reparos a la hora de reemplazar su querida Underwood, que le había hecho compañía durante tantas noches solitarias, cuando luchaba por rellenar las páginas en blanco. Se había acostumbrado al rítmico *ra-ta-tá* de su tecleo a dos dedos. Le ofrecía cierto consuelo.

Sin embargo, sabía que, para cumplir en el mundo profesional, debería estar al día con la tecnología y hacerse la vida lo más fácil posible. Después de todo, la gente también debió reemplazar la tinta y pluma por la máquina de escribir en su momento.

Así que se hizo con un ordenador, un Amstrad. Y recibió un tutorial básico sobre los procesadores de texto. Se quedó impresionado de que aquella cosa pudiese comprobar las faltas de ortografía, copiar y pegar… y le pareció que no le vendría nada mal si también pudiese escribir por él. Pero no hubo suerte. Aún debería seguir viviendo con esa lucha. Eso sí, al fin comprendió que aquel programa podía facilitarle mucho el proceso. Especialmente, porque tenía la posibilidad de eliminar texto.

Le encantaba esa palabra. No sabía por qué. "Eliminar". Sonaba siniestra. Amenazante. Aterradora.

Pero también reconfortante. Como descubriría durante la escritura del primer proyecto que llevó a cabo en el ordenador. Y que se convirtió en una experiencia que solo podría describir como totalmente surreal. Tras la búsqueda de la creación, Ray descubrió que la tecnología (y la tecla de borrar) eran una forma de autodestrucción. Seguramente, el Amstrad podría haber reemplazado el significado de la palabra "eliminar" de su diccionario por el de la palabra "fácil".

La BBC de Escocia le había encargado, a través de una coproducción con una cadena francesa, desarrollar una serie que tuviese lugar en la industria del vino. Tras pasarse semanas de investigación en Burdeos, Ray se fue a su estudio, encendió el ordenador y se quedó mirando la pantalla en blanco. Durante días. Era incapaz de comenzar. Y, cuando por fin lo hizo, volvió loca a su asistente con sus constantes preguntas sobre qué tecla apretar para guardar el archivo o pasar el corrector.

El productor de aquel programa estaba muy establecido, y Ray se quedó asombrado, creyendo que quizás lo había confundido con otro escritor. Pero su agente le aseguro que no, que no había habido ningún error. Por muy halagador que resultase, eso también le metía cierta presión. Ray esperaba poder cumplir, y que el productor no se arrepintiese de habérselo encargado a él.

Cuatro meses después, había completado tres guiones. Y pasó de sentirse satisfecho con lo que había escrito, a sentirse realmente decepcionado. Sin embargo, ya se había pasado de su fecha límite, y debía entregar el material. No había tiempo para más revisiones. Tras una última lectura, le apareció una expresión desconocida en pantalla: *Ejecutar administrador de datos del disco*.

No tenía ni idea de qué significaba aquello. Así que llamó a un amigo escritor, que sabía bastante de ordenadores y también estaba a punto de retirarse a la cama tras cumplir con su cuota de páginas de aquel día. Cuota que no alcanzó hasta bien entrada la noche.

—Tú asegúrate de guardarlo todo. Y, hagas lo que hagas, no pulses F5 —le dijo a Ray—. O podrías borrarlo todo.

—¿Cómo? ¿Quieres decir que si le doy a F5 lo borraría todo, lo perdería? O sea, ¿TO-DO?

Su amigo escritor confirmó que así era, sin saber que, al otro lado de la línea, Ray contemplaba con los ojos como platos cómo su dedo se iba acercando lentamente a la tecla F5.

No se lo podía creer. Entró en pánico y soltó el teléfono para intentar agarrar con esa mano a la otra, e intentar tirar de ella.

Pero no sirvió de nada. La otra mano parecía tener vida propia, y ser más fuerte. No importó lo mucho que lo intentase, la mano acababa liberándose.

Y Ray vio absolutamente horrorizado cómo su dedo siguió avanzando hacia la tecla, casi a cámara lenta.

—¡¡¡Noooooooo!!! ¡¡¡No pulses F5!!! —gritó.

Demasiado tarde. Aquel dedo independiente pulsó F5. Entonces, Ray volvió a pillar el teléfono.

—¡Se está esfumando! ¡Página por página! ¡Todo, los guiones enteros! ¡Está desapareciendo todo!

Tras el pánico inicial en su voz, apareció la resignación. Y el alivio. Un enorme alivio.

Ray se sirvió una copa de vino, se recostó en la silla, puso sus pies sobre el escritorio y se quedó mirando la pantalla del ordenador. Todos los guiones estaban desapareciendo ante sus ojos, página por página.

—Vaya con el F5, menudo es, ¿eh? —dijo, sintiéndose mucho más relajado. Como si, de repente, le hubiesen quitado un gran peso de encima—. Cuatro meses de trabajo, desaparecidos. Ahora, el productor nunca sabrá lo bueno que era. Y me esforcé al máximo con este proyecto, te lo digo yo. Mi mejor guion hasta la fecha. Qué pena. Menuda lástima. Pero bueno, mira, cosas que pasan.

Su amigo escritor estaba tan angustiado que era incapaz de imaginar cómo debía estar sintiéndose Ray, inconsciente de que, cuando la última página se hubo marchado, una sonrisa de felicidad absoluta se dibujó en su rostro.

Pese a decirle a su amigo lo devastado que estaba (y, en parte, así era), también se había quedado totalmente en paz. Lo cual resultaba curioso. Y le encantaba. Todo aquel duro trabajo ya no estaba. Gracias a... "eliminar".

Ray se ofreció a devolver todo su salario, pues sentía que lo mejor para el proyecto sería contar con otro escritor. Pero lo convencieron para seguir.

Finalmente, entregó sus guiones. Sin embargo, el proyecto se perdió en el infierno del desarrollo. A él, aquello lo convenció de que su instinto había hecho lo correcto al destruir todo lo que había escrito. Tampoco sería tan bueno.

F5 se convertiría en una palabra que Ray utilizaba a menudo, un aliado en años posteriores. Una forma de medir si debía abandonar algo o no, si debía seguir adelante o no. No solamente en cuanto a la escritura, sino también en otros aspectos de su vida.

Respecto a traer a los adultos de vuelta en *La Tribu*, la idea la dejó como pendiente. Pero se estaba decantando más por darle a F5 y eliminarla.

Tras ver los primeros cortes tras comenzar el rodaje de la temporada, Ray se quedó entusiasmado. La introducción de los Tecnos (con Ram, Java, Siva, Jay y Ved) inyectó una dimensión fresca, como hicieron los nuevos personajes de Patch, Mouse y Sammy. Ray se quedó encantado con las actrices y actores contratados. Todos poseían cualidades especiales y presencia en pantalla.

El uso responsable de la tecnología sería un tema interesante. Había personajes versados en el mundo de los ordenadores, e introducirían la realidad virtual. Algo que podía resultar peligroso de caer en manos equivocadas.

El juego de Paradise fue una plataforma interesante con la que explorar las adicciones de forma segura, sin tener que recurrir a las drogas y todo lo que ello supone (algo que sería difícil de vender a las cadenas, dada la franja horaria infantil/juvenil en la que solía retransmitirse *La Tribu*).

En el fondo, Ray quería mantener un equilibrio, y no deseaba que *La Tribu* se volviese demasiado oscura. De igual forma, tampoco quería que fuese todo limpio y anodino.

Aunque *La Tribu* trascendía todo aquello con su propia ética y karma. La esperanza siempre terminaría triunfando. Tanto en pantalla como fuera de ella. Y la introducción de Dee fue un buen ejemplo de esto. Ray estaba encantado de que estuviese encajando bien en su papel. Teniendo en cuenta cómo lo había obtenido, que era inusual como poco.

Ray recibía muchas cartas. Pese a toda su voluntad, era impensable que pudiese responderlas todas debido a la cantidad de cartas que le llegaban, pero siempre se aseguraba de guardar un hueco cada semana para responder a algunos de los fans. Sentía que, si se habían tomado la molestia de ponerse en contacto con él, él debía hacer lo mismo. Al menos, con tantas cartas como le fuera posible.

Durante la producción de la temporada anterior, su asistente le hizo llegar un paquete que contenía una cinta, de una fan.

Ray la escuchó, y se quedó impresionado con la voz de la chica, pero más aún con lo que había escrito, algo que le pareció enternecedor. Era una fanática seguidora de la serie que vivía en Reino Unido. Así que le pareció que sería genial llamarla por teléfono. Y ofrecerle un papel.

—Eres de lo que no hay —dijo su asistente, que nunca sabía qué sorpresas les depararía el día, al trabajar con Ray.

Nada la sorprendía ya. Su primera tarea de aquella mañana había sido mover los muebles unos centímetros hacia aquí o hacia allá mientras Ray le daba indicaciones. Los limpiadores de la noche debieron haberles dado a algunas sillas sin querer, y le preocupaba que no estuviesen apuntando en la dirección correcta. Y, siendo aquel un día musical, todo debía ser exacto.

Estaba planeando adaptar más elementos de su sinfonía para la banda sonora de *La Tribu*.

Ya había indicado la posición correcta con cinta. Y no parecía que hubiese nada fuera de lugar. Pero él estaba seguro de que sí, así que su asistente repasó todos los muebles para asegurarse de que estuviesen en el lugar exacto. Aunque hubiese que ajustarlo solo unos centímetros.

Ray estaba escuchando la cinta del *casting* mientras observaba atentamente, para asegurarse de que la recolocación de los muebles se llevaba a cabo de la forma correcta. Mientras, limpiaba de manera obsesiva su piano, una y otra vez. Su asistente había estado leyendo algunos guiones sobre la nueva tribu de los Tecnos, que aparecería en la cuarta temporada, y podía ver de dónde salía la manía de Ram con los gérmenes.

Ray tenía un suministro interminable de toallitas húmedas. Las utilizaba continuamente para limpiar superficies o lavarse las manos, pues tenía fobia a los gérmenes. Siempre estaba presente, pero era algo que parecía manifestarse más cuando estaba muy cansado.

Tras comprobar por partida triple la dirección a la que apuntaban los muebles y limpiar bien todas las superficies, a su asistente le inquietaba un poco llamar por teléfono a la jovencita que envió la cinta y pasársela a Ray en esos momentos.

Él se encontró hablando con el padre de la chica, quien creyó que aquello debía ser algún tipo de broma cruel y le colgó.

A la asistente de Ray no le sorprendió del todo aquella reacción. Pero a él, sí. No era capaz de comprender por qué alguien pensaría que estaba bromeando. Así que volvió a llamar y le aseguró al padre que iba en serio. Quería que la familia tomase un vuelo a Nueva Zelanda para hablar sobre la posibilidad de que su hija apareciese en la serie de la que era tan fan.

Al final, la madre acompañó a Dee, que nunca había volado a ninguna parte, y se aseguró de que todo estuviese en orden.

Dee estaba encantada. No podía creerse que un día estuviese mirando pósters de los personajes de su serie de televisión favorita sobre la pared de su cuarto y, de repente, los conociese, se hiciese amiga de ellos y apareciese en la propia serie.

Pocos meses después, fue justo eso lo que pasó.

Seguramente, Ray estaba más emocionado que Dee. Estaba encantado de que se hubiese asentado bien, que estuviese contenta y ofreciendo una excelente interpretación. Todo aquello parecía muy buen karma.

Fue consciente de lo mucho que significaba *La Tribu* para los fans de todo el mundo cuando muchos de ellos escribieron a la oficina e interactuaron en Tribeworld, preocupados y confundidos por lo que trágicamente sucedió en Nueva York el 11 de septiembre de aquel año. El 12 de septiembre en Nueva Zelanda.

El equipo de la página web, el reparto y el equipo de Cloud 9 estaban igual de conmovidos. Fue un momento que definió a muchas personas. Un tiempo para reflexionar sobre el estado del mundo. Y resultó emotivo que, a uno y otro lado de los enormes océanos, los fans intercambiasen sus opiniones y sus miedos entre tanta angustia y desesperación, y sus esperanzas y rezos por un mundo mejor, y un futuro para todos.

La cuarta temporada de La Tribu finalizó su rodaje en diciembre, y la posproducción continuó mientras comenzaban las grabaciones de la nueva serie de Cloud 9, *Revelaciones*, en febrero de 2002.

Aquel demostraría ser también otro momento definitorio, que cambiaría la vida de Ray.

CAPÍTULO DIECIOCHO

DIARIO: 2001-2002

Ray hablaba regularmente por teléfono con su familia en Reino Unido, y echaba mucho de menos verlos. Pero, con tanto trabajo, le sería imposible encontrar el momento de viajar durante un tiempo.

Una vez completasen *Revelaciones*, comenzarían a rodar la quinta temporada de *La Tribu* más adelante ese mismo año, en octubre. Y Ray sentía que se estaba ahogando en un mar de guiones de ambas series.

Se estaban preparando aún más giras tribales, entrevistas en prensa, y algunos altos cargos del gobierno le habían pedido su opinión sobre el estado de la industria del cine y la televisión en Nueva Zelanda.

Además, tenía que encargarse de más bandas sonoras y se estaba hablando de la posibilidad de expandirse e iniciarse en la animación.

Y, además de su beneficencia, con la que Ray quería dar algo de vuelta a la comunidad. También tenía intención de dar algo de vuelta a su industria. Así que aceptó ser profesor adjunto para dar clases y tutorías a estudiantes de posgrado en la facultad de artes creativas de la Universidad Tecnológica de Queensland, en Australia.

—El día parece no tener suficientes horas. La noche, tampoco —le comentó a su hermano pequeño por teléfono—. Tengo muchas cosas encima. Pero, con algo de suerte, quizás pueda hacer una escapada a Reino Unido más adelante este año. Sería genial poder vernos.

—Eso espero. Ha pasado algún tiempo —respondió su hermano pequeño. Luego añadió, preocupado por el bienestar de Ray: —. Tú asegúrate de cuidarte bien. Con la cantidad de horas que trabajas, tienes que estar atento a tu salud. Que ya no eres ningún polluelo.

Menos de tres días después, Ray estaba de vuelta en Inglaterra consolando a su padre, hermanas, y a la mujer e hijos de su hermano.

Su hermano había muerto de manera inesperada. Pocas horas después de hablar con él por teléfono. Un coágulo de sangre le provocó una hemorragia cerebral. Dejó atrás a su mujer y tres niños pequeños. Ray y toda la familia se quedaron con el corazón roto.

Permaneció en Reino Unido tanto tiempo como pudo. Sintió también la necesidad de visitar Disneyland París, adonde su hermano y la familia de este lo habían acompañado unos años antes. Aquello le trajo muchos recuerdos de tiempos felices. Su hermano era muy fan de Disney, y le encantaba Igor, el burrito de *Winnie the Pooh*.

Aquel parque temático también le ofrecía cierto consuelo, sabiendo que él mismo se encontraba allí cuando su madre tomó su último aliento. Y, tras la muerte de su hermano, emprendió una búsqueda, como intentando contactar con su madre. Sentía que no había lugar mejor que ese, que tanta felicidad le había dado a su hermano.

A medida que avanzaba el desfile por la calle principal, Ray estaba solo, sentado en un banco cercano a la entrada del parque. Se quedó mirando con tristeza unos globos de helio con la forma de Igor que había comprado y que acababa de soltar, ascendiendo ahora más y más alto por el cielo.

De vuelta en Nueva Zelanda, le costaba aceptar el fallecimiento de su hermano. Se sentía como anestesiado, sentía la necesidad de estar con su familia en Reino Unido. Especialmente con su padre, que se había quedado roto, como lo estaría cualquier padre que sobrevive a su hijo. Pero todos insistieron en que Ray tenía que hacer lo que tenía que hacer.

Le sería imposible tomarse tiempo libre. Sus empeños creativos habían evolucionado hasta convertirse en un tiovivo comercial vasto y complejo. Era responsable de un portfolio de producciones de 150 millones de dólares.

Estaba en juego el sustento de muchas personas. No solo los trabajadores de Cloud 9. Tenía responsabilidades para con su socio de operaciones. La empresa estaba en producción activa, y tenía la obligación por contrato de ofrecer más títulos, giras musicales, *merchandising* y todo tipo de actividades.

El éxito había llegado a un alto precio. Ray, como persona clave, estaba legalmente atado a bancos, empresas de seguros, agencias de bonos, cadenas de televisión, distribuidoras y editoriales. Era un mundo muy presurizado. Pero ya no se limitaba a rellenar una página en blanco: Ray se había visto envuelto en un mundo gobernado por los resultados fiscales.

Había oído a menudo ese cliché de que los negocios no entienden de sentimientos. Ahora, más allá de la semana de baja que se había tomado, sabía que, con el auge que estaba experimentando la empresa que él había fundado, no había cláusula en ningún contrato (ni hueco en ninguna agenda) que permitiese tiempo para pasar el luto.

Y era algo que sabía que debía pasar. Como siempre, cuando encontrase el momento para ello. Pero era algo esencial. Su motivación era mantener el sueño de todos con vida. Sin embargo, debía asegurarse de mantener también vivo su propio sueño, y a sí mismo.

Encontró mucho consuelo en la espiritualidad y los temas tratados en *Revelaciones*. Y se quedó admirando las interpretaciones desde que llegó el primer metraje terminado. En la serie aparecían varios miembros de *La Tribu*, así como otros miembros del talentoso repertorio de actores y actrices de Cloud 9. Y, como siempre, demostraron tener muchas tablas, aportando mucho a sus papeles.

Había elegido a Ram para hacer de Jesse, y se quedó impresionado con la versatilidad del joven actor, que podía inyectarle cualidades sensibles y vulnerables al personaje, una sensación de añoranza como el narrador que viajaba por la historia, desde el comienzo de los tiempos, en busca del significado de la vida y la existencia.

Era una pregunta que él mismo se había hecho a menudo. Y concluyó que el significado era dar amor. Y recibirlo. Podía ser el amor de un hombre, de una mujer, de un niño, de la música, de lo que fuese. Pero, si no experimentábamos su pureza, en cualquiera de sus formas, no traeríamos más que disfunción y desequilibrio a nuestro corazón, espíritu y alma.

Aunque había adaptado libremente algunas parábolas, *Revelaciones* no era una serie religiosa como tal. Pero sí pretendía tener un tono inspirador. Ser una celebración de la condición humana. Ray estaba muy satisfecho con la serie, y con los ideales y valores que exploraban en ella.

Más adelante, una vez se emitió la serie, hubo espectadores a quienes les recordaba en cierto modo a la icónica *Tocados por un ángel*. Aquella comparación significaba mucho para él. Irónicamente, era una de las series favoritas de su difunto hermano.

Ray le dio un repaso a su Spirit Symphony y dedicó el álbum, grabado durante otra actuación de la Orquesta Sinfónica de

Nueva Zelanda, a la memoria de su madre y su hermano. Las hojas interiores del álbum contenían también unas letras que escribió la noche en que supo de la muerte de su hermano.

Le resultaba abrumador escuchar la sinfonía en directo, tocada por una orquesta de casi 100 músicos y un coro completo. Era bello, pero también difícil. Cuando se estrenó, se agotaron las entradas y hubo muchas figuras políticas y dignatarios entre el público, y Ray hizo todo lo posible por quedarse durante todo el concierto.

Pero, a mitad del primer movimiento, se tuvo que ir, estaba demasiado sensible. No era por la ocasión, sino por la música. Era como si estuviera viva. Como si fuera la sangre que fluía por sus venas. Podía sentir los sutiles matices de cada instrumento en los poros de su piel, provocándole hormigueos y escalofríos que le recorrían todo el cuerpo.

Fue agridulce. Le dio una tremenda sensación de felicidad. Y también el dolor más punzante que jamás había experimentado. Quizás era porque a su difunto hermano le encantaba aquella música, y encontraba consuelo al escucharla cuando pensaba en el fallecimiento de su madre, años atrás.

Para Ray, resultó tan peculiarmente angustiante como conmovedor. Y solo ocurría cuando la interpretaban en directo, en tiempo real. Nunca cuando escuchaba la música después de que la hubiesen grabado. Así que tuvo que ausentarse, regresando al auditorio donde estaban tocando la sinfonía tras concluir el último movimiento.

Temas derivados de "Spirit" se usaron en la banda sonora de *La Tribu*. En "Pride's Requiem", que se había vuelto en sí mismo, por desgracia, un réquiem para su hermano. Otros temas se incluyeron en parte de la música incidental que compuso para *Revelaciones*.

Al concluir las grabaciones de la cuarta temporada y de *Revelaciones*, algunos miembros del reparto de *La Tribu* se embarcaron en otra gira europea más. Y Ram recogió un premio en nombre de Ray en la parte americana del *tour*, durante el festival Dragon Con en Atlanta.

Era un honor que el festival lo reconociese, y el reparto estuvo encantado de participar en el desfile por la ciudad de Atlanta, además de tener la oportunidad de actuar para los fans estadounidenses.

Mientras estaban preparando la quinta temporada de *La Tribu* en octubre de ese mismo año, Ray se quedó sorprendido al descubrir que iban a otorgarle otro premio más.

Su asistente le entregó un sobre con aspecto oficial y dirigido personalmente a él. Ray se lo entregó de vuelta, pidiéndole que se encargase ella, pensando que seguramente habría que enviárselo a sus contables, pues debía tratarse de temas de impuestos u otros asuntos de negocios.

—Lo acabo de abrir —dijo su asistente al tiempo que entraba de nuevo al despacho de Ray algunos minutos después, y le devolvía el sobre—. No he leído los detalles. Pero no creo que sea para los contables. Es privado y confidencial. De parte de Elizabeth R.

La asistente se marchó, y él se puso a leer la carta, ligeramente confundido al principio. No conocía a ninguna "Elizabeth R.". Aunque, por supuesto, ese era también el nombre de la reina Isabel.

Entonces se dio cuenta. La carta venía, de hecho, de la máxima autoridad, e informaba a Ray de que Su Majestad quería incluirlo en la Lista de Honores de Año Nuevo para el año 2003 por sus servicios a la televisión, y la investidura ocurriría el siguiente mes de abril.

Hasta que fuese anunciado formalmente, Ray no podía mencionárselo a nadie y debía guardar el secreto. No obstante, sí debía notificar al gobernador general si aceptaba ese honor. Tardó solo unos segundos en decir que sí.

Aunque era incapaz de asimilar o comprender qué había hecho para merecerse tal reconocimiento. Nunca se había considerado una persona de tanto talento. Y, con sus necesidades especiales, siempre había encontrado dificultades. Pero siempre hacía todo lo posible por mantener su sueño vivo.

Aquel año trajo una serie de eufóricos momentos álgidos y descorazonadores momentos bajos. Habría dado todo lo que tenía porque su hermano y su madre estuviesen allí, aunque fuese por un minuto. Y compartirlo todo con ellos como lo compartía con el resto de su familia. Pero él sabía que su madre y su hermano lo sabían. Y que habrían estado tan orgullosos como lo estaban su padre y sus hermanas, y todos los miembros del clan.

La quinta temporada de *La Tribu* comenzó su rodaje en octubre, más o menos cuando recibió la notificación de aquel honor. Y concluiría su producción en abril, momento en que Ray fue elegido también para recibir la Orden del Mérito de Nueva Zelanda.

Le conmovía el apoyo recibido por todo el mundo, incluyendo cartas de enhorabuena por parte del Primer ministro y otros dignatarios. Pero le emocionó especialmente la celebración especial que le preparó su equipo de Cloud 9.

El centro de producciones se estaba expandiendo, con las incorporaciones de Slade, Ruby, Gel, Darryl y Lottie al reparto. Como de costumbre, Ray se quedó encantado de haber podido reclutar a intérpretes con tanto talento, además de unos seres humanos muy especiales, con cualidades que resultaron ser muy beneficiosas para la serie y para el equipo.

Ahora que *Revelaciones* había completado su rodaje, modificaron el plató de la parte trasera para convertirlo en el pequeño pueblo de Liberty, que ayudó a ampliar más la serie y ofrecer otro paisaje fotogénico.

Ram y el enigmático cazarrecompensas, Slade, encontraron a la horma de su zapato en Ruby, la peleona dueña de la cantina que controlaba sus dominios con mano de hierro.

La tribu de los Tecnos siguió aportando una dimensión interesante en contraposición a los Mall Rats en la trama. Siva, Java y Ebony, hermanas en la vida real, se reunieron en el estudio de grabación, y Ray se quedó impresionado por su versión extendida de "Tribe Spirit", el tema de los títulos de cierre.

Mouse, Sammy y Lottie representaban de forma entrañable a la generación más joven, mientras el resto de personajes seguían haciéndose mayores y recogiendo el testigo de los adultos. La tribu de los Mall Rats sentaba las bases y despejaba el camino para crear un futuro mejor y más sostenible.

Zoot, que había estado trabajando en el departamento artístico tras ser recadero de Ray, también había regresado gracias a los prodigios técnicos de la realidad virtual, compartiendo protagonismo con la astuta imitación del legendario líder de los Locos ofrecida por Darryl.

La presencia del personaje había permanecido de manera siniestra como fuente de conflictos desde su muerte mucho antes, en la primera temporada.

Ahora, aunque nunca se había ido del todo, el verdadero Zoot había vuelto. Y, de nuevo, a través de esta nueva encarnación, suponía una gran amenaza para todos.

El tema de la responsabilidad tecnológica estaba tomando una dimensión nihilista estilo "F5". Pese a las maravillas de la era informática, la tecnología podía suponer la autodestrucción en manos equivocadas.

Fue muy emotivo para Ray ver el momento en que Slade se enfrentaba a su hermano, Mega, quien moría poco después. Quizás fuese una obra de ficción, pero la emoción que evocaba era muy real.

Cuando los Mall Rats se subieron a bordo de un barco para escapar de la ciudad al final del último capítulo y se prosiguió con la posproducción, Ray decidió también alejarse algunos días y preparar una conferencia de tramas en Queenstown, en la Isla Sur.

Era hora de planificar la sexta temporada de *La Tribu*. Pero le esperaban más sorpresas por el camino.

ESCENAS NO GRABADAS, SEXTA TEMPORADA

EXT. MONTAÑAS. DÍA.

VIAJAMOS a través de una fotogénica región montañosa para revelar a FLAME, el carismático líder de los Privilegiados.

Está en la CIMA de una montaña nevada con vistas a un paisaje sobrecogedor.

Es el roquero definitivo. Sus largos cabellos rubios oscilan al viento a medida que mece su cabeza adelante y atrás, como en un trance. Está tocando los rasgueos de guitarra eléctrica más ensordecedores e increíbles que nadie haya oído jamás. Es como si resonase por toda la región. Incluso por los cielos.

FLAME es de armas tomar. Es temperamental,

siempre irritable y tiene mala leche. Y hay quien tendría dudas sobre si es hombre o mujer. Desde luego, es espectacular, hermoso. Toda una estrella del rock.

EXT. CAMPO. BOSQUE DE PINOS. MONTAÑAS. DÍA.

Los DESCARTADOS, esclavos campesinos de los Privilegiados, trabajan en el campo. La música de la guitarra eléctrica sigue resonando por todas partes.

Se puede ver a FLAME en la distancia. Los rayos del sol sobresalen por la cima de la montaña, tras él, lo que le da prácticamente un aura de dios.

Los DESCARTADOS llevan cadenas. Están plantando y cosechando cultivos. Y, al contrario que sus amos, tienen todos un notable sobrepeso, no son nada atractivos y tienen códigos de barras tatuados en los brazos.

De vuelta en la montaña, la subteniente de Flame, HARMONY, junto a su equipo de SEGURIDAD, observan cómo FLAME continúa dando cabezazos adelante y atrás, en trance. Le sangran los dedos mientras sube y baja por el traste y rasga las cuerdas, regalando otro increíble solo.

HARMONY es una auténtica belleza, con el pelo largo y trenzado, y un tatuaje en forma de rayo sobre una mejilla. Pero también es traicionera y calculadora… el verdadero poder tras el trono.

Ahora mismo, le señala a Flame a su enorme guardaespaldas, OX.

> HARMONY
> Se le está yendo la cabeza. ¿Kava otra vez? (Ox asiente) Será mejor bajarlo de ahí. Ya ha tenido tiempo más que suficiente.

Poco después, FLAME repara en OX y el equipo de SEGURIDAD acercándose. De repente, se da la vuelta y comienza a correr. Y salta desde la montaña. Da la sensación de que estuviese volando.

Los campesinos DESCARTADOS se quedan observando la caída libre de Flame en la distancia, que da vueltas arriba y abajo mientras sigue agarrado a su guitarra, intentando tocar.

De repente, FLAME se ve elevado de un tirón por la cuerda que lleva atada a una pierna, que lo sube hacia arriba. Él comienza a reír de forma maníaca entre el ECO de la música, al tiempo que la cuerda lo catapulta de nuevo hacia la cima y pierde la GUITARRA…

…que sale dando vueltas, cae por el aire y

aterriza cerca de una boquiabierta CHICA DESCARTADA que se acerca a la guitarra y la levanta, sobrecogida, dándole un extático abrazo.

Descubrimos a ALICE y KC encadenados, trabajando cerca de allí, intercambiando miradas de asco ante la reacción de su compañera. Ellos nunca adorarán a Flame. Más que un dios, es el demonio. Y todos quienes están esclavizados y oprimidos bajo su perversa ideología viven en el propio infierno.

INT. SANTUARIO DE FLAME. RESORT DE LOS PRIVILEGIADOS. NOCHE.

La CHICA DESCARTADA vista en el campo de esclavos está ahora desnuda, manteniendo sexo con la guitarra que recuperó.

La habitación está oscura, iluminada solo por antorchas que arrojan sombras acechantes a medida que pasa la lengua de forma sensual por las curvas de la madera, acariciando el instrumento antes de abrir sus piernas y empujarlo entre ellas.

Está siendo observada de manera impasible por FLAME, HARMONY y OX, rodeados de SIRVIENTES que parecen ser asexuados. Como las damas-chico de las Islas del Pacífico. Criaturas hermosas y andróginas.

No podemos dejar de fijarnos en algo: los PRIVILEGIADOS son todos guapísimos, consentidos, excesivos… aquello a lo que aspiran de forma errónea todos los jóvenes debido a la presión social. Todos quieren ser modernos y atractivos.

La CHICA DESCARTADA deja ir un grito de placer orgásmico.

>   FLAME
> ¡Muy bueno! Una 54 Hohner.
> Traste de marfil puro. Mucha
> tensión en el cuello. ¡Qué
> sexy!

>   HARMONY
> ¿La deseas?

>   FLAME
> ¿Qué dices?

Por muy erótico que fuese aquello, la CHICA DESCARTADA no provoca emoción alguna en Flame, que suelta un bufido, casi ofendido.

>   FLAME
> Estoy hablando de la
> guitarra, no de ella,
> Harmony. Ella no me merece.
> ¡Mírala bien! ¡Por favor!
> ¿Te lo imaginas?

HARMONY
Bueno, ya has oído al propio dios, hermana. Pierde un poco de peso y quizás, un día, seas buena candidata para entrar en los Privilegiados. Ahora mismo, sigues siendo una Descartada. Te toca volver al campo de esclavos. (a Flame) ¿Alguna recompensa por recuperar la guitarra?

FLAME
Que se la quede Ox. Un regalito por esta noche, de mi parte. Aunque sea más bien grandecita, mejor para ti, Ox. Hay mucho donde hincar el diente.

Ox sonríe, asiente a un despreciativo Flame, y se chupa los labios. Le gusta cómo suena eso.

Aunque, claramente, la idea no parece gustarle tanto a la chica descartada, humillada.

CAPÍTULO DIECINUEVE

Diario: 2003-2004

Ray estaba mirando por la pequeña ventana del avión, y podía imaginarse la escena de apertura que tenía en mente para presentar a Flame según lo estaba escribiendo en el guion.

El vuelo desde Wellington estaba a punto de aterrizar, descendiendo entre montañas nevadas hacia Queenstown.

Había grabado en aquella zona en varias ocasiones. Y habían conseguido un material increíble. Especialmente en la producción de La leyenda de Guillermo Tell. Las montañas, bosques y lagos ofrecían un fotogénico y sobrecogedor paisaje, y sería ideal para representar el tipo de atmósfera que quería para la sexta temporada de La Tribu.

La base principal de la producción seguiría estando en los estudios de Cloud 9, pero Ray estaba planificando entrelazarlo con grabaciones en la Isla Sur, que ofrecían una amplia gama de localizaciones inhóspitas y evocativas.

Estaba nevando en grandes cantidades cuando se dispuso a desplazarse desde el aeropuerto al hotel, y esperaba que los guionistas invitados a la conferencia de tramas hubiesen llegado bien. Algunos de los que venían de Inglaterra seguro sentirían los efectos del *jet lag* tras un viaje tan largo. Y, con el tiempo que hacía, quizás retrasasen algunos vuelos. O, aún peor, tal vez cerrasen los aeropuertos.

Aquel entorno alpino y cubierto de nieve ofrecía una atmósfera tan festiva que a Ray le era complicado creer que era agosto. Le parecía que estaba en diciembre. Habiéndose criado en el hemisferio norte, siempre le resultaba difícil celebrar la Navidad en verano. Y seguro que a los del hemisferio sur les pasaría lo mismo si pasaban sus vacaciones en algún lugar frío, en vez de tomar el sol en el exterior, disfrutando de un pavo con guarnición o una barbacoa.

Por suerte, todo el equipo de guionistas y el consultor de historia habían llegado sanos y salvos. Durante los próximos días, Ray detalló sus ideas. Pensó que aquella escapada les vendría bien, también para que el equipo pudiese comprender el tipo de localizaciones de que disponían. Pero, sobre todo, el paisaje y ambiente que tenía en mente para la sexta temporada.

Harry no pudo asistir debido a otro encargo. Estaba ocupado, desarrollando un título para el que Ray estaba considerando volver a contar con William Shatner. Aunque estaban siempre en contacto, y habían informado a Harry de todo.

Entres unas charlas y otras, Ray se llevó al equipo a Arrowtown, un pequeño pueblo que disfrutó de cierta fama durante los días de la fiebre del oro a principios del siglo anterior, momento en que se incrementó su población. Ahora, había allí una pequeña comunidad a los pies de un tranquilo río, rodeados por majestuosas cordilleras.

El pintoresco pueblo era un popular destino turístico. Estaba enclavado en una zona que ofrecía varios deportes de aventuras, desde *snowboarding* a *rafting*. Ray animó al equipo a subirse a la famosa lancha de Shotover. Todos tuvieron una experiencia emocionante a medida que el barco avanzaba por el río, girando y maniobrando entre estrechos acantilados.

Algunos de los guionistas se animaron incluso a hacer puénting. Eso ya era demasiado extremo para él. No entendía cómo la gente era capaz de saltar desde tanta altura con la única seguridad de una cuerda atada a una pierna, para luego quedarse boca abajo con la cara rozando la superficie del agua en el lago. Y ya no solo eso: además, pagaban por hacerlo.

Los guionistas estuvieron encantados con aquel descanso, y con poder salir de la sala de reuniones del hotel. Repasar y comentar tramas, temas y posibles interacciones entre personajes siempre resultaba agotador.

A todos les intrigaba lo que estaba planeando Ray. Estaba claro que los Mall Rats supervivientes se enfrentarían a un desafío si, tras una tormenta en el mar, llegaban hasta la orilla de una nueva y misteriosa tierra habitada por nuevas tribus.

Ray quería volver a introducir a algunos de los personajes desaparecidos en temporadas anteriores. Como Bray. Encajaría muy bien si revelaban que los Tecnos los habían vendido como esclavos y que, ahora, eran Descartados, sirviendo a los Privilegiados.

Los Mall Rats se reunirían con sus compañeros de tribu, lo que daría pie a más subtramas entre todas las relaciones, y permitiría que Amber y Bray retomasen el profundo amor que sentían el uno por el otro.

Situarían un marco muy diverso e interesante para alimentar todo tipo de conflictos. Entre ellos, las maquinaciones de Lex y Ebony para hacerse con el poder y obtener control, con Lex quedando prendado de los encantos de Harmony.

Pero el arco general tenía que ver con los Mall Rats convirtiéndose en una pieza fundamental como fuerza rebelde que movilizaría a otras nuevas tribus con el fin de derrocar a los Privilegiados. Antes de considerar regresar a su tierra natal, cuando un informante presentase pruebas sorprendentes sobre el verdadero origen del virus, lo que haría necesaria una nueva visita a la misteriosa base militar en la Montaña del Águila.

Ray creía que los Privilegiados podrían llegar a ser más amenazantes que cualquiera de las otras tribus incluidas en temporadas anteriores. La ideología fanática de su inestable líder, Flame, sobre crear la perfección a través de una raza dominante, ciertamente resultaba una idea siniestra y peligrosa.

Aunque tenía el potencial, como pasó con Zoot, de convertirse en una enorme figura de culto. Un verdadero antihéroe. Perturbado y volátil, un impredecible rebelde con causa.

Pese a su temperamento maníaco y su retorcida forma de dominar y gobernar a sus devotos seguidores, lo cierto era que él mismo estaba siendo manipulado por su amante y segunda al mando, Harmony, que era malvada y maquinadora. Encontraría a sus semejantes en Lex y Ebony. Aunque, finalmente, Lex caería presa del sensual hechizo de Harmony.

Tras la conferencia de tramas en la Isla Sur, Ray pasó algún tiempo en su segunda residencia en Queensland, Australia. Pero, como siempre, por la manera en que se estaba expandiendo la empresa, no podía dedicar nada de tiempo a estar de vacaciones.

Debía reunirse con una cadena australiana que había mostrado interés en adquirir las cinco temporadas anteriores de *La Tribu* y que estaban considerando participar en la sexta.

Además, quería avanzar las conversaciones con sus colaboradores en animación, que recibirían el nombre de Dreamcloud, para quizás desarrollar una versión animada de *La Tribu*. También, mientras estuviese en Australia, podría dar algunas clases y ofrecer tutorías a estudiantes bajo su papel de profesor adjunto.

Disfrutaba mucho trabajando con estudiantes, pero se preguntaba cuántos de los licenciados que estudiaban escritura creativa sabrían que su profesor no tenía ni idea de dónde colocar las comas, y menos aún de escribir sin faltas de ortografía.

El plan de estudio parecía más centrado en lo teórico que en lo práctico. Así que intentó darles a todos sus estudiantes una visión real sobre la industria. Estaba muy bien estudiar las obras de François Truffaut o Ingmar Bergman, pero eso no los prepararía para el mundo exterior.

En su opinión, no les enseñaban a los guionistas las disciplinas más básicas, ni qué es necesario para embarcarse en una carrera profesional en cine o televisión. Y sobrevivir en ella. Lo cual requería ser consciente de muchas áreas diferentes: de la logística a cómo encontrar un agente, leer la letra pequeña de un contrato, o entender la imagen de marca y el público demográfico.

El talento no era suficiente para triunfar en la industria. A menudo, había contratado a escritores con mucho talento, pero no volvía a contar con ellos si no seguían el patrón establecido conforme a exigencias logísticas y de presupuesto. Y, sobre todo, si no sabían seguir una estructura.

Respecto a proyectos originales, había que saber seleccionar los elementos y ser consciente no solo de lo que sucede, sino de cuál es el tema de la historia. Y resaltar esa temática para asegurarse de que evoluciona.

En sus clases, intentaba que los guionistas comprendiesen las necesidades del director. Y también del productor. Y de los usuarios finales, tanto distribuidoras como editoras, así como cadenas.

Y, sobre todo, recordar que, dentro de las tres disciplinas de escritura, aunque sí había elementos que se solapaban… el teatro trata de lo que dice la gente, las novelas tratan de lo que piensa la gente, y el cine y la televisión trata de lo que hace la gente. Y de por qué lo hace.

Además de sus clases, Ray ofrecía lo que llamaban "clases magistrales" a un grupo selecto de alumnos. Pero un título tan distinguido le resultaba incómodo, pues apenas se consideraba un maestro. Todavía era más que capaz de meterse un gol en propia. Y nadie deja de aprender nunca en la industria.

Le importaban sus estudiantes, y quería imbuirlos de su experiencia para que pudiesen beneficiarse de sus errores. Y, especialmente, quería que contasen con el conocimiento suficiente sobre qué hace falta para sobrevivir en la industria, para así poder perseguir y conseguir sus sueños.

El estudio teórico quizás les ayudase a saberse los infinitivos partidos del inglés. Pero, por lo general, la industria no se ceñía a los límites académicos ni al uso indiscriminado de clichés. Al público no le gustaba que los personajes de una historia de amor no tuviesen un final feliz. Ni que el héroe no resultase ganador.

En la primera película de *Rocky*, antes de ver la película o leer el guion, uno podía imaginarse que el protagonista alcanzaría sus metas. Pero el arco de historia que lo llevaba de A a B era lo que hacía que funcionase. Incluso si no disfrutabas de la película, no podías negar que estaba escrita y producida con mucha maña, con integridad creativa dentro del género y de los confines requeridos para alimentar a la máquina de Hollywood y satisfacer el apetito del público general.

Ciertamente, Ray creía en la importancia de estudiar las partes más ocultas. Después de todo, él se había inspirado mucho en el legendario Akira Kurosawa. Pero inversores y distribuidores, cadenas y estudios de cine, se rigen por otros principios.

En lo respectivo a directores, quizás sea impresionante lograr un gran *travelling* en una desconocida cinta clásica. Pero es más probable que una cadena contrate a un candidato con la capacidad y comprensión del método multicámara que se usa para grabar telenovelas y comedias de situación.

De todas formas, seguro que terminarían cortando el grueso de ese espectacular *travelling* para avanzar la historia más rápido en la sala de montaje. Y una cámara en mano seguramente resultase más rentable y rápida, en vez de hacer esperar al equipo técnico hasta montar las vías para la cámara.

Lo más importante para las producciones rápidas en televisión (e incluso en cine) era conseguir los minutos necesarios de metraje al día. No se trataba de si el director se había pasado por el forro las teorías de colocación de cámara con equis plano. Muchos de los principales directores de cine, y también televisión, se "pasaban de la raya" de forma habitual, pues sabían que podrían darle sentido a la estructura en la sala de montaje.

Ese negocio era, después de todo, un negocio. Cualquiera que entrase en el mercado libre y esperase ser contratado debía considerarse a sí mismo un hombre o mujer de negocios, y entender muy bien cómo funcionaba aquella industria.

Esto implicaba volverse un erudito en conseguir financiación o entender todas las minucias de la propiedad intelectual. Incluso cómo crear un plan de rodaje o un presupuesto. Si el productor desconocía todo esto, ¿cómo iba a saber si el gerente de producción lo hacía bien o mal? Los usuarios finales sí que lo sabrían, y harían las preguntas pertinentes acerca de por qué le pareció factible un plan de rodaje de seis semanas, cuando quizás hacían falta ocho.

Así que, durante sus clases, Ray introdujo una amplia gama de temas, con la esperanza de que sus estudiantes llegasen a entender mejor la industria. Desde las restricciones para obtener una fianza de cumplimiento a qué diferencia hay entre los ingresos brutos y netos en taquilla. Además de examinar qué constituye un guion bien estructurado, y todo lo que ello conlleva.

Después de las negociaciones con la cadena australiana y los cuerpos regulatorios de la programación infantil, Ray tomó nota para incluir todo esto en una clase futura.

La cadena tenía muchas ganas de adquirir *La Tribu*. Sin embargo, Ray descubrió que la serie no entraba dentro de la clasificación necesaria debido a sus tramas más oscuras, que el cuerpo gubernamental consideraba cruzaban el límite de lo que podían aceptar y eran demasiado extremas.

Estas reglas y regulaciones no se aplicaban a la cadena pública, solo a las privadas. Y era frustrante que, pese al interés de esta cadena en particular por comprar la serie, no le sería posible. *La Tribu* necesitaba tener una clasificación tipo "C", cosa que nunca le darían.

Ray nunca había sufrido este tipo de problemas en otros países cuya programación estaba regulada por el gobierno de forma similar.

Puede que *La Tribu* examinase temas controvertidos y duros. Pero él no creía que hubiese nada perjudicial en ninguna de las tramas que pudiese tener un efecto negativo sobre los espectadores, tuviesen la edad que tuviesen.

Todo lo contrario: habían aplaudido mucho la forma que tenía la serie de tratar estos temas. Y a muchos les parecían necesarios. *La Tribu* parecía ayudar a los jóvenes a entender el mundo en que vivían (y, en algunos casos, a lidiar con él).

No era una serie que suavizase nada. Y esa era la intención. Explorar de forma precisa una serie de problemas que la gente encontraba en su día a día, desde la presión social al *bullying*.

No existía nada, en ninguno de los temas tratados, que algún miembro del público no pudiese observar o experimentar en sus interacciones sociales, incluida la escuela. Y el tema principal, el de construir un mundo mejor, era uno positivo e inspirador.

La Tribu también se distinguía por atraer a gente de todas las edades. Por los estudios de audiencia que se habían hecho, parecía que los padres disfrutaban de los capítulos tanto como sus hijos. El club de fans confirmó el amplio grupo demográfico de seguidores. El miembro más joven tenía cinco años. El mayor, más de ochenta.

Por una parte, resultaba conmovedor. Por otra, también podía resultar problemático. Algo de lo que se dio cuenta cuando se planteó introducir adultos en la quinta temporada. Y sus instintos parecieron resultar acertados.

La Tribu se estaba saliendo de los límites de la programación juvenil convencional.

El director de Channel 5 en Reino Unido siempre había apoyado mucho la serie, además de todo el portfolio de Cloud 9, pero comenzaba a preocuparle durante cuánto tiempo podría seguir funcionando la premisa de un mundo sin adultos, en una serie considerada para jóvenes y que ahora atraía a una audiencia más amplia.

Ray no podía negar que los personajes no harían más que seguir creciendo con el paso de los años, y explicó que comprendía totalmente aquel dilema, pues él mismo había pensado en ello. Su intención era que, en línea con el tema principal, los personajes sencillamente seguirían su lucha por reconstruir la sociedad a medida que se hacían mayores, junto a sus propios hijos.

Había suficiente material relacionado con ello como para tener tramas suficientes para más de mil años.

Sabía que eso quizás significase tener que sacar a *La Tribu* del horario infantil, para no confundir a los patrocinadores. Y necesitaría convencer a las cadenas para que encontrasen otro hueco donde emitir la serie dentro de su parrilla. No obstante, eso significaría tener que tratar con representantes totalmente diferentes.

Channel 5 estaba muy interesada en adquirir una secuela que Ray había estado desarrollando. Eso significaría al menos que, si los personajes eran más jóvenes, podrían seguir en el hueco actual y solucionar el problema que la cadena pudiese tener con los patrocinadores que buscaban productos dirigidos a un grupo demográfico específico.

Ray estaba seguro de que los fans de *La Tribu* disfrutarían mucho de la secuela, presenciando cómo sobrevivían los descendientes de los personajes, y qué situaciones encontraban en su nuevo mundo.

Tenía en mente, dentro de la mitología de *La Tribu*, que sería un giro sorprendente plantear inicialmente la serie como una secuela, para luego revelar que se trataba de una precuela.

Así que, en vez de rendir homenaje a los ancestros siendo los descendientes de Bray y Amber, por ejemplo, resultarían ser en realidad los antepasados de nuestros personajes. Y las primitivas pinturas encontradas en las cuevas de una nueva región durante la sexta temporada de *La Tribu*, traerían la profecía de un aterrador mundo de oscuridad controlado por máquinas.

Pero, al revelarse que la secuela era en realidad una precuela, y que estaban narrando la historia de los ancestros de los Mall Rats cuando eran pequeños, conseguirían añadir una interesante nueva dimensión con la que introducir tramas que arrojasen luz sobre qué había ocurrido exactamente para dar lugar a un mundo sin adultos.

En vez de tratarse de un virus humano, quizás hubiese evolucionado a partir de los ordenadores, y hubiese ocurrido algo más siniestro debido a aquel avanzado mundo tecnológico.

Dadas las circunstancias, Ray decidió dejar descansar a *La Tribu* y poner en pausa la sexta temporada. Esto le daría el tiempo y la oportunidad de reunirse con compradores clave para buscar un mejor hueco en las parrillas televisivas.

Mientras tanto, produciría la secuela (o precuela) de *La Tribu*, a la que habían dado el título provisional de *El nuevo mañana*. Con ello satisfaría los compromisos para con Channel 5, además de la cadena australiana, de entregarles una serie.

También ayudaría a que el centro de producciones no estuviese parado, sino que permaneciese activo. Algo esencial para suplir los gastos generales y otros costes que ascendían hasta los 250 mil dólares por semana durante la grabación de una nueva serie.

Todos los involucrados con Cloud 9 estuvieron de acuerdo en seguir ese camino. Channel 5 se quedó contenta con el desarrollo de *El nuevo mañana*, al igual que la cadena australiana. Habían solucionado el problema.

Pues no.

Resulta que el cuerpo regulatorio del gobierno necesitaría revisar por sí mismo las tramas propuestas para *El nuevo mañana* si Ray deseaba conseguir la clasificación requerida. Como pasó con *La Tribu*, era algo imprescindible. De lo contrario, la cadena australiana no podría emitir la serie.

Ray respetaba las razones tras las revisiones que les habían pedido, pues tan solo les estaban pidiendo cumplir con lo dispuesto por la legislación.

Nadie se estaba comportando de manera difícil o poco razonable, sino que debían asegurarse de marcar todas las casillas de la guía para poder aprobar la serie y obtener la clasificación.

Ray tomó nota una vez más para mencionar a sus estudiantes en alguna clase futura que, aunque nunca debían comprometer la integridad creativa de ningún proyecto, guionistas y productores debían tener también la mente abierta a la realidad del mercado. Y, en ocasiones, debían ser prácticos, más que intransigentes.

Si eso no funcionaba, quizás los estudiantes podían plantearse ir a terapia. Como estaba comenzando a plantearse él. Así podrían aprender a manejar los ataques de pánico autoinfligidos que pudiesen experimentar, motivados por las frustraciones que encontrarían en la industria.

Y eso no tenía nada que ver con temas desconocidos, ni académicos. Ni siquiera creativos.

Tenía que ver con cavarse unos agujeros infinitos y estar constantemente tratando de llenarlos.

CAPÍTULO VEINTE

DIARIO: 2005

Para cuando comenzó la preproducción en enero de 2005, la mayoría de historias distaban mucho de lo que Ray había planeado para la secuela. Tuvieron que introducir los cambios necesarios para obtener el certificado de clasificación para la cadena australiana.

Las preparaciones para el rodaje fueron como la seda, aunque era difícil encontrar formas de representar a las máquinas que aparecerían en la Zona Prohibida.

Al final, antes de comenzar el rodaje, Ray se llevó a un pequeño segundo equipo a su viñedo para grabar algunas tomas. Con el ingenio del "cable número 8" neozelandés, el diseñador de producción y el departamento de arte disfrazaron el enorme y pesado equipo vitivinícola para que hiciese las veces de una amenazante patrulla de máquinas, con aspecto de ser casi de otro planeta. Desde luego, no de este mundo.

Ray se quedó encantado con las primeras tomas y el metraje montado según iba viniendo. Y se quedó particularmente impresionado con las interpretaciones de todo el reparto.

Vio a Lex en la cafetería del estudio, Take 9, que se estaba tomando un descanso de su trabajo como técnico de sonido.

—Los actores son fantásticos para lo jóvenes que son —Ray coincidió y sonrió para sí mismo. Lex no era precisamente ningún viejo.

Sí era cierto que el reparto de *El nuevo mañana* aportaba dimensiones maduras y sopesadas a sus personajes, para ser niños de su edad.

Ray mencionó lo satisfecho que estaba con los resultados a todo el equipo, y ofreció su reconocimiento especial a otra integrante de *La Tribu* que estaba en la producción. Alice estaba trabajando como *coach* de diálogos con los actores, haciendo un trabajo excepcional.

Con un reparto más joven, era una sensación extraña ver a Flame y Harmony como una versión diferente de la que Ray tenía en mente. Pero ambos poseían una increíble presencia en pantalla, como también la tenían Sky y el resto de actores.

Ray intentó explicarles el contexto histórico, y cómo se relacionaba con *La Tribu*, para ayudarlos en su interpretación de los guiones.

Tras haber trabajado en la mayoría de temporadas de *La Tribu*, todo el equipo técnico estaba ensimismado, como lo estaría cualquier fan viendo la serie desde casa, haciéndose preguntas constantemente y sacando sus propias conclusiones.

El personaje de Sky debía ser un descendiente. O, espera... ¿quizás la serie se ambientaba en el pasado, y no en el futuro?

¿Las pinturas descubiertas por Sky en las cuevas que hacían referencia al nacimiento de dos bebés eran una profecía? ¿O había ocurrido algo antes, durante una época oscura? De ser así, ¿qué?

Otras pinturas en la cueva parecían mostrar un barco que había abandonado una enorme ciudad tras ser destruida. ¿Y qué hay del edificio que una vez sirvió de hogar para una tribu conocida como los Mall Rats? Según las historias que le habían contado, Sky dijo que era un lugar especial y espiritual. Pero ¿existió realmente? ¿O se reducía todo a mitos y leyendas?

Por supuesto, el equipo técnico sabía que los Mall Rats habían existido. Trabajaron muy de cerca con ellos durante los cinco años anteriores en el enorme *set* del centro comercial. Aun así, estaban cautivados con la mitología, y tenían dudas sobre qué había pasado o pasaría realmente en cada parte de la historia.

La serie tuvo una buena acogida tras estrenarse, atrayendo a un nuevo público más joven, que en su mayoría no había visto *La Tribu*.

Era comprensible que algunos fans tribales se quedasen decepcionados y sintiesen que la secuela no era lo que ellos esperaban. Otros seguidores siguieron tan enganchados como siempre, reconociendo los matices y elementos que seguían intactos después de transformar las tramas para encajar en la clasificación.

Muchos fans de *La Tribu* parecieron disfrutar más de *El nuevo mañana* con las reposiciones durante años posteriores. Y la segunda vez que la veían encontraban muchas más capas.

El público de *El nuevo mañana* se quedó fascinado y quería saber más. Ray recibió muchas cartas preguntando sobre las referencias a los antiguos ancestros, Bray y Zoot. Él le pedía a su asistente que las respondiese y recomendase a los nuevos fans ver *La Tribu*, para que pudiesen entender mejor *El nuevo mañana*.

Hacía años que no asistía a ningún festival, pero quería estar presente en el lanzamiento de la nueva serie. A pesar de todas las dificultades para obtener la clasificación, y de que distase tanto de la serie que había imaginado originalmente, seguía estando muy orgulloso de ella y del empeño demostrado por todo el reparto y equipo para traerla a las pantallas.

En vez de volar a Europa para asistir al MIP, decidió que iría en el viaje de regreso de un crucero por todo el mundo. Su padre se encontraba visitando Nueva Zelanda, y le pareció una buena oportunidad para pasar tiempo de calidad con él.

Si pillaban al barco en Singapur, podrían pasar unas seis semanas juntos. Era el tiempo justo en su agenda, pues el barco llegaría a puerto en Southampton unos días antes de comenzar el MIP. Luego conectaría con Cannes a través de un vuelo desde el aeropuerto de Heathrow, en Londres.

Siempre había sido cercano a su padre. Se lamentaba de no haber podido pasar más tiempo con él y otros miembros de su familia, debido a su estilo de vida y carga de trabajo. Por supuesto, los veía a todos con regularidad, pero siempre de pasada. Una fugaz visita de un día. O incluso de unas horas, antes de apresurarse para pillar un vuelo y viajar a algún sitio.

En realidad, seguramente veía a su familia tanto como cualquier otra persona veía a sus parientes o amigos. Pero había cierta sensación de soledad al estar al otro lado del mundo, en vez de al final de la calle, o en un pueblo cercano. Aunque hablasen por teléfono varias veces a la semana.

Su padre había volado a Nueva Zelanda y Australia en varias ocasiones. Pero, de nuevo, solo podían estar juntos durante un tiempo limitado, pues Ray se pasaba todo el día en el estudio, y atendía llamadas telefónicas en distintas zonas horarias casi todas las noches.

Cuando cerraba un país, abría otro. Vivir en Nueva Zelanda significaba que las noches estaban reservadas para hacer llamadas al extranjero, o para escribir y componer. Los días estaban llenos de tareas relacionadas con la producción. En el horario de Ray solo cabía trabajar o dormir. No había espacio para nada más. Al menos, en esos tiempos.

Disfrutó descubriendo los interesantes puertos que visitaba el crucero en su trayecto entre Singapur y Southampton. Por ejemplo, Mumbai en la India, o Durban en Sudáfrica, donde su padre y él visitaron una aldea Zulú.

La isla Cabo Verde lo emocionó especialmente, pues era un puerto utilizado en los días del comercio con esclavos. Su padre y él disfrutaron escuchando a un coro infantil cantar canciones que habían sido transmitidas de generación en generación.

Una vez, Ray escuchó al legendario Coro de Góspel de Harlem en directo en Nueva York. Pero la génesis del góspel y el *blues* se había originado en otro lugar, y aquel coro infantil demostró toda su herencia musical.

Significó mucho para él poder pasar tiempo con su padre, algo que valoraba mucho. Por desgracia, hasta eso se vio interrumpido casi todos los días por llamadas de negocios llegadas al crucero por teléfono satélite. Mayormente de parte del equipo de distribución de Cumulus, para hablar del inminente festival. Pero también de parte de sus asesores y del socio colaborador informándole de que habían recibido una oferta pública de adquisición.

No le caía por sorpresa, dado que la empresa se había expandido mucho en los últimos años y ahora era un gigante multimedia con muchos clientes de la "Lista A" en la división musical. En los negocios, siempre hay un gigante más grande en busca de oportunidades, como los tiburones comerciales.

Ser una empresa pública significaba que las acciones del socio colaborador de Ray aparecían en la bolsa de valores. Y los conglomerados multimedia siempre están buscando lo que llaman "unidades" con las que expandir sus vastos imperios.

Eso no le preocupaba, porque él mantendría las acciones que tenía en Cloud 9. Pero, seguramente, tendría que trabajar con un nuevo socio si la adquisición llegaba a buen puerto. No fue una adquisición hostil. Y, en un principio, fue aceptada por voto mayoritario. Así que se entró en la fase de negociación conocida como "diligencia debida". Viajar con el crucero le aportó un valioso tiempo para valorar lo que suponía todo aquello.

El nuevo mañana fue bien recibida en el MIP. No obstante, Ray se quedó perplejo al descubrir cuánto había cambiado la industria en los pocos años que había pasado sin asistir al festival. Con la llegada de nuevas tecnologías, se estaban estableciendo nuevas plataformas donde emitir los programas desde internet, incluso en móviles.

Con más cadenas de cable y satélite, el mercado de las cadenas tradicionales se estaba diluyendo. La industria lo llamaba una "convergencia".

El terreno digital estaba revolucionando todo el panorama de la industria multimedia.

Las librerías comenzaban a tener dificultades, pues los clientes podían comprar *online*. Seguían la tendencia de la industria musical, que también estaba sufriendo: la gente compraba cada vez menos CD en tiendas, y preferían descargarse música.

Muchos estaban siendo también víctimas del robo digital, un delito muy serio y sujeto a condenas penales. Esto resultaría un problema para Cloud 9 en años posteriores, pues la piratería veía diluidos los posibles retornos para los inversores, lo que daba como resultado una reticencia a arriesgar más fondos.

Todo eso se exacerbó con la llegada de YouTube. La gente subía material de forma inocente, lo que hizo que los consumidores viesen el producto *online* en vez de a través de las plataformas convencionales. En consecuencia, hubo un esperado declive en el mercado de los DVD.

Ray no tenía ningún problema con que se subiesen *clips* a YouTube. De hecho, estaba impresionado con los vídeos editados por algunos fans, que le resultaban muy imaginativos. Y le encantaba ver cómo se expresaban de forma tan creativa a través de escenas de *La Tribu*.

Pero no era capaz de aceptar el hecho de que algunas personas (por suerte, solo una minoría) subiesen capítulos completos. Y, en algunos casos, las cinco temporadas, haciendo ver que poseían los derechos o tenían permiso para subirlo, según los términos dispuestos por YouTube.

Era comprensible que la gente acabase viendo el material, si estaba ahí. Y Ray estaba seguro de que también vería así sus series favoritas si no estuviese al tanto de las implicaciones.

Subir capítulos y temporadas completas era equiparable a abrir una tienda de ropa y permitir que los clientes se llevasen todo lo que quisieran sin pagar.

Ya era lo suficientemente difícil hacer una producción nueva en aquel clima económico, sin tener que dedicar tiempo a garantizar que tenían un sistema adecuado con el que acabar con las actividades ilegales y la piratería.

Aquello lo agotaba. Pero debía dar los pasos necesarios para proteger los intereses de una serie de personas con las que mantenía relaciones comerciales, ya fuesen bancos o cadenas, inversores o distribuidores. Además de lo consumidores, que también acabarían sufriendo si, como resultado de las actividades ilegales, ya no se pudiese seguir produciendo su serie favorita, o no estuviese disponible.

Estaba seguro de que la mayoría de gente que subía temporadas y capítulos completos no pensaba en esto. Y que no pretendían hacer daño. Ray creía que el mercado conseguiría autorregularse. Y que, si los consumidores conocían todas las implicaciones, la honestidad y decencia de la gran mayoría acabarían con esas áreas problemáticas una vez lo comprendiesen.

Durante el festival MIP, también fue consciente de que los huecos en parrilla para los dramas televisivos eran cada vez más reducidos para dar lugar a un nuevo tipo de programa: los *reality shows* estaban de moda. Era una nueva forma de arte evolucionada a partir de los documentales, con un aspecto de entretenimiento ligero.

Al público le encantaba. Y a las cadenas, también. Pero quizás no solo por el contenido, sino porque podían conseguir programas de gran éxito y rápidos de producir a costes muy reducidos.

Muchas cadenas preguntaban constantemente al equipo de Cumulus si Cloud 9 pensaba diversificarse y comenzar a hacer *realities*. Especialmente, al expandirse también hacia la animación.

Ray disfrutaba con muchos *realities* y admiraba la habilidad y artesanía necesarias para producirlos. Pero su interés personal se limitaba a ser espectador. Profesionalmente, no era realmente lo que quería hacer.

Pero ¿qué quería hacer? Era una pregunta que a la que no era capaz de responder en ese momento de su carrera, al reflexionar sobre qué camino tomar de cara al futuro.

Estaba sentado en el mismo banco cerca de la entrada de Disneyland París donde había dejado volar aquellos globos tras la muerte de su hermano. Decidió llevarse a parte de la familia allí para disfrutar unos días antes de regresar a Nueva Zelanda.

Se estaban divirtiendo en el Reino Mágico y habían dejado a Ray solo durante una hora, pues sabían que quería estar a su aire un tiempo para pensar en su madre y en su hermano.

Reparó en un limpiador allí cerca, y observó, fascinado, cómo aquel hombre llevaba a cabo su trabajo. Estaba siendo muy meticuloso, recogiendo con una mano la basura que iba encontrando y metiéndola en el pequeño contenedor que sostenía elegantemente con la otra mano. Era como si estuviese bailando. Tenía aires caballerosos, como Gene Kelly o Fred Astaire.

Si diesen un Oscar al mejor limpiador, se lo hubiese llevado él. Claramente, estaba muy dedicado a su profesión. Ray estaba embelesado. Y lleno de admiración. Pensaba que era un gran ejemplo de "No se trata de lo que hagas, sino la forma en que lo hagas".

Aquel limpiador demostraba tanta pasión y diligencia que Ray estuvo a punto de ofrecerle un trabajo. Pero, sin duda, el limpiador se habría negado. Claramente, ya estaba haciendo lo que quería hacer.

Ray no creía haber trabajado un día en su vida. Porque no se dedicaba solamente a lo que le gustaba, sino que lo amaba y necesitaba hacerlo.

En esos momentos, no era capaz de averiguar qué le preocupaba exactamente, mientras reflexionaba de dónde venía, hasta dónde había llegado y, lo más importante, hacía donde se dirigiría.

Habían ocurrido muchas cosas desde que fundase su empresa y los últimos 12 años habían pasado como una estrella fugaz. Sentía que estaba en un túnel del tiempo. Como si hubiese entrado en una habitación en 1994 y, al salir de ella, de repente fuese 2006.

No había dejado de producir en ningún momento, alcanzando los casi 600 capítulos entre todos sus programas. Un capítulo completado por semana, sin excepción, durante esos doce años. Lo que equivalía a unas 145-150 películas. Al menos, en tiempos. O doce películas al año. Una al mes. Era un nivel de producción extraordinario. Y toda una locura. Era increíble que no hubiese acabado matándose en el proceso.

Desde luego, se sentía agotado. Se preguntó si estaría sencillamente quemado. No era la parte creativa la que lo había dejado sin energías. Sino la empresarial, la parte que nunca había disfrutado realmente.

Ahora, se enfrentaba a la idea de entrar en negocios con un socio desconocido. Y sus asesores creían que debía considerar lanzar su empresa en bolsa. Seguramente ganaría una pequeña fortuna.

De nuevo, aquello no le llamaba la atención ni lo más remoto. Le interesaba más la gente, las ideas y los sueños que los temas de dinero.

Y, teniendo en cuenta el riesgo de sus inversiones, había sido afortunado con lo invertido inicialmente de ganar más de lo que podría llegar a gastarse nunca. Era multimillonario en cuanto a activos, pero no tenía billetes debajo del colchón ni tampoco una cuenta corriente engrosada, por así decirlo. Había vuelto a invertir cada dólar y centavo en su empresa y, por tanto, en él mismo. Y en su amado portfolio de programas.

Si quisiera algún día vender o comerciar con sus empeños creativos en el mercado de valores, ¿cómo podría ponerle precio? ¿Cuánto valían el cielo o la Tierra? ¿O cumplir un sueño? Todo eso no tenía precio. Aunque nunca hubiese llegado a producir nada, ni a lanzar música, ni a publicar ninguna historia: seguiría sin poder ponerle precio. Habría hecho lo mismo día tras día, aunque él fuese la única persona que leyese la historia que había escrito o escuchase la música que había compuesto.

Podía ganarse la vida haciendo lo que amaba. Le daba igual que le pagasen un dólar o un millón. Era el mismo trabajo. Lo hubiese hecho gratis. Que es como se empieza, de todas formas. Ningún creativo se pone a escribir por tener un coche caro, o una casa con piscina, o una pieza del mercado de valores. Lo hacen por pasión, y no es un proceso como el de fabricar tuercas y tornillos.

En vez de comerciar con sus acciones, Ray se alejó de una sustancial suma de dinero y preguntó a sus asesores cuánto le costaría adquirir las acciones que poseía su socio original, libre de responsabilidades.

Nunca sería lo mismo sin ellos. Y, en vez de vender, quería comprar. No solo comprar el resto de acciones de su empresa, sino también toda la propiedad intelectual relacionada con los derechos que poseían.

No le gustaba la idea de que otros fuesen dueños de parte de su sueño. A menos que formasen parte de ese sueño, como lo había hecho su socio colaborador antes. Pero, con la adquisición y, siendo el mundo comercial como era, Ray prefería la libertad para seguir haciendo lo que quisiera. Y esa libertad le resultaba más importante que cualquier suma de dinero.

Estaba decidido a mantener su sueño vivo. Y a que sus sueños nunca estarían en venta.

CAPÍTULO VEINTIUNO

DIARIO: 2006-2011

Poco después de regresar a Nueva Zelanda, Ray decidió que lo que más necesitaba en esos momentos, era tomarse un año sabático. Descansar durante un periodo extenso de tiempo. Para poder recargar las pilas creativas y refrescarse, mientras tenían lugar las negociaciones para adquirir todas las acciones de Cloud 9.

Sin embargo, se encontró más ocupado que nunca durante una visita prolongada a su viñedo. Disfrutó mucho la oportunidad de disfrutar de las maravillas que ofrecía la naturaleza. Nunca había tenido tiempo para ello antes, con su apretada agenda.

Y se encontró también conociendo a fondo cada una de las vides, que eran entidades vivas. Plantas milagrosas y táctiles. Tenían la capacidad de amar, y la necesidad de ser tocadas para florecer. Se comunicaban a través de sus hojas. Si querían agua, cambiaban de color. Como un sistema de advertencia sobre la presión sanguínea.

Pero apenas regaban las vides, para animarlas a trabajar más duro y aprovechar todos los nutrientes del suelo aluvial, y enriquecer así a las uvas que estaban alimentando.

Había algunas vides, normalmente las más jóvenes e inexpertas, que trabajaban demasiado duro y lo que necesitaban realmente era ir más despacio. No habían aprendido a que deberían mantener un ritmo suave y constante si querían sobrevivir a la temporada de cultivos.

Les retiraban algunas de sus hojas para que las uvas pudiesen verse expuestas al sol mañanero, antes de ser protegidas por la sombra vespertina, algo que ayudaba a desarrollar los sabores y volverlos más punzantes sin la necesidad de nutrición constante.

Ray colocó incluso algunos altavoces de manera estratégica por todo el viñedo para que las vides disfrutasen de la música suave y tranquila que emanaba de ellos. Y lo cierto es que parecían responder de la misma manera que una planta a la que parece no gustarle un lugar de la casa y, cuando la mueves, empieza a florecer mucho mejor.

Desde el comienzo de los tiempos, la viticultura ha atraído a los más interesados por la geología, o la ciencia del mundo natural, considerando el proceso de la elaboración del vino una interesante reacción química y molecular. Mientras tanto, los románticos la consideran un precioso recordatorio de los milagros de la naturaleza. O el elixir de los antiguos dioses.

En la antigüedad, los monjes consideraban que el vino contenía propiedades medicinales. Hoy en día, muchos profesionales en medicina creen que los taninos presentes en un vino de calidad pueden ser beneficiosos para el cuerpo, en moderación, como ayuda para los radicales libres en el sistema circulatorio. Algunos creen incluso que un vaso de vino tinto al día ayuda a evitar enfermedades cardiovasculares.

Desde luego, el vino estimula el sistema nervioso parasimpático.

Y, cuando se combina con la comida adecuada, mejora la experiencia gastronómica hasta el punto de convertirse en otro ingrediente esencial que saborear y con el que recalcar los sabores del plato.

Robert Louis Stevenson una vez llamó al buen vino "poesía embotellada".

Ray estaba de acuerdo con esa observación. Pero consideraba que las uvas eran un regalo de la Madre Naturaleza, tomadas en el momento más preciado de la vida, la época de cosecha, cuando las vides dan a luz. Y, en el momento en que la uva se recolecta, el tiempo se para. Luego, al procesarla y embotellarla, el tiempo se pone en marcha de nuevo, y el vino vive y evoluciona continuamente a lo largo de los años, proporcionado muchas dimensiones y capas de textura. Cuando se consume, si todos los elementos han casado bien, es capaz de dejarnos un regusto que pareciera durar para siempre. Sin lugar a dudas, su recuerdo hace posible que así sea.

El viñedo de Ray se regía por los principios de una viticultura tradicional y artesanal, así como métodos de elaboración del vino usados durante siglos. Estaba muy orgulloso de todo su equipo de trabajadores, dedicados a conseguir la excelencia. Su entrega tuvo como resultado que el viñedo ganase muchos premios. Incluido el prestigioso trofeo Romeo Bragato por producir un Pinot Noir ganador.

Durante el tiempo que pasó en el viñedo, Ray pudo darse cuenta de que no había asimilado totalmente (ni adecuadamente) la muerte de su hermano, ni la de su madre. Y encontró paz y espiritualidad al ser uno con la tierra.

Sentado en su tractor, mientras avanzaba por hectárea tras hectárea de viñedos, se sentía conectado con la naturaleza. Observando sencillamente cómo estaba entrelazado cada elemento. Desde los insectos presentes en el suelo, a los halcones que se reunían para cazar sus presas antes del envero, momento en que las uvas maduran, sabiendo por instinto que pronto llegarían también otras bandadas de pájaros atraídas por el aroma.

Comprendía perfectamente cómo a los nativos americanos (o a cualquiera otra cultura indígena) les aportaba tantas cosas su afinidad con la naturaleza. Halcones y águilas volaban en círculo, hacían sus nidos en círculo. La propia vida era un círculo, como lo eran muchos elementos de la Madre Naturaleza.

El entorno y la naturaleza siempre lo habían fascinado. Desde que era pequeño y su madre le indicó que siempre crecían acederas cerca de las ortigas. Si se pinchaba con una ortiga, conseguiría aliviarse y curarse frotando los jugos de la hoja de acedera sobre la picadura, para reducirla. Gran parte de la medicina homeopática y los remedios naturales venían de la tierra.

Todavía viajaba de vez en cuando. Especialmente a Australia, donde la empresa había abierto oficinas en el Warner Brothers Studio. Tras recuperar todas sus acciones, decidió que también él debía reestructurar la empresa.

Y ahora era el momento de hacerlo. Debía tomar decisiones sobre si seguir contando con tantos estudios y equipos técnicos. Así que redujo toda la compañía para simplificar su vida, nombrando a un distribuidor que se encargarse del catálogo. E incluso consideró jubilarse, en cierto momento. Pero, en realidad, eso nunca fue una opción. Siempre sentiría la necesidad de crear.

En el fondo, sabía que no podía seguir trabajando al mismo ritmo que lo había hecho, viviendo a todo trapo, viéndose arrastrado en tantas direcciones opuestas, con la presión del negocio y del mundo empresarial. Si no tenía cuidado, podía perder el control. Algo que, seguramente, habría terminado con él.

Todo esto saltó a la palestra cuando Ray se reunió con un equipo de médicos durante una cata de vinos, que se quejaban de trabajar 100 horas a la semana. Sentía el mayor de los respetos por los que se dedicaban a esa profesión, y sentía también que nadie debía aprovecharse de su cuidado y devoción.

Eso sí, le dio la sensación de que se encontraba en un *sketch* de los Monty Python, pues todos los participantes se pusieron a ver quién superaba a los demás con sus penurias.

Mientras escuchaba a los doctores charlar sobre sus horas, le sorprendió que considerasen que 100 horas a la semana era algo excesivo. Para él, era todo un lujo. Llegaba a las 100 horas sin tener que pestañear. Eso era solo el calentamiento. Le resultó una observación muy cómica. Pero también le hizo reflexionar. Porque, por mucho que lo dijese en broma, no era ningún chiste: iba totalmente en serio.

Decidió que, después del horario laboral al que se había enfrentado durante tantos años, necesitaba reeducar a su cuerpo y mente, y pronto comenzó a ir más despacio. A la velocidad normal de la vida.

Esto le ofreció la oportunidad de asistir a su trabajo en la beneficencia y, especialmente, a las actividades de su propia fundación, algo que le era muy importante. Teniendo él mismo necesidades especiales, siempre estaba dispuesto a mostrar su apoyo y ser abanderado de cualquiera con una discapacidad o que sufriera dificultades. Las conocía de sobra: había estado en esa misma posición. Y seguían costándole muchas cosas.

El viñedo le ofreció también un agradable refugio a lo largo de su tiempo sabático, y era como un santuario en muchos sentidos. Además de sus visitas a Australia y de llevar a cabo las tareas administrativas necesarias, Ray pasaba la mayor parte del tiempo sobre su tractor, o podando sus queridas vides, o ayudando con la cosecha.

Informó al equipo de su viñedo que quería pasar desapercibido, e incluso ayudar en el Cellar Door, el restaurante del viñedo. Además de recibir a los ocasionales clientes que venían a cenar allí, pues le resultaba fascinante reunirse y hablar con gente normal, ajenos al mundo del espectáculo y de Hollywood.

No tenían ni idea de que Ray se dedicaba a la industria del entretenimiento. Iba casi siempre sin afeitar, vestido con su *look* favorito: su jersey desaliñado, sus pantalones cortos habituales y sus deportivas. Hecho un desastre. Algunos creerían que debía ser un trabajador temporal pasando por una mala racha, más que el propietario del viñedo, que además era productor y guionista.

Ray recordó que, cuando estaba comenzando en la industria, con tantísima gente aconsejándole decantarse por otra carrera alternativa y menos arriesgada, le pareció estar embarcándose en una aventura. Nadie había descubierto nuevos horizontes sin tener el valor de perder la costa de vista.

Ahora, tantos años después, la edad había aportado otra dimensión a aquella filosofía de juventud. Su sabiduría le decía que el viaje era mucho mejor que el destino. Y, sobre todo, que era más importante querer lo que uno tiene ya en la vida, más que tener lo que uno quiere.

Fue consciente de esto durante su tiempo en la BBC, cuando tuvo la suerte de llevar a su madre y a su familia en un crucero en el icónico buque insignia Reina Isabel 2. Su madre no se quedó muy contenta. Al principio disfrutó con toda la comida elegante, pero se cansó de todo aquello a los pocos días. Tenía ganas de comer tostada con alubias. Así que Ray se lo pidió al *maître*. Minutos después, una fila de camareros de guantes blancos con bandejas de plata procedió a servir alubias sobre tostadas. Además de un sándwich de patatas, que les había pedido él mismo.

—Ah, esto ya es otra cosa —dijo su madre, para luego hincarle el diente. Y pasó a disfrutar del crucero.

Ray pensaba a menudo en aquella experiencia, y también en la vez en que su madre lo acompañó al despacho del director y él comentó, de niño, lo que quería en la vida. Un Bentley y una mesa. Pero no en ese orden.

Ahora tenía algunas mesas maravillosas. Y le gustaban mucho. Pero su mesa favorita era la que compró en una tienda de baratijas cuando estaba arruinado y comenzaba a escribir. Prefería usar esa antes que cualquier antigüedad cara.

También pudo conseguir su Bentley favorito, que solía descansar en el garaje de una de sus casas. Era un Park Mulliner con base de ruedas alargada. Un vehículo extraordinario, arreglado y elegante. Como ir en una nube.

Y, aunque adoraba la elegancia y artesanía del vehículo, se sentía más cómodo conduciendo su anticuado y oxidado vehículo utilitario, o el tractor de su viñedo.

Los objetos materiales nunca traían la felicidad verdadera. Por supuesto, la falta de dinero y la presión financiera podían traer mucha infelicidad. Eso ya lo había experimentado durante las dificultades vividas en su niñez.

Pero la vida le había enseñado que no era posible buscar la felicidad en una persona o en un objeto. Pensar lo contrario llevaría a una búsqueda larga e infructuosa. El único lugar donde buscar esa felicidad era dentro de uno mismo. Y la clave para encontrarla era aceptarse a sí mismo.

Ray no era un hombre de negocios. Había aprendido muchas cosas sobre el mundo empresarial, y ciertas áreas se le daban muy bien. Pero, como pasaba con el Bentley, era algo que no iba con él. No era a lo que había querido dedicar su vida.

Su necesidad de componer o escribir seguía siendo primordial, bien anclada en el fondo de su esencia. Así que, durante su tiempo sabático, decidió centrarse más en su escritura, producción y composición.

Seguían llegándole muchas preguntas de cadenas que querían que Ray desarrollase nuevos títulos para televisión.

Y muchos estaban interesados en obtener los derechos para versionar *La Tribu*.

No obstante, no estaba seguro de si eso funcionaría. La versión estadounidense de *The Office* había salido bien, desde luego. Pero siempre era complicado replicar el material original a menos que se tratase de una franquicia como *American Idol* o *Factor X*.

En su corazón, no tenía claro si tener varias versiones de *La Tribu*, en diferentes países y culturas, valía la pena. O si, al final, acabaría desmereciendo el material original.

Los fans seguían pidiendo más programas del portfolio de Cloud 9. Pero Ray no se veía lanzando secuelas de las series que había producido. De lo contrario, sería como si pintase el mismo cuadro ya no durante años, sino eternamente.

Como sabe toda persona creativa, es imposible ponerle el "fin" a una historia. Al menos, Ray nunca fue capaz.

Su imaginación seguía preguntándose que les hubiese sucedido a todos los personajes en las historias que había creado, escrito y producido. Pero tratar de llevar todo ello a la pantalla resultaría en un proceso infinito y perpetuo. Como la vida misma, las historias son continuas. Si un personaje desaparecía en el horizonte, la mente de Ray le haría preguntarse qué sería de él al otro lado.

Lo de *La Tribu* era algo completamente diferente. No era como el resto de títulos que hubiese escrito o producido. Y, aunque las amaba a todas por igual, como un padre quiere a todos sus hijos, *La Tribu* tenía algo muy especial. Quizás porque la serie también tenía ciertas "necesidades especiales". Y le había costado vivir, respirar y abandonar el nido antes de establecerse.

La serie era como un pájaro con una ala rota que, para sorpresa de todos y contra todo pronóstico, había alzado el vuelo, subiendo hasta alcanzar alturas inesperadas.

Era testimonio de los esfuerzos de todo el reparto y el equipo. Y a Ray lo llenaba de orgullo ver que ellos seguían manteniendo sus sueños vivos y progresaban en sus carreras.

Muchos terminaron trabajando en películas muy destacadas como *Avatar* o *El señor de los anillos*.

Otros encontraron gran éxito en televisión, como Jemaine Clement de *Flight of the Conchords*, que interpretó a un *cowboy* de la realidad virtual.

No todos los miembros del reparto siguieron actuando. Pero sí siguieron en contacto con Ray. Seguía siendo un mentor para todos, muy interesado en quienes seguían en la industria de un modo u otro.

Pero lo que distinguía *La Tribu* y la elevaba hasta lograr tal afecto en la psique de Ray, eran los fans. Muchos se quedaron enganchados desde que transmitiesen la serie por primera vez en todo el mundo. Y, gracias a las reposiciones, *La Tribu* seguía atrayendo a un nuevo público.

Ray siempre se sentiría agradecido por la dedicación y lealtad de todos los hermanos y hermanas tribales alrededor del mundo. Había algo en la serie que conectaba de forma emocional y única. Y lo había visto reflejado en el afecto que devolvían constantemente los fans, siempre ahí para su tribu.

Estaba dispuesto a hacer otra temporada de *La Tribu*, y lo había hablado con muchas cadenas. Además de una posible secuela. Mantenía todas las opciones abiertas.

Si era cuestión de hacerlo, lo haría. Aunque significase dedicarle un año o dos a desarrollarla y producirla. Pero no era tan fácil. Necesitaba conseguir una inversión sustancial con que compensar los costes de producción. Y la industria del cine y la televisión no era inmune a la recesión económica que se estaba manifestando globalmente.

No significaba que no se pudiesen llevar a cabo productos. Pero el mercado había evolucionado, con tantas plataformas que los ingresos comerciales eran cada vez menores. Y, dado que ahora muchos de los usuarios finales eran propiedad de conglomerados multinacionales de Wall Street, haría falta una metodología de inversión distinta.

Tras su tiempo sabático, Ray prefirió seguir en su papel de escritor/productor, más que volver al terreno de juego del mundo comercial. Y trabajar de forma independiente.

Una zona que Ray tenía interés por explorar era el desarrollo de una serie de novelas de *La Tribu*. Con ellas, podrían tratar muchos temas que les habrían sido imposibles de explorar en los confines de la televisión.

Seguía teniendo otros sueños creativos que quería conseguir, mayormente en relación con el desarrollo de un portfolio de películas.

Así que Ray se pasó un invierno en Australia, volviendo a lo que más le gustaba, desarrollar un guion original, *El vaquero y la bailarina*. En la jerga hollywoodiense de descripciones cortas, sería una mezcla entre *Rocky* y *Bienvenido, Mr. Chance*. O una mezcla entre *Algo para recordar* y *Forrest Gump*.

El guion atrajo mucho interés en la industria, hasta el punto de que Ray firmó por una de las principales agencias de Hollywood, interesada en representarlo. Solicitaron saber qué otros proyectos querría incluir en su portfolio de películas. Ray informó de que estaba considerando desarrollar una adaptación de *La Tribu* para cine.

La agencia creía que *La Tribu* tenía un enorme potencial como franquicia de películas y lo animaron a ponerse con ello. Pero no necesitaba que lo animasen demasiado. Era algo que siempre quiso hacer, y aceptó trabajar en un guion.

Sabía que sería un proceso largo y doloroso. Y esperaba que no acabase atrapado en el infierno del desarrollo. Pero tenía fe en que sería lo que tuviese que ser. Y que, como había hecho durante toda su vida, mantendría el sueño vivo y jamás se rendiría en su misión por conseguir todo lo que quería.

Poco después de releer el tratamiento que había escrito y quedarse mirando la primera página en blanco del guion, su asistente le llamó para sugerirle que trabajase en sus memorias y en la historia de todo lo que había vivido en el interior de la industria hasta la fecha, además de un vistazo detrás de las cámaras sobre cómo se gestó la creación de *La Tribu*.

Como siempre, Ray se puso nervioso y no sabía por dónde empezar.

Pero, por primera vez, también estaba intrigado, preguntándose dónde acabaría todo exactamente. Sentía que, con el singular apoyo y lealtad de los fans de todo el mundo, que también mantenían el sueño vivo, quizás aún quedase mucho más por llegar en la historia de *La Tribu*. Y que quizás no hubiese ningún final.

O, si lo había… puede que ese final no fuese más que el comienzo.

ESCENAS DEL TRATAMIENTO, FINAL DE LA PELÍCULA

En la cueva, los Mall Rats repasan su estrategia. AMBER revela que no pueden elegir el momento de la batalla. TRUDY debe quedarse con los niños, y KC ayudará a protegerlos.

Han movilizado a todas las tribus de esta nueva región. Y les ha llegado información de que el ejército de los Privilegiados ya se ha reunido y ha comenzado a avanzar. Los Mall Rats no tienen más opción que prepararse para la guerra y defenderse, para no perder una mínima esperanza de construir un futuro mejor…

En la cima de una colina, un GUERRERO tribal de pie delante del sol naciente, soplando por un cuerno de toro: la llamada a las armas.

Avanzamos por las cimas de otras colinas. Resuenan los tambores de guerra. Las TRIBUS, con banderas y estandartes ondeando al viento, aparecen sobre la cresta, marchando hacia la batalla, portando estacas adornadas con plumas y escudos caseros.

En el mar, GUERREROS viajando en largas canoas huecas decoradas con intimidantes diseños de guerra, reman al unísono entre cánticos frenéticos.

En el bosque, la tribu de los ECOS avanza, algunos a caballo. El rostro de los animales también decorado con fieras pinturas de guerra.

Desde los cielos, vemos tomas aéreas de las FUERZAS heroicas uniéndose en campo abierto, en las llanuras. Los bosques de pino y las montañas de las tierras de los Privilegiados son visibles en la distancia.

Y es un paisaje sobrecogedor: una mezcla de diferentes culturas, colores y diseños. No recuerda en absoluto a las guerras modernas.

La estética básica se parece más a los clanes de la batalla de Culloden, explorada en *Braveheart*. Pero incluso esta es una comparación superficial. Todo resulta extrañamente familiar, pero también es algo que NUNCA antes se ha visto.

La mayoría de TRIBUS marchan a pie. Algunas van a caballo, y otras tienen perros de aspecto salvaje, que ladran y tiran de pesadas cadenas.

Hay GUERREROS (solo unos pocos) montados en coches y camiones llenos de grafitis. Han pintado los capós con imágenes terroríficas, caras de ceño fruncido, ojos locos, mandíbulas con dientes afilados, como cuadrigas con espadas que sobresalen.

Si no lo supiéramos, juraríamos que algunos van sentados en cortacéspedes modificados, decorados, llenos de pintura de guerra, con enormes lanzas apuntando hacia delante.

Otros GUERREROS van en moto. Y hay un autobús. Entre las pintadas somos conscientes de la surrealista presencia de una cruz roja: es el vehículo médico de las tribus.

Llevan puesto todo lo que han podido encontrar y rescatar de la sociedad pasada: armaduras hechas con cubos de basura de metal, cables retorcidos como extensiones de pelo que sobresalen de máscaras de soldadura y de *hockey*.

Manteniendo el sueño vivo

Algunos se inspiran en los elementos, con plumas y pintura de guerra, como un cruce entre los Apaches y los Zulús. Otros, con pieles de animal y cuernos, parecen casi una mezcla entre Vikingos, bárbaros, y una salvaje panda de motoristas.

Y ya hemos visto a los ECO, que ahora se unen a las columnas de las FUERZAS heroicas.

También los sonidos resultan igual de llamativos e impactantes. Oímos el retumbar de los tambores. Las flautas. Acompañando una cacofonía de cánticos frenéticos proveniente de todas las TRIBUS.

Nos centramos en BRAY, AMBER y los MALL RATS liderando al EJÉRCITO reunido, formando como una fuerza unida tras ellos. Y justo por delante de las SOMBRAS, siguiendo al MAESTRO en su tanque. El único vehículo de los Mall Rats es el *buggy* de CLOUD, sobre el que va sentada en el capó mientras conduce otro GUERRERO.

Las RATAS están espectaculares. Las caras marcadas con pintura de guerra, plumas adornando su vestuario *grunge* y su pelo. Estandartes y banderas ondeando al viento. Expresiones de determinación y orgullo.

Ahora, el tenue sonido de una guitarra

distante se escucha de repente entre los sonidos de cánticos, las flautas y los tambores.

Algunos se ponen intranquilos. Especialmente, SALENE, JACK y BRAINS. Y tragan saliva, en anticipación nerviosa.

BOSQUE DE PINO - MONTAÑAS.

FLAME está en las montañas, aunque esta vez no en la cima. Mueve la cabeza adelante y atrás, adelante y atrás, tocando una nota reverberante que hace eco por todas partes. Su sonido es casi ensordecedor, con un acople silbante. El viento le sopla el largo cabello rubio y enmarca la horrorosa visión de su rostro, completamente cubierto de sangre.

EXTERIOR DEL COMPLEJO DE LOS PRIVILEGIADOS.

EBONY, sobre un semental blanco. La misma marca de un rayo pintada sobre su mejilla y alrededor del ojo del caballo, que tiene las mismas plumas que ella enganchadas a su melena.

Trota ligeramente por la línea delantera de los PRIVILEGIADOS, mientras se preparan para avanzar y entrar en batalla. Aunque bien por delante están los DESCARTADOS, aún encadenados, entre los que se incluyen HARMONY y OX.

Las fuerzas de los PRIVILEGIADOS parecen muy intimidatorias, formidables, amenazantes. Especialmente la milicia, con sus rostros tatuados. Todos llevan pinturas de guerra, cuernos, pieles de animal, conchas, como si los hubiesen traído con un conjuro desde el mismísimo infierno.

Vemos a FLAME sobre la cordillera. Los rayos del sol brillando detrás de él lo hacen parecer un dios. El llanto repetitivo de la guitarra hace que todos entren en un frenesí colectivo, y algunos mueven la cabeza adelante y atrás, como perdidos en un trance maníaco.

Y podemos oír el cántico distante, las flautas, el retumbar de los tambores que se vuelve más y más FUERTE… a medida que el ejército de tribus está cada vez más y más… CERCA.

EBONY toma control de su montura y grita sobre aquel caos, dirigiéndose a las fuerzas de los PRIVILEGIADOS, recordándoles que los Descartados actuarán como escudos humanos. Serán los primeros en caer. Ebony liderará la carga. ¡Y ella no piensa caer!

El cántico de las fuerzas de los PRIVILEGIADOS evoluciona hasta alcanzar un grito maníaco mientras EBONY los hace entrar, como entra ella misma, en un frenesí, añadiendo que todos deberían mirar al dios: FLAME.

Se dan cuenta de que tiene la cara llena de sangre. La sangre de todas las ratas infestadas que ha sido capaz de encontrar. Eso debería recordarles que ser derrotados por las fuerzas de los MALL RATS no es una opción, si quieren librar al mundo de los impuros.

Los PRIVILEGIADOS contemplan a FLAME dando cabezazos adelante y atrás en la montaña.

Aún más PRIVILEGIADOS comienzan a dar cabezazos. EBONY grita sobre todo aquello, les dice que busquen el valor en lo más profundo, hermanos y hermanas tribales. Y, de ser necesario, que entreguen su vida por la causa. Las generaciones futuras recordarán ese día entre todos los días, sabiendo que fue allí donde comenzó todo, cuando los ancestros de los puros se dispusieron a apoderarse del mundo, deshaciéndose de todas las ratas callejeras… ¡y del resto de alimañas!

Todos estallan en GRITOS, ululando de forma aún más maníaca y comenzando a marchar hacia la batalla.

CAMPO DE BATALLA.

Retumban los tambores, las flautas, la

guitarra, los cánticos… los dos EJÉRCITOS se acercan cada vez más, eliminando la distancia.

Los nervios comienzan a hacer acto de presencia en más miembros de los MALL RATS. Hasta LEX, AMBER y BRAY parecen estar intranquilos, además de JACK, BRAINS y SALENE.

Pero CLOUD se está tranquilizando a sí misma sobre el capó del *quad* de arena, adoptando una posición de loto. Y emite su mantra.

Nos centramos en BRAY, mientras ambos EJÉRCITOS ralentizan el paso y contemplan la distancia cada vez menor entre ellos.

Los tambores y las flautas se detienen.

Pero el lamento de la guitarra no para. Ni tampoco los sonidos del viento que azota las banderas y estandartes, trayendo cierta sensación de paz entre aquel silencio incómodo.

Ambos EJÉRCITOS se quedan mirándose unos a otros. Evaluando al enemigo que tienen enfrente. BRAY traga saliva, respira hondo, mira a ambos lados y tras él, y luego carga hacia adelante para finalmente asentir con la cabeza: ¡ha comenzado!

Todos CARGAN hacia la batalla.

Aparece un RUGIDO ensordecedor cuando ambos EJÉRCITOS, incluidos MALL RATS y PRIVILEGIADOS, gritan, corriendo sin parar hacia el otro… y hacia la batalla.

Desde las líneas traseras, los PRIVILEGIADOS lanzan bolas llameantes desde ENORMES CATAPULTAS DE MADERA.

Aterrizan frente a las fuerzas heroicas que se acercan, entre ellos los MALL RATS, que ven ligeramente interrumpido su avance.

Y entonces, AMBOS EJÉRITOS entran en un combate casi mano a mano. LEX empuña su gigantesco bate recubierto de cadenas, quitándose de en medio a todos los que se cruzan en su camino.

Los DESCARTADOS, entre ellos HARMONY y OX, aún atados, encadenados, gritan desesperados, atrapados en la carga, incapaces de defenderse… a medida que las fuerzas de los héroes pasan. La mayoría (incluido BRAY) los rodea, evitándolos.

EBONY, sobre su semental, da vueltas a su pica y derriba a su enemigo.

Los ARQUEROS PRIVILEGIADOS, en las líneas traseras, tiran de sus arcos y lanzan sus FLECHAS.

Estas dibujan un arco por el cielo, el

sibilante sonido es perceptible sobre el ruido de los tambores, las flautas, la guitarra… y la batalla.

Los HÉROES, incluida SALENE en columna, actúan según habían entrenado, agachándose en conjunto, alzando sus escudos para alcanzar una protección unificada mientras las flechas caen, sin conseguir penetrar.

En otra columna, BRAINS y JACK están en mitad de la batalla cuando una flecha alcanza a JACK en el brazo.

Y BRAINS se queda petrificado. Congelado por el miedo. No es capaz de hacer nada. Ni luchar, ni ayudar. Ni siquiera moverse. Se queda mirando la batalla a su alrededor. Ve como JACK se agarra el brazo mientras un enorme GUERRERO PRIVILEGIADO se le acerca por detrás, alzando su palo para atacar.

BRAY APARECE y se deshace del GUERRERO con un espectacular movimiento de artes marciales, salvando a JACK.

Mientras tanto, LEX, moviendo su palo, retrocede para cubrirlos al tiempo que BRAY se arranca un trozo de tela y hace un rápido torniquete alrededor del brazo de JACK, y le grita sobre el RUIDO de la batalla que intente retroceder. Los médicos necesitarán tratar su herida. Entonces, le saca la flecha del brazo.

BRAINS se desploma lentamente sobre el suelo. No por ningún ataque enemigo, aunque ha estado a punto de suceder… ¡Se ha desmayado!

Esto es muy distinto a los videojuegos de guerra. Da mucho miedo. Demasiado. Es crudo y real.

FLAME, en la cima, sigue moviendo su cabeza en trance, mientras toca el mismo solo repetitivo.

AMBER avanza cada vez más y más fuerte, defendiéndose de golpes enemigos, puñetazos, palos, picas, cuchillos, metida en el grueso del combate cuerpo a cuerpo.

De repente, se queda mirando perpleja a CLOUD, en posición de loto sobre el *buggy*, mientras las FUERZAS de los héroes avanzan y atraviesan el grueso de la batalla.

Algunos de los enemigos PRIVILEGIADOS intercambian miradas confusas. ¿Mantras y zen? ¿Acaso esta chica es una diosa, invencible? ¡¿O es que está loca?!

Pero CLOUD utiliza su sexto sentido, abriendo ocasionalmente un ojo para emitir un letal golpe de kárate si alguien se le acerca demasiado.

El resto de MALL RATS y las FUERZAS heroicas comienzan a hacer retroceder a los PRIVILEGIADOS hacia sus instalaciones.

EBONY controla a su montura y grita sobre el frenesí de la batalla, ¡para que sus hermanos y hermanas de los Privilegiados intenten mantener la línea! ¡¡Que permanezcan firmes!!!

De repente, tiran a EBONY del caballo. Es AMBER. El caballo retrocede por el pánico sobre las patas traseras. Y, ¡pum! AMBER hace caer a EBONY de un puñetazo.

AMBER contempla a FLAME y se lo señala a BRAY, cerca de allí, recordándole que DEBEN llegar hasta él. ¡Es el más importante!

Entonces, BRAY, girando y pateando, en una serie de increíbles movimientos de artes marciales, se deshace de todo enemigo a su paso. Luego empieza a correr, saltando sobre el capó y el techo de un vehículo que consigue elevarlo. Luego, hasta el tanque, y le grita a SHADOW ¡que es momento de pasar a la segunda fase!

Se acercan al complejo de los Privilegiados, y el tanque se estampa contra las barricadas, abriendo paso para que las fuerzas de nuestros héroes avancen todavía más.

BRAY salta desde el tanque a una moto cercana, derriba al CONDUCTOR, se pone de pie, levanta la moto, la monta y patea a los GUERREROS Privilegiados a su paso mientras se marcha acelerando.

BOSQUE DE PINOS.

BRAY acelera por una pista de tierra a través del bosque, ascendiendo hacia la cima de la montaña.

CORDILLERA.

FLAME sigue en trance, dando cabezazos adelante y atrás, repitiendo el lamento de la guitarra. BRAY se acerca por detrás, se baja de la moto de un salto, se aproxima a él... y le quita la guitarra de un tirón.

CAMPO DE BATALLA.

Los PRIVILEGIADOS alzan la vista al comprobar que la guitarra ha dejado de sonar. Ahora, el sonido de las FUERZAS heroicas domina la batalla. El retumbar de los tambores, las flautas, los gritos de guerra.

Pero el acople silbante sigue reverberando, como si quisiese hacer hincapié en la angustia de los PRIVILEGIADOS, conscientes de que están perdiendo la batalla.

CORDILLERA.

FLAME sigue dando cabezazos y le grita a BRAY ¡que le devuelva su guitarra! Bray le grita de vuelta: ¡De eso nada! ¿Es que no se da cuenta? ¡Se ha acabado todo!

FLAME se desploma lentamente y se pone de rodillas, pidiéndole a BRAY que le haga un favor. Que le estampe la guitarra en la cabeza. Una y otra vez. Que le destroce el cráneo en un millón de pequeños fragmentos. Su cerebro ya no está. No puede soportarlo más. Pero la guitarra lo aguantará. Es una Gibson 66 Les Paul.

BRAY contempla a FLAME, que estalla en una risa maníaca que parece burlarse de él. ¡¿Qué problema hay?! ¡¿No quiere encargarse de ese trabajito?! ¡¿Cargarse a un dios?! Pensó que estaría muy bien. A FLAME le encantaría, desde luego. Así podría ascender al cielo de los dioses del rock. En este mundo dejado de la mano de Dios, solo los más buenos mueren jóvenes.

De repente, FLAME se queda mirando a BRAY con lástima. Luego, gruñe y grita como si tuviese una pataleta malhumorada y le pide que ¡lo haga! ¡¡YA!! ¡¡Quiere ser inmortal!!

Aunque BRAY tiene la oportunidad de

vengarse de su hermano y, claramente, está desesperado por tomarla (y se lo piensa durante un segundo)… decide no hacerlo.

Repentinamente, FLAME grita aterrorizado: ¡¡¡Noooooo!!!

BRAY está girando el brazo con todas sus fuerzas, y lanza la guitarra, que da vueltas y cae por el aire, entre un acople ensordecedor, rompiendo ramas de los pinos más abajo.

Vemos a cámara lenta cómo cae la guitarra, rebotando contra el suelo, y se queda quieta. Intacta. Al menos, Flame llevaba razón en ESO.

En el compuesto de los Privilegiados, sucede la paz tras la batalla. Reúnen a los GUERREROS Privilegiados y quitan las esposas a los ESCLAVOS Descartados, liberándolos.

Encontramos a JACK, apoyado sobre BRAINS, fuera del autobús hospitalario.

JACK tiene un brazo en cabestrillo y sujeta sales aromáticas con la mano libre bajo la nariz de BRAINS, mientras le abofetea la cara. Venga ya. Compórtate. Todos esos desmayos comienzan a sacar a JACK de quicio.

BRAINS abre los ojos débilmente. Intenta centrarse, y pronto vuelve en sí cuando JACK informa que los Privilegiados han sido derrotados. BRAINS está encantado. ¡Fantástico! Ha sido TODO increíble. Mucho mejor que cualquier juego de ordenador. JACK suspira: no. Esto es real. Y señala…

AMBER está agachada junto a CLOUD. Mientras BRAY, que lleva a FLAME atado de una cuerda tras la moto, se baja de ella y se apresura a su lado. LEX también se acerca a CLOUD, mientras vemos a los GUERREROS de fondo, llevándose a FLAME junto al resto de prisioneros, incluida EBONY.

BRAY pregunta cómo esta CLOUD. AMBER niega con la cabeza: no necesita responder. Por la pérdida de sangre, y su estado inconsciente, está claro que no está bien. Pero CLOUD parece saber que BRAY está allí, y estira la mano para agarrar la suya, con firmeza. Luego, la suelta tan rápido como se le escapa la vida.

A AMBER le rompe el corazón ver morir a su amiga en brazos de BRAY. Es irónico. La hace sentir culpable por haber acabado teniendo ella el afecto de BRAY, que CLOUD tanto deseaba. Incluso LEX derrama una lágrima.

De vuelta en el CENTRO COMERCIAL, todas las RATAS se quedan aliviadas cuando los

LÍDERES TRIBALES firman un tratado de paz. Ahora que los Privilegiados se han desbandado y los Descartados han sido liberados, quizás sea momento de que los Mall Rats regresen a su ciudad natal y de que todas las tribus puedan construir juntos un mundo mejor. Y vale la pena celebrar la idea. Ha llegado el momento de festejar.

En la PLAYA, hay un festín de barbacoa donde todos celebran con BRAY y AMBER sobre una duna de arena elevada. BRAY alza a su BEBÉ recién nacido ante una asamblea de TRIBUS más abajo (similar a cuando Simba fue presentado en *El rey león*).

Han llegado al comienzo de algo nuevo. No es el final. Sí, quizás el bebé comparta la sangre de su hermano, Zoot. Pero es también un símbolo de que Zoot pudo haber escogido otro camino si se lo hubieran ofrecido. Y, como hijo de AMBER y BRAY, solo hace falta echar un vistazo para ver la esperanza en ojos de AMBER. La esperanza que depositaría cualquier madre en su hijo, reflejada en sus ojos.

Pero esa esperanza es compartida por todos. Pues el bebé representa un símbolo de esperanza para el futuro, para el futuro de TODAS las tribus, de TODAS las personas. Y un día será escrito, como estuvo escrito en las parábolas y las escrituras, que en aquel día, por un instante, el Abe Messiah fue un salvador que trajo una nueva era de justicia...

...para TODAS las tribus que crean un nuevo futuro. A su propia imagen. Sea esa imagen como sea.

Más abajo, los MALL RATS, incluidos LEX, TRUDY, JACK, BRAINS, ALICE, SALENE, KC y SAMMY, dan un paso adelante y corean junto a las TRIBUS reunidas.

Miran arriba, hacia AMBER, hacia el BEBÉ que sujeta BRAY en brazos, venerándolo al unísono: Abe Messiah, Abe Messiah, Abe Messiah...

FIN
(O, QUIZÁS, ES SOLO EL COMIENZO...)

TAMBIÉN DISPONIBLES

La Tribu: Un nuevo mundo

de

A.J. Penn

La historia oficial continúa en esta novela, situada inmediatamente después de la conclusión de la quinta temporada de La Tribu.

Forzados a huir de la ciudad en su tierra natal, y abandonar así el sueño de construir un mundo mejor a partir de las cenizas del antiguo, los Mall Rats se embarcan en un arriesgado viaje hacia lo desconocido, lleno de descubrimientos.

A la deriva, pocos podrían haber presagiado los peligros que hay al acecho. ¿Cuál es el secreto que rodea al *Jzhao Li*? ¿Descubrirán los misterios del Colectivo? ¿Y podrán también superar los muchos desafíos y obstáculos que encontrarán, al luchar contra la fuerza de la Madre Naturaleza, contra adversarios inesperados y, en ocasiones, hasta con ellos mismos? Y, sobre todo, ¿pueden construir un nuevo mundo a su manera, manteniendo el sueño vivo?

La Tribu: Un nuevo amanecer

de

A.J. Penn

La continuación de la historia basada
en la serie de televisión de culto, La Tribu.

Después de los muchos desafíos presentados en el *best seller*, *La Tribu: Un nuevo mundo*, los Mall Rats se enfrentan a un desafío aún mayor, mientras intentan desentrañar los muchos misterios inexplicables que ahora encuentran.

¿Cuál fue la verdadera misión de la flota de supervivencia de las Naciones Unidas? ¿Quién es el enigmático líder del Colectivo? ¿Qué ocurrió realmente en la Base Aérea Arthurs? ¿Hay algo más siniestro tras los secretos revelados en la isla paradisíaca donde han quedado varados?

Obligados a resolver los angustiosos conflictos de sus vidas personales, los Mall Rats deberán también decidir qué camino tomar, y si enfrentarse o no a los fantasmas de su pasado en la batalla por sobrevivir contra un adversario siniestro.

Con la extinción de la humanidad siendo una amenaza muy real, ¿podrán resistir contra viento y marea para asegurarse un futuro, y la promesa de un mejor mañana? ¿O sufrirán la misma suerte que los adultos que perecieron antes que ellos?

La tribu deberá no solo luchar por sus vidas, sino también enfrentar sus mayores temores para evitar que el nuevo mundo se sumerja aún más en la oscuridad, y garantizar que la esperanza prevalezca en un nuevo amanecer. Y que mantienen el sueño vivo...

La Tribu: (R)Evolución

de

A.J. Penn

La esperada secuela que continúa la saga de La Tribu.

Secuela de los aclamados *best seller La Tribu: Un nuevo mundo* y *La Tribu: Un nuevo amanecer, (R)Evolución* es la esperada tercera novela que continúa la saga basada en la serie de televisión de culto, *La Tribu*.

¿Qué secretos se esconden en la siniestra Montaña del Águila?

¿Quiénes son el Colectivo? ¿Se revelará la identidad de su enigmático líder?

¿Hay algún lugar seguro? Puesto que existen invasores de tierras lejanas, están decididos a expandir su imperio y a quebrar las alianzas de quienes luchan por reconstruir y sobrevivir, persiguiendo sin piedad su propia visión del futuro, en una cruzada por obtener dominio y poder absolutos.

¿Cómo encajan el Negociador y el Seleccionador en el misterioso Proyecto Edén? ¿Puede alguien sobrevivir en El Cubo y en el espantoso pueblo llamado El Vacío?

¿Podrán los Mall Rats superar los extraordinarios desafíos que encontrarán, para poder construir un nuevo y mejor mundo de las cenizas del pasado?

¿Vencerán a sus adversarios y superarán los angustiosos conflictos de sus vidas personales?

Enfrentándose a la amenaza real de la extinción humana... ¿podrán perdurar? ¿Adaptarse? ¿Evolucionar? ¿Sobrevivir? Y... ¿mantener el sueño vivo?

The Tribe Collector's Edition Screenplay

by

Raymond Thompson

(in English)

'The Tribe' has distinguished itself as a television series with truly cult status around the world. Almost 300 episodes were produced over 5 seasons. And the series heralded other Tribal activity, from soundtracks to albums to novel tie-ins. Including the bestselling works by A.J. Penn being 'The Tribe: A New World', 'The Tribe: A New Dawn' and 'The Tribe: (R)Evolution'. Which are rather like seasons 6, 7 & 8 in the continuing saga.

There has been much speculation about a sequel or a motion picture version which was explored in the enormously successful 'Keeping the Dream Alive' which was not only a Tribe memoir, but also a fascinating account of what occurred behind the scenes. It is also a compelling memoir of the creator of 'The Tribe' - as well as the founder of the Cloud 9 Screen Entertainment Group - who produced the iconic series. 'The Tribe' screenplay has an introduction, bringing the behind the scenes story right up to date to 2022 since the time 'Keeping the Dream Alive' was published.

And the screenplay is a must read for 'The Tribe' fans to read. Along with anyone interested in the motion picture and television industries and what it takes to bring productions from conception to the silver screen.

La Tribu:
El nacimiento de los Mall Rats

de

Harry Duffin

El nacimiento de los Mall Rats *es la primera historia en una apasionante serie de novelizaciones del fenómeno televisivo de culto global,* La Tribu.

El mundo comenzó sin la raza humana. Ahora, después de que una misteriosa pandemia haya diezmado a toda la población adulta, parece que todo acabará exactamente del mismo modo. A menos que los jóvenes supervivientes (unidos en tribus guerrilleras) superen las luchas de poder, los peligros y desafíos inesperados de una sociedad distópica y sin ley, para unirse y construir un mundo mejor de las cenizas del pasado.

Creando un nuevo mundo a su propia imagen, sea cual sea...

Audiolibros en versión original también disponibles

Narrado por el reparto de la serie de televisión "La Tribu", con papeles especiales, música y efectos de sonido. Disponibles en la página oficial de La Tribu y todas las principales plataformas de audiolibros

La Tribu: Un nuevo mundo – *equivalente a la 6ª temporada*
La Tribu: Un nuevo amanecer – *equivalente a la 7ª temporada*
La Tribu: (R)Evolución – *equivalente a la 8ª temporada*
La Tribu: El nacimiento de los Mall Rats
Manteniendo el sueño vivo

PARA MÁS INFORMACIÓN

Visita la página web oficial

www.tribeworld.com

the-tribe-official.myshopify.com

**y dale a "me gusta"
en**

facebook.com/thetribeofficial

instagram.com/thetribetvseries

twitter.com/thetribeseries

youtube.com/thetribetvseries

vimeo.com/cloud9screenent/vod_pages

www.ingramcontent.com/pod-product-compliance
Lightning Source LLC
Chambersburg PA
CBHW032100090426
42743CB00007B/182